Klassenfahrten
999 Ziele für Ausflüge,
Besichtigungen, Exkursionen

Pompilia, 1989

Walter Schmid

Klassenfahrten

999 Ziele für Ausflüge, Besichtigungen, Exkursionen

Ernst Klett Verlag

CIP-Titelaufnahme der Deutschen Bibliothek

Schmid, Walter:
Klassenfahrten :
999 Ziele für Ausflüge, Besichtigungen, Exkursionen / Walter Schmid.
1. Aufl. – Stuttgart : Klett, 1989
ISBN 3-12-922642-7

1. Auflage 1989

Satz: Zechnersche Buchdruckerei, Speyer
Druck: W. Röck, Weinsberg
Einbandgestaltung: Günter Bosch, Stuttgart
ISBN 3-12-922642-7

Inhalt

Vorwort

Dieses Handbuch umfaßt
- eine Fülle an Exkursionszielen (rund **1800**)
- Zusatzinformationen (Einzelziele oder die Themenbereiche betreffend)
- Ausführungen zur Planung und Durchführung von Klassenfahrten (organisatorische Hilfen).

Die Auflistung von einzelnen Zielen erhebt keinen Anspruch auf Vollständigkeit, bemüht sich aber um eine breite Erfassung, was die Themenbereiche und die Ziele innerhalb eines Themenbereichs betrifft. In bestimmten Bereichen, wie z. B. bei den Schaubergwerken und Schauhöhlen, sind die in Frage kommenden Ziele relativ gut überschaubar. In anderen Bereichen, wie z. B. bei den Geologischen Besonderheiten und Museen, stellen die vorgeschlagenen Ziele eine subjektive Auswahl dar. Exkursionsziele, wie beispielsweise das Volkswagenwerk Wolfsburg, stehen stellvertretend für ihre Sparte, sozusagen als Impuls, diese oder jene Autofabrik am Wohnort, in der Umgebung oder z. B. im Bereich des Schullandheimstandorts zu besuchen.

Autor und Verlag sind für weitere Hinweise, Korrekturen, Veränderungen (Schließung, Zerstörung, Abbau usw.) sowie Tips und Anregungen dankbar. Diese können möglicherweise zu einem späteren Zeitpunkt berücksichtigt werden. Verständlicherweise konnten nur einige der Ziele durch persönliche Anschauung überprüft werden. Die Informationen wurden größtenteils Broschüren, Prospektmaterial, Tageszeitungen sowie Publikationen verschiedener Verbände/Organisationen entnommen. Den betreffenden Gemeinden, Verkehrsämtern, Fremdenverkehrsverbänden sei hier nochmals für ihre Mithilfe gedankt. Die Bestandsaufnahme ist im wesentlichen 1988 abgeschlossen worden. Trotz aller Bemühungen kann eine Gewähr für völlige Korrektheit und Aktualität der Informationen nicht gegeben werden.

Die Auflistung umfaßt Ziele aus dem gesamten Bereich der Bundesrepublik Deutschland. Dennoch ist die Orientierung in diesem Handbuch leicht. Im Inhaltsverzeichnis können sich Benutzer schnell und doch ausführlich über die einzelnen Themenbereiche informieren. Die Ordnung der Ziele nach Postleitzahlen innerhalb jedes Themenbereichs ermöglicht ein rasches Auffinden des gesuchten Exkursionsraumes. Ein Blick in die Postleitzahlen-Übersichtskarte zeigt, welche Postleitzahlengruppen in Frage kommen.

Auskünfte bezüglich Öffnungszeiten, Preise, Führungen, Arbeitsblätter usw. erhalten Sie entweder direkt von den als Zielpunkt genannten Gemeinden/Städten oder aber man wird dort der Bitte um entsprechende Weiterleitung Ihrer Anfrage gerne nachkommen. Ferner kann Material bezogen werden über die Naturpark-Verwaltungen und Fremdenverkehrsverbände (s. Anhang).

Und nun viel Erfolg bei Ihrer nächsten Exkursion!

Spaichingen, im Frühjahr 1989

Exkursionen - Anschauung und Arbeit vor Ort

1. Exkursionsbegriff

Eine Exkursion durchführen heißt, den schulischen Lernort wechseln (excurrere = herausgehen), um Anschauung vor Ort bzw. Anschauung und Arbeit vor Ort zu praktizieren.
Während Anschauung vor Ort auf die unmittelbare Veranschaulichung der Unterrichtsgegenstände außerhalb der Schule, auf die Beobachtung der Wirklichkeit abzielt, schließt die Arbeit vor Ort unmittelbare Anschauung und mittelbare Beobachtungen ein, führt jedoch durch die Anwendung verschiedener Arbeitstechniken und durch entdeckendes, erforschendes Vorgehen, bei einem hohen Selbsttätigkeitsgrad der Schüler, weiter. Es versteht sich von selbst, daß dieses anspruchsvollere Verfahren nur bei entsprechend höherem Zeitaufwand in Form von mehrtägigen Exkursionen, Projektarbeit oder im Rahmen von Leistungskursen praktiziert werden kann.
Hier wird **Exkursion** als Sammelbegriff für Bezeichnungen gebraucht, die alle das doppelte Bemühen – Anschauung vor Ort, Arbeit vor Ort – ausdrücken. Es sind dies: **Realbegegnung, Orginale Begegnung, Erkundung, Geländearbeit, Feed-Work, Freiluftunterricht, Projektarbeit, Lehrwanderung, Lehrfahrt, Studienfahrt, Ausflug, Besichtigung, Klassenfahrt** usw.

2. Lehrplanbezug

Von Pestalozzi „Die Anschauung ist das absolute Fundament aller Erkenntnis; jede Erkenntnis muß von der Anschauung ausgehen und auf sie zurückgeführt werden können" (1781) bis zu den modernsten Lehrplanrichtlinien wird unmittelbare Anschauung vor Ort/Arbeit vor Ort als Unterrichtsprinzip betont.
Als Organisationsform von Unterricht sind Exkursionen heute weder an einen bestimmten Schultyp oder eine Schulstufe noch an ein bestimmtes Fach gebunden. Die Lehrpläne für den Heimat- und Sachkundeunterricht sowie für die Fächer Erdkunde, Biologie, Geschichte und Kunst weisen aber auf diese aktivierende Organisationsform ausdrücklich hin.

3. Die Exkursion im Unterricht

Sie richtet sich nach

1. dem Einsatz innerhalb der Unterrichtseinheit.
   Unterschieden wird hier zwischen
   — einführenden oder motivierenden Exkursionen (Erarbeiten bisher unbekannter Sachverhalte) und
   — sogenannten „festigenden Exkursionen" (Verstärkung von behandelten Inhalten).
2. den gewählten Unterrichtsverfahren wie
   — Lehrfahrt, Studienfahrt, Lerngang,
   — Projekte, Schullandheimaufenthalte,
   — Experimente.
3. fachlichen und thematischen Aspekten,
   z. B. im Fach Erdkunde nach siedlungs- und stadtgeographischen, agrar- und industriegeographischen, verkehrs- und fremdenverkehrsgeographischen, morphologischen, geologischen und klimatologischen Fragestellungen.
   (nach Niemz, G. S. 3–11)

4. Vorzüge und Schwierigkeiten einer Exkursion

a) Vorzüge:
— unmittelbare Konfrontation mit der Realität,
— Erkennen von Zusammenhängen,
— Gewinnung von Qualifikationen zur Mitgestaltung der Umwelt,
— Möglichkeiten zur Selbsttätigkeit,
— praktische Übungen in der Anwendung facheigener Arbeitsverfahren,
— Durchführung und Auswertung von Untersuchungen,
— längeres Behalten gewonnener Erkenntnisse,
— stärkere Motivation als im Schulalltag,
— Förderung des direkten Beobachtens und Wahrnehmens,
— intensivere und effektivere Arbeit,
— Schüler lernen den Umgang mit anderen, machen neue Erfahrungen miteinander (Rücksicht nehmen, Konflikte regeln, Toleranz üben, solidarisch handeln, einander helfen usw. = soziales Lernen),
— Aufwertung des betreffenden Faches im Bewußtsein der Schüler und der Öffentlichkeit.

Man müßte eigentlich bei all diesen Vorzügen Schulleiter, Kollegen, Eltern und vor allem die Schüler selbst überzeugen können, jede Gelegenheit zur Exkursion zu nutzen.
Doch zwischen theoretischer Forderung und praktischer Verwirklichung klafft eine große Lücke. Vor allem mehrtägige Klassenfahrten sind selten.

b) Die Schwierigkeiten liegen:
— in der Mehrbelastung der Lehrer (Vorexkursion, Organisation),
— in der Finanzierungsfrage (möglichst geringe Kosten, Geldbeschaffung),
— in der Schulorganisation (Stundenplanänderungen, Ausfall von anderen Unterrichtsstunden für die Schüler),
— in der Handhabung der Aufsichtspflicht und
— in der Angst vor unliebsamen Überraschungen (inhaltlich, organisatorisch).

Zusammenfassend kann gesagt werden, daß sich Exkursionen in vielfältiger Weise positiv auswirken. Die damit verbundenen Schwierigkeiten können auf ein Minimum reduziert werden, wenn eine Fahrt inhaltlich und organisatorisch gut vorbereitet wird. Schlecht vorbereitete Unternehmungen werden infolge divergierender Schülererwartungen (Ausflug, Freizeit genießen, usw.) nicht gerade erfolgreich ablaufen und kaum zu weiteren Versuchen ermutigen.

5. Organisation von Schülerexkursionen

Bei aller Verschiedenartigkeit der Anschauung vor Ort/der Arbeit vor Ort hinsichtlich der Inhalte, ergibt sich methodisch immer derselbe Dreierschritt: Vorbereitung, Durchführung, Nachbereitung.

a) Vorbereitung
Exkursionsleiter sollten:
1. frühzeitig mit der Planung beginnen.
   Industriebetriebe sind oft schon auf Monate hinaus ausgebucht; (Abstimmung des Exkursionstermins mit der schulinternen Terminplanung)
2. die finanzielle Situation prüfen
   Was kostet die Exkursion voraussichtlich?
   Wer trägt die Kosten?
   Wo/Wie kann Geld beschafft werden?
   Wie kann Geld eingespart werden?
3. eine Vorexkursion durchführen, zumindest aber gründlich Erkundigungen einziehen.

Will man sich optimal vorbereiten, dann führt kein Weg an einer Vorexkursion vorbei.

4. die Inhalte erarbeiten, einen Exkursionsplan erstellen.
   Ist die Thematik schülerorientiert?
   Werden die Schüler weder unter- noch überfordert?
   Sind die Arbeitsanweisungen klar formuliert?
5. schulorganisatorische Fragen abklären
   Stundenplanänderungen, Vertretungen, Verlegung von Klassenarbeiten, Begleitperson, usw.
6. sich rechtlich absichern.
   Sind die Eltern ausreichend informiert?
   Liegen die notwendigen Erklärungen vor?
   (siehe auch Schmid, W., Schullandheim)
   Werden Gefahrenstellen gemieden?
   Sind die Schüler ausreichend über Sinn und Zweck der Exkursion informiert, sind die notwendigen Belehrungen ausgesprochen worden?
7. Schüler in die Planung einbeziehen.
   Inwieweit können Schüler aufgrund ihres Alters und ihrer Erfahrung an der Planung beteiligt werden?
   (inhaltlich, Ziel- und Routenwahl, Materialbeschaffung, Übung der notwendigen Arbeitstechniken, usw.)

b) Durchführung
Der Lehrer steht in dieser Zeit nicht im Vordergrund, sondern hat eher die Funktion eines Beraters, Aufsichtsführenden. Er sollte darauf achten, daß bereits vor Ort Ergebnisse kurz besprochen und gegebenenfalls verglichen werden.
Im Mittelpunkt der Exkursion stehen Tätigkeiten wie:
beobachten, entdecken, vergleichen, beschreiben, befragen, zählen, messen kartieren, zeichnen/skizzieren, photographieren, sammeln, Fragen entwickeln, Probleme feststellen, Theorien prüfen, diskutieren/abwägen, experimentieren, auswerten,...

c) Auswertung
Die Auswertung, die z.T. schon „vor Ort", zum größten Teil wohl aber in der Schule stattfindet, kann je nach Organisation
— die Vorstellung, Kommentierung von Einzelprotokollen,
— die Einordnung der Einzelergebnisse in den Gesamtzusammenhang,
— die Überprüfung der Hypothesen,
— die Diskussion der Arbeitsweisen, Beobachtungen und Untersuchungsergebnisse,
— die sinnvolle Verwendung der gewonnenen Ergebnisse (Ausstellung, Presseberichte)

umfassen.

6. Zusammenfassung

Trotz der vielen Vorzüge und dem großen Angebot möglicher Themen und Ziele ist es zu bedauern, daß Exkursionen immer noch zu selten durchgeführt werden. Wagen Sie eine (geplante) Exkursion! Bestimmt machen auch Sie dann die Erfahrung, daß nach einer gelungenen Exkursion das Verhältnis zu den (meisten) Schülern besser als zuvor ist, was sich im Schulalltag wohltuend bemerkbar macht. Oft ist es so, daß die Exkursionsteilnehmer den Lehrer schon auf der Rückfahrt fragen, wann die *nächste* Exkursion stattfinde. Darüber hinaus haben Exkursionen über Jahre hinweg eine nachhaltige Wirkung. Wenn man sich auf Schulabschlußfeiern oder Klassentreffen nach den schönen Dingen während der Schulzeit erkundigt, dann wird bestimmt auch eines genannt werden: die Exkursionen.

Archäologische Besonderheiten

Archäologische Funde und Befunde sind die einzigen Dokumente, die die Erforschung der Vor- und Frühgeschichte sowie auch großer Bereiche des Mittelalters ermöglichen. Von Bauwerken aus der Zeit vor 1000 n. Chr. sind jedoch oft nur noch geringe Reste vorhanden. In unserer modernen Welt sind die archäologischen Kulturdenkmale in einer beispiellosen Weise gefährdet. Nach Feststellung des Verbandes der Landesarchäologen in der BR Deutschland sind in weiten Bereichen der Bundesrepublik nur noch 5% des um 1830 dokumentierten Bestandes an archäologischen Denkmälern allein der Vor- und Frühgeschichte vorhanden. Land-, Forst- und Wasserwirtschaft sowie öffentliche und private Baumaßnahmen tragen mehr oder weniger stark zur Zerstörung archäologischer Zeugnisse bei.

Unkundige Besucher von archäologischen Stätten werden von manchen, obwohl bedeutenden Orten sehr enttäuscht sein, da sie vordergründig nicht viel zu sehen bekommen. Eine Vorinformation bzw. begleitende Information (Führer) kann aber den Besuch einer solchen Stätte zu einem Erlebnis werden lassen.

2072 Bargteheide
Hünengrab (Bronzezeit)

2151 Beckdorf-Goldbeck
Hügelgräber, auf einer Fläche von 7,5 ha vor rund 4000 Jahren angelegt.

2154 Apensen-Grundoldendorf
4 Großsteingräber (Hünenbetten)
Sie wurden um 2500 v. Chr. angelegt (jüngere Steinzeit)

2270 Wyk auf Föhr
Grabhügel aus der Stein- und Bronzezeit; 1000 Jahre alte Wallanlage der Wikinger

2330 Eckernförde
Hünengräber

2380 Schleswig
- „Haithabu" Handelsplatz der Wikinger
- Nydamboot (das älteste erhaltene Großschiff; es stammt aus dem 4. Jahrhundert und mißt 23 m)
- Dannewerk
  Grenzbefestigung – gestaffelter Schutzwall gegen Karl den Großen. 808 vom Gotenkönig Göttrik zum Schutz gegen die drohende Frankeninvasion angelegt und bis ins frühe 13. Jahrhundert ausgebaut.

2381 Busdorf
Runenstein
Hier steht der einzige Runenstein auf deutschem Boden, der sich noch an seinem ursprünglichen Platz befindet.

2852 Bederkesa
Vorgeschichtspfad Flögeln; Steinkistengrab

(Grabhügel mit 30 m Durchmesser, in dessen Innenraum ein vollständig erhaltenes jungsteinzeitliches Großsteingrab mit 5 Decksteinen liegt.)

2849 Visbeck
Visbecker Großsteingräber
Steingrab „Visbecker Bräutigam"
Massengräber für ganze Sippen

2860 Osterholz bei Hildesheim
Hügelgräber

2878 Wildeshausen
Pestruper Gräberfeld
(Über 500 Hügelgräber aus der Bronze- und Eisenzeit)
In Kleinenkneten kann man eine nach der Ausgrabung rekonstruierte Grabkammer aus der Jungsteinzeit besichtigen. Sie mißt 8 x 3 m und wird von 85 Findlingen umsäumt.

3045 Bispingen-Wilsede
Billungsteine „Hannibals Grab"
(Reste eines Megalithgrabes aus der jüngeren Steinzeit)

3103 Bergen
„Sieben Steinhäuser"
(innerhalb eines NATO-Geländes)
Großsteingrabanlage der Megalithkultur (Sippengrabstätte)

3118 Bad Berensen
Hügelgräberfeld

3139 Göhrde-Plumbohm
Opferstein
Großer Findling mit Felsritzungen

3442 Wanfried-Altenburschla
Historischer Dorfanger mit Thing- und Gerichtsstätte

3501 Schauenburg-Elmshagen
Mittelalterlicher Schandpfahl

3501 Edermünde-Besse
Hünengräber

3551 Münchhausen
Christenberg
Ausgrabungen, historische Kirche

3577 Neustadt/Hessen
Keltischer Ringwall

3578 Schwalmstadt
Hünengräber

4006 Erkrath
Neandertal
Vor rund 60000 Jahren lebten die Neandertaler im Tal der Düssel. Im Neandertal-Museum sind Funde aus dieser Zeit zu besichtigen.

4170 Geldern
Fossa-Eugenia
Rhein-Maas-Kanal aus der Spanierzeit

4232 Xanten
Archäologischer Park

4282 Velen-Ramsdorf
Hügelgräberfeld mit über 100 Grabhügeln aus der Bronze- und Eisenzeit.

4535 Westerkappeln
Megalithgrab „Sloopsteene"

4542 Tecklenburg
Megalithgräber

4550 Bramsche
Steingräber

4552 Alfhausen
Hünengräber

4576 Berge
Hügelgräber

4590 Cloppenburg
Großsteingrab „Teufelssteine"

4790 Paderborn
Eine im Grundriß freigelegte karolingische Pfalz aus dem 8. und 9. Jahrhundert, sowie eine ottonische Pfalzanlage aus dem 11. und 12. Jahrhundert

5240 Betzdorf/Sieg
Druidenstein
Altgermanische Thing- und Opferstätte

5350 Euskirchen
Römerkanal und Ringwall

5353 Mechernich
Römisches Aquädukt im Vussem

5424 Filsen
Historische Wachpforte

5429 Rettert
Grundmauern eines Römerkastells

5521 Bollendorf/Eifel
Frühgeschichtliche Kultstätten; Denkmäler aus der Römerzeit

5540 Gondenbrett-Obermehlen
„Babilonie"
Mächtige dreieckige Ringwallanlage im Wiehengebirge; eine der bedeutendsten vor- und frühgeschichtlichen Burgen Westfalens

5582 Bad Bertrich/Eifel
Römerbad

5760 Arnsberg-Oeventrop
Reste der Wallanlagen einer Hünenburg

5788 Winterberg-Altastenberg
Schwedenschanzen

5948 Schmallenberg
Erdwälle der ältesten und bedeutendsten Wallburg an der Südgrenze des Sachsenlandes

6120 Michelstadt-Würzberg
Römerbad

6128 Höchst im Odenwald
Hügelgräber
Römische Ausgrabungsstätte

6143 Lorsch
Karolingische Königshalle (erbaut um 800)

6209 Heidenrod
Limesgraben, Reste von Römertürmen, Reste alter Wehrgänge

6231 Schwalbach/Taunus
Wohnstadtmodell Limes

6234 Hattersheim
Historische Postwechselstation

6301 Biebertal-Fellingshausen
Germanische Ringwälle

6340 Dillenburg
Ringwallanlage

6365 Rosbach v. d. Höhe
Römerkastell Kapersburg

6380 Bad Homburg
Saalburg
Kohortenkastell mit Wall, Wassergraben und Palisadenzaun

6634 Wallerfangen
Vorgeschichtliche Funde aus der Bronzezeit; römisches Kupferbergwerk

6643 Perl/Saar-Nennig
Reste eines römischen Palastes mit dem größten Fußbodenmosaik nördlich der Alpen mit einer Fläche von 160 qm

6653 Blieskastel
Gollenstein (Menhir aus der Jungsteinzeit)

6695 Tholey
Keltisches Fürstengrab

6696 Nonnweiler-Otzenhausen
Hunnenring
Die größte auf deutschem Boden noch existierende keltische Festung. Ein aus Felsbrocken aufgetürmter Ringwall aus dem letzten vorchristlichen Jahrhundert. Die Anlage ist 2,5 km lang und über 10 m hoch.

6977 Werbach
Hügelgräber

7063 Welzheim
Limeswanderweg

7073 Ellwangen
Römerkastell; Keltengräber

7073 Lorch
Limes
Rekonstruierter römischer Wachturm am Limes
Limeswanderweg

7081 Riesbürg
Römischer Gutshof

7081 Abtsgmünd
Turmhügelburg Roden

7085 Bopfingen
Ipf (668 m) mit bedeutendster Ringburganlage Süddeutschlands

7095 Rainau bei Aalen
Freilichtmuseum am rätischen Limes

7141 Benningen/Neckar
Römermuseum; freigelegte Römerstraße

7173 Mainhardt
Römische Wachtürme am Limes

7208 Spaichingen
Dreifaltigkeitsberg

7230 Schramberg-Waldmössingen
Römerkastell

7311 Bissingen
Vorgeschichtliche Siedlungsstätten im Lonetal

7316 Köngen
Archäologischer Park (Kohortenkastell)

7431 Grabenstetten
Archäologischer Rundwanderweg am „Heidengraben"
Der „Heidengraben" ist die größte bislang in Mitteleuropa bekannte keltische Ansiedlung mit zahlreichen Befestigungen aus dem 1. Jahrhundert v. Chr. Schon Cäsar hat solche keltische Städte in seinem Buch über den „Gallischen Krieg" beschrieben. Diese „Oppida" waren Siedlungszentren, in denen Märkte abgehalten und Münzen geprägt wurden.
Der Kern des „Heidengrabens" ist die „Elsachstadt" westlich Grabenstettens, die von einer halbkreisförmigen Mauer mit vier Toren umgeben wird, eine Innenfläche von 153 ha hat und in der Tausende von Menschen gelebt haben müssen. Aus ihr liegen jedoch kaum Siedlungsreste vor.
Gut 400 Jahre älter als der „Heidengraben" ist das unmittelbar anschließende frühkeltische Grabhügelfeld beim „Burrenhof".

7450 Hechingen-Stein
Archäologisches Freilichtmuseum
Röm. Gutshof mit 12 m hohem Eckturm

7708 Tengen
Römischer Gutshof
Der bislang flächenmäßig größte Gutshof aus der Römerzeit auf deutschem Boden wurde seit dem Jahre 1975 zwischen dem Tengener Ortsteil Büßlingen und der Schweizer Grenze freigelegt.
Die komplette Anlage gibt selbst als Ruine gute Einblicke ins Landleben um die Mitte des 1. Jahrhunderts. Die sanierten Bodenfunde umfassen sämtliche Gebäude des überall üblichen römischen „Bauern-Modells". Nach römischem Recht gehörte einst alles in Germanien gewonnene Land dem Kaiser. Dieser verteilte es dann vor allem an verdiente Kriegsveteranen, die als Erbpächter die Verpflichtung zur Lieferung von Agrarprodukten an die Truppe und die Bevölkerung hatten. Im jetzigen Freilichtmuseumsgelände standen einst ein Herrenhaus, ein Tempel, ein Badehaus, eine Werkstatt, ein Schlachthaus, Wirtschafts- und Nebengebäude mit Schmiede, Töpferei und Ziegelei.

7772 Uhldingen-Mühlhofen
Jungsteinzeitliche Stätte in Unteruhldingen (Pfahlbauten)

7920 Heidenheim
Hügelgräber, Keltenschanzen, alte Römerstraßen, größtes erhaltenes Römerbad Süddeutschlands

7927 Sontheim/Brenz
Römische Straßenstation
Die Anlage befindet sich an einem Knotenpunkt der römischen Rhein-Donau-Fernstraße. Die Gründung wird auf 90–100 n. Chr. datiert.

7944 Herbertingen-Hundersingen
Archäologischer Rundwanderweg
Der Rundwanderweg führt zur „Heuneburg", einem keltischen Fürstensitz, weiter zu mehreren keltischen Fürstengrabhügeln, darunter dem „Hohmichele" und zu einer nahegelegenen Viereckschanze. Ausgangs- und Endpunkt ist das Heuneburgmuseum.

7952 Bad Buchau
Bronzezeitliche Stätte
Pfahlbausiedlung

8170 Wackersberg-Arzbach
Römerturm (Nachbildung eines Wachturms)

8195 Egling bei Wolfratshausen
Keltenschanzen in den Ortsteilen Deining, Neufahrn und Endhausen

8420 Kelheim
Keltisches Oppidum auf dem Michelsberg

8421 Essing
Altsteinzeitliche Stätte

8425 Neustadt a. d. Donau
Römerkastell „Castra Abusina"

8431 Sülzburg
Ringwälle

8561 Happurg
Keltische Fliehburg „Honbirg"

8830 Treuchtlingen-Graben
Hier sind die Reste des Versuchs Karls des Großen zu sehen, auf der Wasserscheide zwischen Rezat und Altmühl einen Kanal bauen zu lassen, um Rhein und Donau zu verbinden: „Fossa Carolina" (793).

8860 Nördlingen
Besterhaltener Wehrgang Deutschlands

8961 Buchenberg
Ca. 80 m lange römische Felsenstraße; sie ist einmalig in Deutschland

Archäologie

Als Archäologie oder Altertumskunde wird die Wissenschaft von den materiellen Überresten der alten Kulturen bezeichnet.

„Zur Vorbereitung einer Ausgrabung sammeln Archäologen alle signifikanten Informationen:
— schriftliche Zeugnisse
— mündliche Überlieferungen
— kartographische Unterlagen
— bildliche Darstellungen
— materielle Überreste.

Archäologen benötigen:
— für die Vorarbeiten den Einsatz des Baggers
— für das Herrichten der Fläche und der Profile:
Schaufel, Kelle, Schubkarre
— für die Feinarbeiten:
Pinsel, Kelle, Fugenkelle.
— für die zeichnerische Dokumentation:
Nivelliergerät, Lot, Fluchtstangen, Meßband, Zollstock, Ringnadeln, Millimeterpapier, verschiedene Buntstifte.

Mit der Kelle werden mögliche Funde vorsichtig freigelegt und geborgen. Bei besonders zerbrechlichen Fundstücken (z. B. Tonkrüge, Urnen) wird zur Bergung eine Gipspackung gemacht, später erfolgt die Restaurierung.

Nachdem das Objekt durch Schüttelsieb und Bürste gereinigt worden ist, wird es durch den Fotoapparat festgehalten und erhält eine Fundnummer.
Mit Hilfe eines Fundzettels wird das Fundstück anschließend genauer beschrieben und dann sorgfältig für den Abtransport verpackt.
Der Grabungsbericht enthält Ausführungen über:
— Ziel der Grabung
— Vorarbeiten
— Technische Durchführung
— Ergebnisse
— Zeichnungen
— Fotokatalog.

Bei der genauen Bestimmung spezieller Funde (z. B. Getreide) helfen verwandte Wissenschaftler wie Botaniker oder Anthropologen.
Die Ergebnisse werden mitgeteilt in: Zeitschriftenaufsätzen, Büchern, Vorträgen und Ausstellungen. Lehrer und Schüler können sich auch direkt bei den Archäologen informieren".
In der Archäologie, die oft als altertümliche Spatenwissenschaft abgetan wird, ist längst das elektronische Zeitalter mit modernen Forschungsmethoden angebrochen.
Ein von Kieler Geophysikern konstruiertes Radargerät, das erste dieser Art in der Bundesrepublik, schickt elektromagnetische Wellen in den Boden, die von Erdschichten oder Fundresten reflektiert werden. Daraus läßt sich ein Diagramm des geschichtsträchtigen Untergrunds gewinnen.
Die Zusammenarbeit zwischen Archäologen und Naturwissenschaftlern ist schon deshalb notwendig, weil nicht nur Ton, Steine und Scherben Auskunft über unsere Vorfahren geben, sondern auch verkohltes Holz, Früchte und Samen sowie vertrocknete Pflanzen, die im Boden über Jahrhunderte hinweg erhalten blieben und so Informationen über vergangene Kulturen liefern.
Die von Chemikern entwickelte Phosphatmethode hilft, kostspielige und langwierige Grabungen zu vermeiden. Das z. B. in Speisen, Abfallresten oder Exkrementen unserer Vorfahren enthaltene Phosphat bleibt über mehrere tausend Jahre erhalten. Die Phosphatanalyse liefert demzufolge Hinweise auf den Kern und die Grenzen ehemaliger Siedlungen.
Obschon diese Forschungsmethoden die Archäologen entlastet haben, ist die Dokumentation der Zivilisationsgeschichte weiterhin kostspielig und zeitaufwendig. Die Zeit arbeitet gegen die Bodenarchäologie, weil Tiefpflüge, großflächige Planierungen, industrieller Kies- und Sandabbau und Trokkenlegungen großen Ausmaßes historisches Material für immer vernichten.

(E. Ommen, „Die Arbeit des Archäologen in Ostfriesland", in: Texte und Materialien [MOBILE] 13, Aurich 1980, S. 13f.)

Hügel- und Steingräber

Hügelgräber

Während der älteren Bronzezeit (ab 1800 v. Chr.) wurden die Verstorbenen mit Kleidungsstücken, Schmuck, Waffen und Wegzehrung in Baum- oder Bohlensärgen bestattet, die mit hohen Erdhügeln (darum Hügelgräber) bedeckt wurden. Um den Hügel herum wurde manchmal ein Schutzpanzer aus Feldsteinen gelegt, der mit Heideplaggen und Sand abgedeckt wurde. Ein Steinkranz, der oft den Hügelkranz abstützte, friedete den Totenbezirk ein. Spätere Nachbestattungen auf dem Hügel bewirkten eine Vergrößerung der Hügel und ermöglichten den Archäologen eine genaue zeitliche Datierung. Heute sind Hügelgräber als kreisrunde, manchmal ovale Kuppen im Gelände zu erkennen.

Die Anzahl der Beigaben schwankte. Sie richtete sich wahrscheinlich nach dem Wohlstand und der sozialen Stellung der Verstorbenen.
Männergräber enthalten oft Gegenstände des täglichen Gebrauchs: Rasiermesser, Schwert, Dolch, Beil und die Lanzenspitze des Toten.
Frauengräber erkennt man an dem beigegebenen Schmuck: bandförmige Halskragen, gedrehte Halsringe, Armkettchen aus Bernstein- und Glasperlen, reich verzierte Arm- und Fußringe und große Gürtelschnallen.

Steingräber

Die riesigen Grabanlagen stammen aus der Jungsteinzeit (4500–1800 v. Chr.). Die Gräber mit ihren Beigaben sind es, die uns die Möglichkeit geben, das Leben der Steinzeitmenschen zu erahnen; sie sind überhaupt die wichtigsten Zeugnisse aus der schriftlosen Zeit.
Die Mühe, die für die Errichtung eines Steingrabes aus tonnenschweren Findlingen erforderlich war, läßt den Schluß zu, daß sich nur wohlhabende Bürger so aufwendige Begräbnisplätze leisten konnten, denn Menschen, die mit der täglichen Nahrungsmittelbeschaffung voll ausgelastet sind, haben keine Zeit, riesige Bestattungsplätze zu bauen. Die Wissenschaftler sind davon überzeugt, daß der größte Teil der Gräber zu Lebzeiten der Bestatteten angelegt wurde.
Die größten Grabanlagen (Hünenbetten/Hünengräber) sind bis zu 100 m lang, 10 m breit und enthalten eine oder mehrere Steinkammern. Die Wände der Kammern bestehen aus Findlingen, auf denen meistens mehrere Decksteine ruhen. An einer Seite ließ man eine Lücke als Zugang, die nach der Bestattung durch einen Stein geschlossen wurde. Die Steinkammer wurde anschließend meistens mit Erdreich bedeckt.
Immer wieder taucht die Frage auf, wie die Menschen zur damaligen Zeit mit ihren einfachen Werkzeugen solche schweren Steine für den Bau der Grabanlagen bewegen konnten. Man nimmt an, daß viele Steingräber während der Wintermonate errichtet wurden. Die kalte Jahreszeit ermöglichte es, große Lasten auf gefrorenem Boden oder künstlich vereisten Flächen leichter zu transportieren.
Man setzte zunächst die seitlichen Trägersteine an die bestimmten Plätze und füllte von außen solange Erdreich an, bis die Steine bedeckt waren und eine schiefe Ebene entstand, auf der dann die Decksteine mit Hilfe von Rollen und Hebeln auf die Trägersteine bewegt wurden. Nach Einsetzen der warmen Jahreszeit und dem Auftauen des Bodens wurde das Füllmaterial herausgeholt. Der Boden der Kammer wurde häufig mit Feldsteinen gepflastert. Die Lücken zwischen den Findlingsblöcken wurden mit Trockenmauerwerk aus Steinplatten gefüllt ..."

(Landkreis Stade [Hrsg.]: Wegweiser zu archäologischen Denkmälern im Landkreis Stade [Faltblatt])

Urgeschichtliche Ufer- und Moorsiedlungen (Pfahlbauten)

Das Federseemoor und der westliche Bodensee sind die klassischen Fundlandschaften der südwestdeutschen Pfahlbauforschung. Wie im Bereich des gesamten Alpenvorlandes, haben sich hier urgeschichtliche Ufer- und Moorsiedlungen in hervorragendem Zustand über die Jahrtausende erhalten. Im Uferschlamm und Moor, vom Luftsauerstoff abgeschlossen, sind nicht nur dauerhafte Steingeräte und Tongefäße, sondern vor allem so vergängliche Dinge wie Textilien, Holzgeräte und Nahrungsvorräte konserviert worden. Die Holzböden jungsteinzeitlicher und bronzezeitlicher Häuser (4000–800 v. Chr.) sind vielfach noch im Bauzusammenhang erhalten. Wände und Dächer sind aus Holzbauteilen wieder rekonstruierbar. Feuerstellen, Backöfen, Werkplätze und Abfallhaufen geben mit ihren Funden einen ungewöhnlich lebendigen Einblick in das tägliche Leben längst vergangener Kulturen. So zählen die als „Pfahlbauten" bekannten Ufer- und Moorsiedlungen zu den bedeutendsten archäologischen Denkmälern des Landes.

Ufersiedlungen

Die Ufer der großen Voralpenseen werden durch Wasserspiegelschwankungen von oft mehreren Metern zeitweise unter Wasser gesetzt. Dennoch versuchten prähistorische Siedler mit ihren Dörfern möglichst nahe ans Wasser heranzurücken. Eine der vielen bautechnischen Lösungen, mit denen man sich an die besonderen Verhältnisse anzupassen wußte, zeigt die jungsteinzeitliche Siedlung Hornstaad-Hörnle I am Bodensee. Bei den Ausgrabungen des Projekts Bodensee-Oberschwaben im Jahre 1980 fanden sich zahlreiche umgestürzte Holzkonstruktionen sowie abgestürzte Teile lehmverschmierter Wände, die das Bauprinzip erkennen lassen. Bis über vier Meter Länge erhaltene Dachständer mit Gabelende sind unten in sogenannte „Flecklinge" eingezapft, die das Einsinken des schweren Oberbaues in den weichen Seegrund zu verhindern hatten. Die Wohnböden der Häuser waren hochwassersicher vom Grund abgehoben. Es war ein abwechslungsreiches Wohnen im Lauf der Jahreszeiten: Im Sommer reichten Hochwasser bis unter die Häuser, im Winter lag das Ufer bis weit in den See hinaus trocken.

Moorsiedlungen

An den vermoorten Ufern kleiner Seen konnte man es wagen, ebenerdig zu bauen. Nur selten war hier Hochwasser zu erwarten. Die Ausgrabungen des „Urgeschichtlichen Forschungsinstituts" Tübingen von 1919–1928 in Aichbühl am Federsee haben ein jungsteinzeitliches Dorf mit 23 gut erhaltenen Hausböden ans Tageslicht gebracht. Eine Fundamentierung aus liegenden Schwellhölzern hatte auch hier das ungleiche Einsinken der Bretterböden in den Untergrund zu verhindern. Die Häuser waren zweiräumig, mit Herdstellen und mit jeweils einem Backofen ausgestattet. Die Bauten der benachbarten Siedlungen in Riedschachen, aber auch die 1952 und 1960 ausgegrabenen Häuser der Siedlung Ehrenstein bei Ulm boten ein ähnliches Bild.

(A. Billamboz, H. Schlichtherle: Pfahlbauten, urgeschichtliche Ufer- und Moorsiedlungen, neue Forschungen in Südwestdeutschland, hrsg. von der Gesellschaft für Vor- und Frühgeschichte in Württemberg und Hohenzollern e.V., Stuttgart 1984, S. 4, 8f.)

Bergbau

Die Bedeutung eigener Rohstoffe ist für ein Industrieland wie die BR Deutschland unbestritten. Unsere Rohstoffvorräte sind je nach Art des Rohstoffes sehr unterschiedlich. So betragen die wirtschaftlich gewinnbaren Reserven (in Steinkohleneinheiten) bei

- Steinkohle 24 200 Mill. t
- Braunkohle 9 800 Mill. t
- Erdgas 193 Mill. t
- Erdöl 62 Mill. t.

Während unsere Kohlevorräte noch über 200 Jahre reichen dürften, reichen unsere gesamten Erdölvorräte, gemessen an einem Jahresbedarf, nicht einmal 12 Monate.
Bei den einheimischen Mineralrohstoffen stellen Steine, Erden und Industrieminerale mengenmäßig den weitaus größten Anteil. Hierzu gehören z. B. Sand, Kies, Ton, Kalkstein, aber z. B. auch Steinsalz, Kalisalz, Flußspat und Graphit.
Was die Mineralrohstoffe anbelangt, werden hier keine Exkursionsziele genannt. Es gibt viele mehr oder weniger bedeutende Abbaustellen. Eine gute Zusammenstellung hierzu findet sich aber in der kostenlosen Broschüre des „Einheimische Rohstoffe – Steine, Erden und Industrieminerale“, BMWI, Bonn, [3]1979.

2981 Nenndorf-Platendorf
Torfwerk

3071 Steimbke
Erdöl- und Torfabbau

3100 Celle
Erdölförderstellen im Raum Celle und Gifhorn

3126 Wahrenholz
Düngetorf-Produktionsbetrieb

5010 Bergheim/Erft
Braunkohlentieftagebau mit seinen riesigen Baggern.
Im Schloß Paffendorf hat die Rheinische Braunkohlewerke AG ein Informationszentrum eingerichtet.
In umfassender Weise werden hier alle den Braunkohlentagebau im Rheinland betreffenden Fragen und ihre Lösungen vorgestellt. Von der Lagerstätte über die Technik der Gewinnung bis hin zu Umsiedlung, Rekultivierung und Umweltfragen berichten Modelle, Fotos und Grafiken über die einzelnen Stationen eines Tagebauverlaufs. Die bisherige Palette der Produkte aus Braunkohle ist in der Ausstellung ebenso zu finden wie die Darstellung der Braunkohlenforschung zur Entwicklung von betriebsreifen Kohleveredelungsverfahren.
Eingebettet in den großen Park, der das Schloß umgibt, ist ein sogenanntes Arboretum (Parkanlage mit ausgesuchtem Bestand verschiedener Baum- und Straucharten), der in

der Welt einzige Versuch, einen Teil der Braunkohlenpflanzen zu zeigen, die vor rund 20 Millionen Jahren in unseren Breiten anzutreffen waren. An allen Tagebauen gibt es Aussichtspunkte, die einen guten Einblick in das Betriebsgeschehen ermöglichen. Die Aussichtspunkte sind öffentlich zugänglich und können ohne Voranmeldung aufgesucht werden. Ein Faltblatt, erhältlich über das Informationszentrum bzw. Rheinbraun, zeigt die Wege dorthin.

7983 Wilhelmsdorf

Torfabbau im Pfrunger Ried

Das Pfrunger Ried ist mit einer Länge von 9 km und einer Breite von 3 km nach dem Federsee Ried das größte Moor Südwestdeutschlands. Es ist ein Kind des Rheingletschers. Als sich nämlich nach der letzten Eiszeit vor rund 12000 Jahren die Eismassen aufgrund des immer wärmer werdenden Klimas in Richtung Bodensee zurückzogen, hinterließen sie den Pfrunger See. Aber kaum geboren, war er schon zum Tode verurteilt. Wie alle nährstoffreichen Seen verlandete auch er sehr schnell zu einem Niedermoor.

Viele der noch heute sichtbaren Teiche und Tümpel sind jedoch keine Reste dieses natürlichen Verlandungsprozesses, sondern von Menschenhand geschaffen. Durch die industrielle Torfernte um die Jahrhundertwende wurde der in Notzeiten äußerst begehrte Brennstoff bis zum Grundwasserbereich abgebaut. Teilweise bis in eine Tiefe von vier Metern baute man mit Stechmaschinen den Torf ab, was zur Entstehung tiefer, und damit langlebiger Stichseen führte. Die Riedbesucher können diese an ihrer rechteckigen Form leicht als Kunstprodukt erkennen. Doch beweist gerade dieses Beispiel, daß menschliches Eingreifen in die Natur nicht immer im Widerspruch mit der Ökologie stehen muß. Im Pfrunger Ried arbeitet die Torfindustrie mit dem Naturschutz Hand in Hand. Sie schafft im streng geschützten Gebiet neue Biotope, Lebensräume für heimische Brutvögel und Rastplätze für eine große Zahl nordischer Zuggäste. Diese Allianz wird als in der Bundesrepublik einmalig bezeichnet.

Steinkohlenbergbau – Der Bergbau wandert nach Norden

Der Steinkohlenbergbau von heute hat längst das eigentliche Ruhrgebiet hinter sich gelassen und beginnt, nach Norden in die Lippezone vorzudringen.

Auf einer Breite von 100 Kilometern, vom Niederrhein im Westen bis hinter Hamm im Osten und 25 Kilometer tief ins südliche Münsterland, werden neue Kohleabbaugebiete erschlossen. Die Ruhrkohle AG, die 90% der im Revier geförderten Kohle abbaut, begründet dies mit dem Zurneigegehen der Vorräte in vielen heute noch betriebenen Zechen.

Doch diese Absicht eines Vorstoßes nach Norden führt zu Protesten umweltbewußter Bürger und Naturschützer. Sie wehren sich dagegen, daß die Lippezone, die zu 59% landwirtschaftlich genutzt wird und zu 22% aus Wald besteht, in ein „Lippe-Revier" verwandelt wird. Ferner befindet sich hier das größte Grundwasservorkommen Nordrhein-Westfalens. Der Naturpark „Hohe Mark" ist im westlichen und mittleren Teil Erholungsgebiet und schließlich entlastet die Lippezone das dichtbevölkerte Ruhrgebiet,

indem sie Abwanderer aus dem Ruhrgebiet aufnimmt.
Fehler, die früher im traditionellen Abbaugebiet gemacht wurden, möchte man bei der Nordwanderung des Bergbaus vermeiden. Die verödeten Städtelandschaften zwischen Essen und Dortmund, die brüchigen Häuserfassaden in den Bergsenkungsgebieten, die trostlosen Steppenlandschaften, die der Bergbau verursacht hat – all diese Sünden wider Mensch und Natur sollten für die Politiker Abschreckung und Ansporn zugleich sein, es heute und in Zukunft entscheidend besser zu machen.
Neue Bergwerke bedeuten Abraumhalden, auch werden neue Kohlekraftwerke sowie Anlagen zur Kohlenvergasung und Kohlenverflüssigung sinnvollerweise in der Nähe der Förderstandorte entstehen. Neue Straßen müßten gebaut werden und Wohnungen nahe den neuen Arbeitsplätzen. Schulen, Geschäfte, Freizeitanlagen u. a. m. würden folgen. Da die kohleführenden Schichten (Flöze) nach Norden hin immer tiefer abtauchen und somit ein Deckgebirge von 1000–1200 m Mächtigkeit durchstoßen werden müßte, würde dies umfangreiche Bergsenkungen zur Folge haben. Während im Ruhrrevier die durchschnittliche Senkung des Bodens 1,38 m betrug, sind in den künftigen Abbaugebieten Bergsenkungen von bis zu 15 m zu erwarten. In Dortmund-Deusen beispielsweise ist heute schon eine Straßenbrücke über die Emscher zu begutachten, die 23 m höher als die erste, im Jahre 1914 dort errichtete, Brücke liegt – um soviel ist der Boden gesunken. Für die Lippezone bedeuten die zu erwartenden Bergsenkungen, daß der Grundwasserspiegel steigen wird und landwirtschaftliche Nutzflächen und Wälder zu versumpfen drohen. Die „Vorflut" wird gestört werden. Wenn dann Bäche und Flüsse nicht mehr abfließen, müßten sie tiefer gelegt werden, um wieder Gefälle zu bekommen. Da die Höhenlage des Rheins, dem alles Wasser von hier zufließt, als Begrenzung vorgegeben ist, zugleich aber Gefällüberschüsse inzwischen aufgebraucht sind, bleibt kein anderer Ausweg, als die Wasserläufe innerhalb neuer Senkungsgebiete hochzuhalten, sie zwischen Deiche zu fassen, so daß die Flächen links und rechts zu unterhalb des Wasserspiegels liegenden Poldern (eingedeichtes Land) werden. Zu sehen ist das heute schon in Lünen-Horstmar, wo der Datteln-Hamm-Kanal fast 20 m über den benachbarten Wohnhäusern vorbeifließt. Vor der Bergsenkung konnten die Anwohner auf das Wasser herabblicken.

Das Rheinische Braunkohlerevier

Braunkohle ist vor 15 bis 20 Millionen Jahren aus versunkenen Wäldern entstanden. Vor rund 25 Millionen Jahren begann sich ein Teil des Rheinischen Schiefergebirges, die Rheinische Bucht, verstärkt abzusenken. Begünstigt durch subtropisches Klima und eine damit verbundene üppige Vegetation entstanden in dieser tektonischen Senkungszone ausgedehnte Torfmoore. Für den dort stattfindenden Umwandlungs-(Inkohlungs-)prozeß lieferte das anstehende Grundwasser den notwendigen Luftabschluß. Wasserbringer waren zudem mäandrierende Flußläufe, sowie das gelegentliche Vordringen der flachgründigen tertiären Nordsee. Die Torfbildung hat vor etwa 200 Millionen Jahren begonnen und endete vor etwa 20 Millionen Jahren. Aus diesen Mooren entwickelte sich im Verlauf von Millionen Jahren eine umfangreiche Braunkohlenlagerstätte. Die Braunkohle ist das Mittelglied der

Entwicklungsreihe Torf-Braunkohle-Steinkohle.
Die Vorräte der Bundesrepublik Deutschland betragen rund 56 Milliarden Tonnen, von denen etwa 55 Milliarden Tonnen im Rheinischen Revier im Gebiet zwischen Köln, Aachen, Düsseldorf liegen. Davon sind rund 35 Milliarden Tonnen wirtschaftlich gewinnbar. In den von den Rheinischen Braunkohlenwerken AG (Rheinbraun), Köln, betriebenen bzw. vorgesehenen Tagebauen sind rund 5 Milliarden Tonnen erfaßt.
Die Braunkohle wird im Tagebau gewonnen. Zur Abraumbewegung (Deckgebirge über der Kohle) und zur Kohlenförderung werden Schaufelradbagger eingesetzt. Die modernsten Bagger sind rund 200 Meter lang, rund 100 Meter hoch und werden von nur 5 Mann bedient. Die Tagesleistung solcher Riesen beläuft sich auf 240000 Tonnen pro Tag (in drei Schichten rund um die Uhr). Das ist so viel, wie 40000 Menschen mit Hacke und Schaufel gerade bewältigen könnten. Etwa 120 Millionen Tonnen fördert die Rheinbraun pro Jahr. Wichtigstes Transportmittel in den Rheinbraun-Tagebauen sind Bandanlagen mit Gurtbreiten bis zu drei Metern und Transportleistungen bis zu 39000 t je Stunde bei Abraumbetrieb. Die Gesamtlänge der Bandanlagen beträgt 240 km. Das Schienennetz der von Rheinbraun unterhaltenen Eisenbahn ist rund 416 km lang. Eingesetzt werden Elektroloks, die 2000 t Last bewegen können.

Das gegenwärtig modernste Tagebau-Abbaugebiet, der Hambacher Forst, soll in seiner Endphase 20 km^2 groß und dreimal so tief sein, wie der Kölner Dom hoch ist. Damit wird er zum größten Loch der Welt. Vom früheren Hambacher Forst ist nicht mehr viel zu sehen. Von den ursprünglich 4000 ha Wald sind nur noch 170 ha übriggeblieben.
Aber nicht nur der Wald mußte der Braunkohlengewinnung weichen. Die Orte Lich und Steinstraß mit ihren rund 2000 Einwohnern sind von der Landkarte verschwunden. Die Umsiedlung von Dörfern und landwirtschaftlichen Betrieben ist bei der Braunkohlengewinnung unvermeidlich. Jede Umsiedlung ist ein Eingriff in das Schicksal der Betroffenen. 36000 Menschen sind bisher betroffen, mußten bzw. müssen in den nächsten Jahren für einen wesentlichen Teil der Energieversorgung der Bundesrepublik (25%) ihre Heimat verlassen. Soll das größte bekannte Braunkohlevorkommen Europas ganz ausgebeutet werden, müssen weitere 20000 Menschen den Baggern weichen.
Aber nicht nur die technischen Höchstleistungen und die Umsiedlungen prägen das Rheinische Braunkohlenrevier, sondern auch die schwerwiegenden Folgeschäden für die Land- und Wasserwirtschaft sowie für die Ökosysteme in dieser Landschaft. Um den Tagebau betreiben zu können, müssen gewaltige Mengen Wasser abgepumpt werden. Jährlich kommen zur Zeit etwa 1,2 Mrd. m^3 Wasser zusammen, von denen nur ein kleiner Teil – rund 30 Mill. m^3 – als Trinkwasser an Kommunen geliefert wird. Kritiker des Tagebaus fürchten, daß sich die Grundwasserspiegelabsenkung immer gravierender auf Mensch und Natur auswirken wird. Als mögliche Folgeschäden der Grundwasserabsenkungen (bei Grevenbroich sollen es rund 40 m sein!) können auftreten:
- zeitweiliges Trockenfallen der Feuchtgebiete,
- Zerstörung der gewässerspezifischen Flora und Fauna,
- Wegfall von Wasserentnahmen aus den Fließgewässern,
- kaum lösbare Gewässergüteprobleme,
- Minderung der Erholungsfunktion u. a. m.

Betriebsbesichtigungen

Betriebsbesichtigungen sind als Exkursion nur dann erfolgreich, wenn sich Lehrer zuvor den Betrieb angesehen bzw. sich gründlich erkundigt haben und von der Eignung überzeugt sind.
Vielfach werden nur solche Teile des Betriebs gezeigt, die für Schüler wenig motivierend sind oder aber eine Überforderung darstellen. Auch werden zu Beginn einer Besichtigung gerne Dia-Vorträge gehalten, die sich einmal auf die Schülermotivation negativ auswirken, zum andern von den Schülern aufgrund der verwendeten Fachsprache oft nicht verstanden werden.
Exkursionsziele wie z. B. der Münchner Hauptbahnhof, das Volkswagenwerk oder der Rhein-Main-Flughafen stehen stellvertretend für ihre Gruppe. Es geht also auch hier darum, auf Ziele ähnlicher Art aufmerksam zu machen.

1000 Berlin
Größte und modernste Verbrennungsanlage für Klärschlamm innerhalb Europas (in Verbindung mit der Erweiterung des Klärwerks Ruhleben)

2000 Hamburg
Einsatzzentrale der Feuerwehr
Die z. Zt. größte und modernste Anlage dieser Art in Europa; Voranmeldung, Besichtigung nur in Gruppen

2178 Otterndorf
Hadelner Schöpfwerk
Entwässerung der Marsch

2190 Cuxhaven
Seefischmarkt (Auktionshallen)
Führungen in aller Frühe; Besichtigung fischverarbeitender Betriebe

2850 Bremerhaven
Fischereihafen mit Auktionshallen
Fischverarbeitungsbetriebe

3000 Hannover
Deutsche Bundesbahn – Hauptbahnhof
Vollautomatische Zuglenkung und automatisch gesteuerter Rangierbahnhof

3040 Soltau
Zinngießerei

3042 Munster
Kieselgurwerke

3050 Wunstorf-Steinhude
Aalräuchereien

3180 Wolfsburg
Volkswagenwerk

4100 Duisburg
Rund die Hälfte aller Hochöfen Deutschlands steht in Duisburg

4100 Duisburg-Hamborn
Größtes Stahlwerk Europas

4172 Straelen
Größte und modernste Blumen- und Gemüseversteigerungsanlagen der BR Deutschland

4300 Essen
Zechen, Stahlwerke (Adresse s. Anhang)

4407 Emsdetten
Zentrum der dt. Jute-Industrie

4423 Gescher/Münsterland
1690 gegründete Glockengießerei mit Glockenmuseum

4730 Ahlen/Westf.
Stadt der Emaillierwerke und Plüschwebereien

5170 Jülich
Größte Simulationsanlage Europas. Wie alltäglich Erdbeben sind, zeigen die rund 3000 jährlich aufgezeichneten Bodenbewegungen, von denen zum Glück nur etwa jede hundertste stärker zu nennen ist. Verständlich wird so aber auch das Bemühen, empfindliche und im Schadensfalle womöglich gefährliche Industrieanlagen und Kernkraftwerke erdbebensicher zu machen. Als größter sogenannter Rütteltisch Westeuropas hilft dabei „Samson". Diese Anlage ist von der Hochtemperatur Reaktorbau in Jülich in Betrieb genommen worden. Ihr Name wurde mit Bedacht gewählt. Er ist einerseits die Abkürzung für „Simulationsanlage zur Modellierung seismischer Oszillationen bei Nuklear-Komponenten", verweist aber andererseits auf den legendären Kämpfer gegen die Philister, der ihren Tempel mit bloßen Händen zum Einsturz brachte. Mit vergleichbaren Kräften kann auch die Simulationsanlage aufwarten, denn bis zu 25 t schwere Bauteile können auf ihrem Tisch in allen drei Raumachsen durchgerüttelt werden, einhalb bis hundertmal pro Sekunde, mit Ausschlägen bis maximal 40 cm.

5358 Bad Münstereifel
Handweberdorf
Werkstätten, Handwebermuseum, Webkurse

5412 Ransbach-Baumbach
Vielzahl an tonverarbeitenden Fachbetrieben mit vielen Besichtigungsmöglichkeiten

5473 Kruft
Traßgrube und Traßfabrik im Verband Rheinischer Bimsstoffwerke. Traß ist zu Pulver zermahlener Tuffstein, dem Kalkmörtel beigefügt wird, der ihm die Fähigkeit verleiht, unter Wasser zu erhärten. Ohne Traß ließen sich daher viele Deich- und Molenbauten der Neuzeit nicht durchführen. Von den vielen Mühlen früherer Jahre sind nur noch zwei Großbetriebe übriggeblieben, die Traß und Bindemittel herstellen. Ein ähnlicher Traßbetrieb befindet sich in Brohl-Lützing.
Der Verband Rheinischer Bimsstoffwerke vermittelt Besichtigungen von Betrieben der Traß- und Bimsstoffindustrie.

5510 Saarburg
Glockengießerei

5535 Birresborn
Birrersborner Phönix-Sprudel
Betriebsbesichtigung mit kostenloser Heilwasserausgabe

5531 Wallenborn
Großimkerei (Rudi Mehler)

5562 Manderscheid
Edelsteinschleiferei (E. Heinrich)

5569 Brockscheid/Daun
Eifeler Glockengießerei

5963 Wenden/Sauerland
Wendenerhütte
Älteste noch erhaltene ehemals mit Holz betriebene Eisenschmelzerei Deutschlands (aus dem Jahre 1728).

6000 Frankfurt/Main
Müllverbrennungsanlage

6000 Frankfurt/Main
Rhein-Main-Flughafen

6100 Darmstadt
Zentralstellwerk der Deutschen Bundesbahn

6120 Erbach bei Michelstadt
Schauwerkstätten
Elfenbeinschnitzer, Diamantschleifer, Töpfer

6407 Schlitz
Limnologische Flußstation des Max-Planck-Instituts für Limnologie (= Binnengewässerkunde).
Aufgabe der Station ist die Untersuchung von Flüssen, Bächen und Quellen.

6541 Krummenau
Hunsrücker Zinngießerei

6580 Idar-Oberstein
An der Deutschen Edelsteinstraße entlang können in 17 Orten rund 60 Betriebe besichtigt werden.

6642 Mettlach
Keramikfirma Villeroy & Boch
Keramikmuseum

6700 Ludwigshafen

- Müllverbrennungsanlage
- Bühnentechnik der Schauspiel- und Opernbühne
  Die Hauptbühne hat eine Grundfläche von 518 m^2.
  Zur Bühne gehören ein doppelstöckiges Orchesterpodium mit Ausgleichspodien und 4 heb- und senkbaren Spielpodien, die auch als schiefe Ebene ausgeschwenkt werden können.
  Für die Dekorationsgestaltung stehen 5 Elektrozüge und zwei seitliche Panoramazüge zur Verfügung.
  Dazu gehören die 326 m^2 große Hinterbühne und die 287 m^2 große Seitenbühne.

6710 Frankenthal/Pfalz
Chio-Kartoffelerzeugnisse (Chips)

6800 Mannheim
Rangierbahnhof der Deutschen Bundesbahn

6981 Hasloch/Main
Im Eisenwerk Kartz ist der letzte Spessarter Eisenhammer in Betrieb.

7633 Seelbach/Schutter
Hammerschmiede (im Litschental)
Einzige Hammerschmiede im Schwarzwald, die noch mit Wasserkraft betrieben wird.

7700 Singen/Hohentwiel
Müll-Kompostwerk
Größte und modernste Anlage dieser Art in Europa

7716 Geisingen
Zementwerk

7717 Immendingen
Bundeswehrstandort

7767 Sipplingen/Bodensee
Bodenseewasserversorgung

7845 Buggingen
Wertstoff-Sortieranlage

7858 Weil am Rhein
Autobahnzollanlage Weil am Rhein
Die Anlage, die seit 1983 endgültig fertiggestellt ist, gilt heute als eine der größten und modernsten ihrer Art in Europa.
Im Jahr 1985 passierten insgesamt 6,1 Mill. Fahrzeuge die Grenze. Ein- und Ausreise hielten sich dabei die Waage. Im Hauptreiseverkehr in den Sommermonaten wurden bei der Ausreise als Spitzenwert über 18200 Fahrzeuge gezählt, bei der Rückreise 15500 an einem Tag. Rund 8,8 Mill. Personen reisten 1985 über diese internationale Drehscheibe in die Bundesrepublik ein. In den beiden Abfertigungsgebäuden links und rechts der Autobahn haben rund 90 Speditionen ihre Niederlassungen. Tägliche Einnahme an Steuern und Abgaben: Über eine Million Mark; 1985 belief sich die Gesamtsumme auf rund 400 Mill. Mark.

7907 Langenau bei Ulm
Landeswasserversorgung Baden-Württemberg
Trinkwasseraufbereitung in einem der modernsten Wasserwerke der Welt

7925 Dischingen
Egauwasserwerk auf dem Härtsfeld
Das Egauwasserwerk ist seit 1957 Teil der Wassergewinnungsanlagen der Landeswasserversorgung, einer der großen Fernwasserversorgungen des Landes Baden-Württemberg. Beim Karstwasser aus dem Quelltopf des Buchbrunnens, einem Hauptzufluß der bei Neresheim entspringenden Egau, handelt es sich um Niederschlagswasser eines ca. 300 qkm großen Einzugsgebietes auf dem Härtsfeld. Der heute mit einer Stahlbetonkuppel von 28 m Durchmesser gefaßte Quelltopf schüttet ziemlich gleichmäßig zwischen 600 und 1200 l/sec. Davon werden 300–800 l für die Trinkwasserversorgung abgezweigt, das sind bis zu 22 Mill. m^3 im Jahr (Adresse s. Anhang)

7982 Baienfurt bei Ravensburg
Papierfabrik

8000 München

— Verkehrsleitzentrale im Polizeipräsidium München

— Postbahnhof München-Paketpostamt
Besichtigung einer modernen Paketverteilungsstelle (werktäglicher Normalverkehr: 124000 Pakete, 56000 Päckchen)

— Hauptbahnhof
Besichtigt werden kann das Stellwerk des größten Kopfbahnhofs in der BR Deutschland.
Bei der Besichtigung erfährt der Besucher eine Vielzahl imposanter Zahlen.
Aber mit dem Bahnhof steht ja nicht nur ein Verkehrsknotenpunkt, sondern wesentlich auch ein städtischer öffentlicher Raum zur Diskussion.
In den monumentalen Hallen sind metallisch-glockige Signale zu vernehmen; Lautsprecherstimmen, die kühlverlockend die Namen naher und ferner Stationen wie Flaggen in den großen Raum hängen; ein undefinierbarer Geruch von Metall, Schmieröl, Schweiß, Parfüm, Blumen, heißen Würstchen, Bier und Gummi; Lachen und Tränen; Menschen jeglichen Alters, verschiedener sozialer Herkunft und Hautfarbe; Menschen unterwegs, in Hast, flanierend; ein babylonisches Sprachengewirr; Gesten des Empfangs, des Wiedersehens und des Abschieds; pausenlos ein- und ausfahrende Züge, die Menschen bringen und wegführen. Und dann die Fauna des Bahnhofs: Penner, Alkoholiker, Drogensüchtige, Heimatlose, Müde ohne Geld. Der Bahnhof als Ort der Träume, Hoffnungen und Ängste des Großstadtmenschen. Der Bahnhof als Bühne des öffentlichen Lebens, Turmbau von Babel, Kathedrale des Fortschritts, Palast der modernen Industrie, Vulkan des Lebens, Brust und Flanke der Stadt, Mikrokosmos des Industriezeitalters.

— Städtische Großmarkthalle München
Größter Binnenumschlagplatz für Obst und Gemüse (interessanteste Besuchszeit während des Marktgeschehens)

— Bayerische Staatsbibliothek
Größte wissenschaftliche Universitätsbibliothek der BR Deutschland; insgesamt 4800000 Bände und 26000 laufende Zeitschriften

8022 Geiselgasteig
Bavaria Filmstadt
1½stündige Besichtigungstouren

8103 Oberammergau
Passionsspielhaus, Passionsspiele
Das heutige Passionsspiel geht zurück auf die Augsburger Passionsspiele des 15. Jahrhunderts. Die erste Aufführung in Oberammergau fand 1634 statt. Nachdem die Pest das Dorf heimgesucht hatte, legte der Rat der Gemeinde das Gelübde ab, alle zehn Jahre das Leiden und Sterben Christi darzustellen. Die Passionsspiele, die jeweils in den vollen Zehnerjahren stattfinden, bringen bei rund 100 Aufführungen etwa 500000 Besucher in die kleine Gemeinde. Das Passionsspielhaus kann täglich besichtigt werden. Mitspielen darf jeder Bürger der Gemeinde, der von Geburt an oder seit mindestens 20 Jahren in Oberammergau wohnt.

8110 Murnau a. Staffelsee
Erstes vollelektronisches Stellwerk der Deutschen Bundesbahn

8240 Berchtesgaden-Unterau
Enzianbrennerei Graßl

8521 Möhrendorf bei Erlangen
Wasserschöpfräder an der Regnitz

8550 Kaufbeuren
Zentrum der Gablonzer Glas- und Schmuckwarenindustrie

8580 Bayreuth
Richard-Wagner-Festspielhaus und R.-W.-Gedenkstätte mit dem „klingenden Museum"

8620 Lichtenfels/Franken
Hauptsitz der Korbmacherindustrie und des Korbwarenhandels; Korbmuseum in Michelau

8946 Memmingen
Bundeswehrstandort

Rhein-Main-Flughafen Frankfurt

Neben London Heathrow und Paris Orly ist der Rhein-Main-Flughafen in Frankfurt einer der bedeutendsten Flughäfen Europas.
Diese Bedeutung als Drehscheibe im internationalen Flugverkehr beruht auf mehreren Voraussetzungen:

1. Zentrale Lage in einem der größten europäischen Ballungsräume
2. Frankfurt ist ein wichtiger Knotenpunkt im europäischen Fernstraßen- und Eisenbahnnetz.
3. Der Rhein-Main-Flughafen hat sich rechtzeitig der stürmischen Entwicklung des Luftverkehrs angepaßt. Im Besonderen mußte mit dem starken Anstieg des Fluggast-, des Fracht- und besonders des Luftpostverkehrs die Flughafenkapazität der Entwicklung angepaßt werden. Moderne zeitsparende Abfertigungsanlagen wurden durch ein tägliches Fluggastaufkommen von über 40000 unbedingt notwendig. Zudem mußten Start- und Landebahnen der Entwicklung der Großraumflugzeuge angepaßt werden, was nicht immer problemlos vonstatten ging (Auseinandersetzungen um die Startbahn West). Die Flughafenbahn, die den Frankfurter Flughafen mit dem Frankfurter Hauptbahnhof verbindet, trug genau so zur Verbesserung bei wie die vollautomatische, elektronisch gesteuerte Gepäckförder- und -sortieranlage. Die Flughafenverwaltung bezeichnet diese Anlage als einmalig auf der Welt. Auf 40 km langen Transportschienen rollen hier in 10000 Plastikwannen bis zu 13000 Koffer stündlich im Radfahrertempo von 10–20 km/h zu mehr als 50 Zielpositionen. Der Weg der Plastikcontainer wird vom Zentralcomputer gesteuert, ihre Code-Nummern wer-

Flughäfen der Bundesrepublik Deutschland (Verkehrsentwicklung 1984)

Flughäfen	Fluggäste incl. Transit	Flugzeugbewegungen gesamt	Luftfracht in t incl. Transit	Luftpost in t incl. Transit
Berlin (W)	4293440	55011	8837	11049
Bremen	692023	37721	3916	2876
Düsseldorf	7781094	105397	49595	5777
Frankfurt Main	19031764	227056	772787	107123
Hamburg	4578169	96011	34359	13593
Hannover	1868946	64760	10232	5241
Köln/Bonn	1935832	72766	54841	9172
München	7235118	140664	42141	14725
Nürnberg	833850	46315	4781	4953
Saarbrücken	150188	25127	269	—
Stuttgart	2795576	87860	14093	6953
Gesamt	51196000	958688	995851	181462

Tagesrekord (1984): 72537 Reisende in Frankfurt

(Quelle: Geschäftsbericht 1984 der Flughafen Frankfurt/M. AG, S. 16)

den elektronisch abgelesen und gemeinsam mit der jeweiligen Flugnummer in den Computer eingegeben.
Aber der Flughafen ist dennoch überlastet: Mit etwa 700 An- und Abflügen pro Tag – in den täglichen vier Spitzenverkehrszeiten erfolgen Starts und Landungen im Zwei-Minuten-Abstand – ist das nicht verwunderlich.

Rhein-Main, Europas zweitgrößter Flughafen, wird seine Kapazität innerhalb der nächsten zehn Jahre verdoppeln. Dazu wird der Betreiber, die Flughafen AG, 2,3 Milliarden Mark investieren. Dann können hier 120 Flugzeuge gleichzeitig be- und entladen werden, davon 58 direkt an einem der vier Terminals (Terminal A–D). Dann können bis zu 12400 Passagiere pro Stunde abgefertigt werden, fast doppelt soviel wie bisher. Zu diesem Zeitpunkt wird mit einem Passagieraufkommen von 32–35 Millionen gerechnet. Der Flughafen wird dann aber auch für rund 55000 Menschen einen Arbeitsplatz bieten.

Der Frankfurter Flughafen im Überblick (Stand: 1985)

- Gesamtfläche: 17 km^2
- Start- und Landebahnen: 3 (je 4000 m lang)
- Treibstoffversorgung: Tankerkapazität 121000 m^3
- Terminal-Kapazität:
  30 Millionen Fluggäste pro Jahr
  54 Fluggastbrücken
  77 Fahrtreppen
  218 Fluganzeigetafeln
  6000 Lautsprecher
  120 Aufzüge
  100 Läden/Verkaufsstände

40 Gastronomische Einrichtungen
1 Diskothek
1 Airportklinik
— Gepäckförderanlage: 40 km
— Verkehrsbedienung:
5000 Linienverkehrverbindungen pro Woche
90 Länder werden angeflogen; 190 Ziele in aller Welt
84 Fluggesellschaften (mit Charter 170) starten und landen hier
— Beschäftigte:
insgesamt sind 36410 Personen auf dem Flughafen beschäftigt (FAG = 7540, Airlines = 18282, andere Unternehmen = 8438, Behörden = 2150)
— Arbeitsstätten: 377
— Parken: rund 12000 Plätze

(Quelle: Flughafen-Informationen, Flughafen Frankfurt/M. AG)

Bodensee-Wasserversorgung

Der Bodensee ist mit seinen 50 Mrd. m^3 Wasser der größte Trinkwasserspeicher Europas.
Der Zweckverband Bodensee-Wasserversorgung baute in Sipplingen am Überlinger See eine große Anlage, die heute für ganze Landesteile Baden-Württembergs Bodenseewasser aufbereitet und in wasserarme Gebiete pumpt.
Sechs große Pumpen fördern im Seepumpwerk Sipplingen bis zu 9000 l Wasser in der Sekunde, das entspricht dem Inhalt von 45 Badewannen. Auf den Tag hochgerechnet sind das bis zu 670 Mill. l Wasser, eine unvorstellbare Menge. 122 Städte, Gemeinden und 30 Wasserversorgungsverbände mit insgesamt 3,5 Mill. Menschen werden damit versorgt. Die jährliche Fördermenge beträgt etwa 125 Mill. m^3 Wasser. Trotz dieser ungeheuren Menge fällt die Entnahme nicht ins Gewicht. Ständig gespeist aus dem ewigen Schnee und Eis der Vorarlberger und Schweizer Alpen, ist der Zulauf im Jahresmittel etwa hundertmal größer als die von der Bodensee-Wasserversorgung entnommene Wassermenge. Im Sommer, wenn das meiste Trinkwasser gebraucht wird, bringt die Schneeschmelze in den Alpen dem See den stärksten Zufluß. Aber auch schon ein einziger Regentag kann den Seespiegel über 25 cm ansteigen lassen. Selbst wenn der See keinerlei Zufluß hätte, würde die Wasserentnahme eines Tages den Seespiegel nur um *einen* Millimeter absenken. Die mittlere tägliche Verdunstung ist sogar doppelt so hoch wie die Höchstmenge, die die Bodensee-Wasserversorgung entnehmen darf.
Das Wasser wird dem Bodensee aus einer Tiefe von 60 m entnommen, weil dort das Seewasser rein und klar ist. Die 4–5° kalten Wasserschichten der Tiefe bleiben fast das ganze Jahr über getrennt von den wärmeren, lichtdurchfluteten Oberflächenschichten, in denen Algen schweben. Das Wasser der Tiefe gleicht natürlichem Grund- und Quellwasser, ist von knapp mittlerer Härte und gutem Geschmack. Obwohl das dem Bodensee entnommene Wasser nahezu schon Trinkwasserqualität hat, muß es sicherheitshalber in Filter und Ozonanlagen aufbereitet werden. Vom Bodensee wird das Wasser auf den 312 m höher gelegenen Sipplinger Berg gepumpt. In jeder der 6 Pumpen steckt die Kraft der stärksten D-Zug-Lokomotive. Zusammen verbrauchen sie im Jahr über 50 Millionen kWh, eine Menge, mit der man eine Stadt von 50000 Einwohnern mit Strom versorgen könnte.
Über 1400 km meist großkalibrige Hochdruckleitungen gelangt das Wasser in die Versorgungsgebiete. Die Bodenseewasserversorgung baute 17 Wasserbehälter mit 440000 m^3 Inhalt,

um in den einzelnen Verbauchsschwerpunkten die stündlichen und täglichen Spitzenverbräuche auszugleichen. Eine der beiden Hauptwasserleitungen führt auf einer Länge von 24 km und in einer Tiefe bis zu 260 m in einem Stollen durch die Schwäbische Alb. Der Albstollen führt zu einer beträchtlichen Ersparnis an Pumpstrom im Vergleich zur ersten Hauptleitung, bei der das Wasser vom Sipplinger Berg noch einmal 60 m höher bis zum Scheitelbehälter Liptingen gepumpt werden muß.
Bleibt zu hoffen, daß der Trinkwasserspeicher Bodensee so sauber bleibt, daß weiterhin Wasser entnommen werden kann.

Bundeswehrstandorte

Bundeswehrstandorte sind lohnenswerte Exkursionsziele. Allein schon die Besichtigung des technischen Geräts interessiert vor allem jüngere Schüler (Sekundarstufe I) sehr. Je höher die Klassenstufe, desto intensiver kann auf das Beziehungsgeflecht Bundeswehrstandort/Umlandbeeinflussung eingegangen werden.
In einer Vorbereitungsphase kann ein dreiteiliger Fragenkatalog für den Besuch vor Ort zusammengestellt werden, der sich auf
— die Streitkräfte (Militär),
— die Standortverwaltung (Zivilbereich) und
— die wirtschaftliche Bedeutung des Standorts auf den Nahraum/das Umland

bezieht.

Beispielfragen (nach K. Baier/G. Gladiator – verändert vom Verfasser)

A) Streitkräfte
1. Seit wann besteht der Standort?
2. Wie viele Soldaten sind dort gegenwärtig stationiert?
3. Welche Aufgaben hat das Militär zu erfüllen?
4. Welche Ausbildung erfahren die Soldaten im Standort?

B) Verwaltung
1. Wie viele Personen sind in der Verwaltung des Standorts beschäftigt?
2. Wie viele Berufe sind vertreten?
3. Ist es möglich, im Bereich der Verwaltung einen Beruf zu erlernen?
4. Aus welchen Orten der Umgebung kommen die Arbeiter, Angestellten ...?
5. Wie ist das zahlenmäßige Verhältnis Frauen/Männer?
6. Welche Aufgaben hat die Verwaltung zu erfüllen
   a) im Bereich Versorgung (Verpflegung, Bekleidung ...)?
   b) im Bereich Kultur, Freizeitgestaltung?

C) Der Standort als Wirtschaftsfaktor
1. Welche Wirtschaftsbereiche sind beteiligt an der Versorgung mit Energie, Nahrungsmitteln?
2. Inwieweit wird die Bauwirtschaft des Nahraums durch Aufträge des Standorts beschäftigt? Gegenwärtige Bauvorhaben?
3. Wie hoch ist das Ausgabenvolumen im Haushaltsjahr?
4. Wie werden die Probleme der Entsorgung (Müll, Abwasser) gelöst?

Botanische Besonderheiten

Es gibt eine Menge lohnender Ziele für biologische Exkursionen. Eine ganze Reihe an Zielen, die dem Bereich Biologie zugeordnet werden können, sind hier anderen Zielgruppen zugeordnet, bzw. bilden eigene Zielgruppen, so z. B. Falknereien, Umweltzentren, Nationalparks.
Botanische Gärten, Zoologische Gärten, Wildgehege oder Tierparks werden hier nicht berücksichtigt. Bleiben also in dieser Gruppe nur Ziele, die durch ihre Besonderheit herausragen.

2910 Westerstede
Im Waldpark Linswege-Petersfeld befindet sich die größte Rhododendron-Anzucht Deutschlands.
Bis eine Züchtung auszuwerten ist, d. h. von ersten Versuchen bis zum großflächigen Anbau, dauert es rund 16 Jahre. Auf einer 1,5 km langen Ringstraße spazieren an einem schönen Tag in der Hauptsaison (Anfang April bis Anfang Juli) Tausende von Besuchern.

2964 Wiesmoor
Die Blumengemeinde Ostfrieslands
Mit der 1500 m^2 großen Blumenhalle, den Gewächshäusern und den 26 ha großen Parkanlagen ist Wiesmoor eines der größten und wichtigsten Anzuchtzentren für Blumen und Zierpflanzen in Europa. Mitte März bis Ende September steht den Besuchern ein originelles Fahrzeug zur Verfügung, mit dem sie sich durch die Gewächshausanlagen fahren lassen können.

3050 Wunstorf-Steinhude
Steinhuder Meer: schwimmende Wiesen

3139 Hitzacker
Riesenkastanie; Kronendurchmesser 35 m; früher Tanzbaum

3220 Alfeld/Leine
Weltbekannte Alpenveilchenzucht

3280 Bad Pyrmont
Kurpark mit Palmengarten; nördlichste Palmenfreianlage Europas

3406 Bovenden-Eddigehausen
Größter zusammenhängender Eibenbestand Europas (Naturdenkmal)

3430 Witzenhausen
Tropengewächshaus

3501 Fuldatal
Nordhessens größtes Heidegebiet

4054 Nettetal
Bedeutende Seerosenzucht

4055 Niederkrüchten
Naturschutzgebiet mit der letzten Wacholderheide des hinteren Niederrheins

4358 Haltern
Heidegebiete, Westruper Heide, Sebbelheide, Holtwicker Heide

4904 Enger
Orchideenzucht

5378 Blankenheim/Eifel
Wacholder-Naturschutzgebiet

5650 Solingen-Ohlings
Ohlinger Heide

5789 Hallenberg-Brannshausen
Naturschutzgebiet „Wacholderheide"

6081 Stockstadt am Rhein
Rheininsel Kühkopf-Europareservat

6111 Otzberg-Hering
Kakteenzucht

6657 Gersheim
Orchideenfelder mit 30 verschiedenen Orchideenarten; geführte Wanderungen

7080 Aalen
Koniferengarten mit Blumenuhr

7156 Wüstenrot
Wellingtonien oder Sequoias
Die Bäume kommen aus Kalifornien und haben die stattliche Höhe von 45 m erreicht.

7157 Murrhardt
Bannwald Steinhäusle
In diesem 21 ha großen Waldgebiet unterbleibt jede forstliche Nutzung

7201 Kolbingen
Märzenbecherblüte im Hintelestal

7272 Altensteig-Spielberg
Naturpark mit Millionen von Silberdisteln
Blütezeit im Herbst

7293 Pfalzgrafenweiler-Kälberbronn
Naturschutzgebiet „Große Tannen"
250 Jahre alt, 50 m hoch

7420 Münsingen
Naturreservat „Beutenlay"

7860 Schopfheim-Gersbach
Größte Weißtanne Westeuropas
49 m hoch, Stockumfang 7 m, 40 Festmeter Holzmasse

7900 Ulm
Duft- und Tastgarten (Blindengarten)

7990 Friedrichshafen
Kakteensammlung

8100 Garmisch-Partenkirchen
Alpenpflanzengarten

8112 Bad Kohlgrub-Saulgrub
Enzianwiese

8229 Fridolfing
Deutschlands größter künstlicher Seerosenteich

8380 Landau-Kammern
Küchenschellen- und Enzianwiesen

8540 Schwabach
Alte Linde
Sie gehört zu den ältesten und größten Linden in Deutschland.

Das Naturreservat Beutenlay

Der „Beutenlay" ist eine der vielen charakteristischen Weidekuppen der Münsinger Alb und verdankt sein Aussehen den Schafen. Seine hohen, trotzigen Buchen sind die letzten Reste des einstigen Weidewaldes, der jahrhundertelang dem Berg sein Gepräge gab, und die heranwachsende Wacholderheide ist inzwischen zu einem Stück Münsinger Landschaft geworden.
Seine Hochfläche liegt kaum 100 m über der Stadt Münsingen und dem Heutal, aber sie gibt einen Rundblick frei hinein in die eigenartige, weichgeformte Schwäbische Kuppenalb. Nicht selten bietet sich dem Besucher über das Nebelmeer Oberschwabens hinweg der überwältigende Anblick der Alpenkette mit dem Säntis.
Auf dem 100 ha großen Naturreservat wachsen noch bzw. wieder viele typische Pflanzen der Alblandschaft, die sonst kaum mehr zu finden sind (Seidelbast, Märzenbecher, Küchenschelle, Berghähnlein, Schlüsselblume, Frauenschuh, Hummelorchis, Türkenbund, Fingerhut, Akelei, Silberdistel, Deutscher Enzian, Frühlingsenzian, Gefranster Enzian; alle genannten

Pflanzen stehen unter Naturschutz). Es ist eine Kombination von ursprünglicher Vegetation und Schaupflanzungen, die dem Besucher einiges von dem nahebringen wollen, was einst große Teile der Alblandschaft auszeichnete. Neben einem Feldflora-Reservat (mit 85 Arten von Acker-„Unkräutern" und einem Schaugarten (Straucharten, Wildsträucher und alte Kulturpflanzen wie z. B. Dinkel) findet der Besucher eine parkartige Landschaft vor, die ganz besondere Reize aufweist (Wacholderheiden, einmähdige Wiesen, Heidelandschaften, Talauelandschaft). Mit den zwei im Naturreservat Beutenlay angelegten Lehrpfaden will man nicht nur Wissenswertes aufzeigen, sondern auch botanisches Interesse bei den Besuchern wecken.

Das Eriskircher Ried

Der Gleichklang der Blume mit dem Ortsnamen ist nur ein Zufall, aber sie gehören doch zusammen, das Dorf Eriskirch an der Schussenmündung und die zarte, in verschiedenen Blautönen schwelgende Iris, die in jedem Frühling zu vielen Tausenden die Riedwiesen zum Leuchten bringt.
Das 500 ha große Naturschutzgebiet „Eriskircher Ried" ist ein Geschöpf des Bodensees. Sein wechselnder Wasserstand, abhängig vom Alpenrhein und dessen Zuflüssen und von der Schneeschmelze, überflutet im Frühling weite Flächen, die im Sommer und Herbst trocken liegen. Die daraus resultierenden Lebensbedingungen gehören zu denen, die mittlerweile in unserer Umwelt immer seltener werden. Ordnung und Vernunft waren es, die dem Ried seit dem vorigen Jahrhundert am meisten zugesetzt haben. Die Schussen wurde begradigt, Auwald gerodet, Sumpfwiesen wurden trockengelegt, um dann als Äcker, als Obst- und Hopfenland Nutzen zu bringen. Und den Eisenbahnbauern vor hundert Jahren war da das „Unland" am See so recht, wie den Straßenbauern von heute. Zudem benötigte das wachsende Friedrichshafen Bauland, und der inzwischen überdüngte See begann schließlich, das Schilf anzugreifen.
Was blieb und inzwischen mit Umsicht gehegt und gepflegt wird, ist das größte Naturschutzgebiet am Nordufer des Bodensees, das zu Fuß oder mit dem Fahrrad in seiner ganzen Länge durchstreift werden kann. Der Weg, an den uns freilich das Gesetz aus guten Gründen bindet, führt durch ein Museum unersetzlicher, anderwärts längst verlorengegangener Reichtümer der Natur (Märzenbecher, Schachtelhalme, Wollgras, wilder Schnittlauch, Frauenschuh, Knabenkraut, Lungenenzian; Haubentaucher, Bläßhühner, Graureiher, Wasserfrösche).

Burgen und Schlösser

Die Möglichkeiten, eine Burg oder ein Schloß zu besichtigen, sind zahlreich. Allein an Rhein und Mosel begegnen wir ihnen im Abstand von oft nur wenigen Kilometern. Der folgenden Auswahl liegt die Absicht zugrunde, historisch bedeutsame bzw. baulich interessante Burgen und Schlösser zusammenzustellen. Wenn auch manche Burgen und Schlösser einen wahren Touristenboom erleben, das Interesse an ihnen also groß zu sein scheint, so garantiert diese Tatsache noch lange nicht, daß die Schüler von diesem oder jenem Schloß begeistert sind. Hier sind Lehrer besonders gefordert, Geschichte lebendig werden zu lassen.

2000 Hamburg
Bergedorfer Schloß
Wasserburg aus dem 13. Jhdt.

Ahrensburger Schloß
Prächtiges Renaissance-Schloß

2392 Glücksburg
Wasserschloß – Schloß Glücksburg

2843 Dinklage
Wasserburg

3017 Pattensen-Schulenburg
Schloß Marienburg mit Schloßmuseum

3053 Wunstorf-Steinhude
Festung Wilhelmstein (künstliche Insel im Steinhuder Meer) mit Museum

3062 Bückeburg
Schloß Bückeburg

3254 Emmerthal 13
Schloß Hämelschenburg
Das als Wasserburg erbaute Schloß gilt als das schönste Werk der Weserrenaissance

3520 Hofgeismar
Dornröschenschloß

3544 Waldeck
Burg Waldeck mit Burgenmuseum

4250 Bottrop-Kirchhellen
Barocke Wasserschloßanlage

4270 Dorsten-Lembeck
Schloß Lembeck – Wasserschloß mit Park und Schloßmuseum

4294 Anholt
Wasserburg Anholt

4401 Havixbeck
Haus Hülshoff – Wasserschloß
Heimathaus der Dichterin Annette v. Droste-Hülshoff

4442 Bad Bentheim
Schloß Bentheim
Größte und älteste Burganlage Nordwestdeutschlands

4475 Sögel
Schloß Clemenswerth
Acht Alleen führen sternförmig auf das Schloß zu. Acht kleine Pavillons für das Gefolge umgeben die weiträumige Anlage.

4515 Bad Essen
Wasserburg Wittlage und Wasserburg Hünnefeld

4520 Melle
Wasserschloß Gesmold

4710 Lüdinghausen
Burg Vischering

Sie gilt als schönste Wasserrundburg in Westeuropa (mit Restaurant und Münsterlandmuseum).

4717 Nordkirchen
Schloß Nordkirchen
„Westfälisches Versailles"

4793 Büren
Wewelsburg
Einzige Dreiecksburg Westdeutschlands

5012 Bedburg
Wasserschloß (Erftniederung – in der Nähe Braunkohletagebau)

5222 Morsbach
Wasserschloß Crottorf (mit Wildpark)

5330 Königswinter
Drachenfels mit Ruine Schloß Drachenfels

5400 Koblenz
Burg Stolzenfels

5401 Münstermaifeld
Burg Eltz
(gehört zu den beliebtesten Reisezielen in Deutschland)
Inbegriff deutscher Burgenromantik. Die wohl dekorativste Anlage unter allen 21 000 deutschen Burgen und Schlössern. Ihr Bild schmückt übrigens den 500-Mark-Schein der Bundesbank.

5410 Höhr-Grenzhausen
Burgruine Grenzau
Die Einmaligkeit dieser Burg besteht im dreieckigen Bergfried.
(mit Keramikmuseum – Kannebäkkerland)

5422 St. Goarshausen

— Burgen „Katz" und „Maus"

— Mäuseturm
Auf einer Rheininsel bei Bingerbrück steht dieser berühmte Turm. Er ist bekannt durch die Sage, nach der Erzbischof Hatto II. von Mainz (968–970), von einer riesigen Mäuseschar verfolgt, sich hier vergeblich verborgen hatte. Die Mainzer Erzbischöfe errichteten den Turm wohl im 13. Jahrhundert in Verbindung mit Burg Ehrenfels (auf dem rechten Rheinufer) als Wacht- und Zollturm (Mautturm) und bauten ihn im 14. Jahrhundert aus. 1855 wurde er im neugotischen Stil wiederhergestellt und diente dann bis 1974 als Signalstation für die Rheinschifffahrt.

5423 Braubach
Marksburg
Die Marksburg über Braubach zählt zu den schönsten deutschen Burgen. Es ist die einzige unzerstörte Höhenburg am Mittelrhein. Sie stammt aus dem 12.–14. Jahrhundert, die Bastionen aus dem 17. Jahrhundert.
Sehenswert sind die in den Fels gehauene Reitertreppe, die Innenräume mit Waffensammlung und das Burggärtlein (der einzige mittelalterliche botanische Garten Deutschlands). Die Burg veranschaulicht eine mittelalterliche Wehranlage sowie das ritterliche Leben, ist Sitz der Deutschen Burgenvereinigung e.V. und beherbergt die größte burgenkundliche Bibliothek Europas.

5561 Bruch
Gotische Wasserburg

5952 Attendorn
Burg Schnellenberg
Mächtigste Burganlage des Sauerlandes

6252 Diez
Schloß Oranienstein
Barockjuwel an der Lahn mit Museum

6380 Bad Homburg
Saalburg

6443 Sontra-Wichmannhausen
Barbarossaburg Bogneburg

6492 Sinntal-Altengranau
Wasserschloß

6600 Saarbrücken
Schloß Halberg

6648 Wadern
Schloß Dagstuhl

6730 Hambach
Hambacher Schloß
Schauplatz jener frühen demokratischen Massenveranstaltung von 1832, die unter dem Namen „Hambacher Fest" in die Geschichte einging.
Im Sommer finden hier auch Serenadenkonzerte statt.

6800 Mannheim
Die Burgenstraße
Wer die Burgenstraße vom Neckar ins Frankenland befährt, erlebt eine 300 km lange Strecke voller Romantik. Alte Ritterburgen und Schlösser, stille Dörfer mit plätschernden Brunnen, kleine Städtchen mit Fachwerkhäusern aus vielen Jahrhunderten, Berge, Wiesen, Wälder und Seen. Mehr als 30 Burgen und Schlösser säumen den Weg, der von Mannheim, dem Tor zur Burgenstraße, über Heidelberg durchs Neckartal über Heilbronn, das Hohenloher Land, Rothenburg und Ansbach bis hin nach Nürnberg führt.
Die Streckenführung der Burgenstraße zwischen Mannheim und Nürnberg gliedert sich in drei markante, in ihrer landschaftlichen und geschichtlichen Struktur sehr unterschiedliche Abschnitte: das Neckartal, das Hohenloher Land und das bayerische Frankenland. Auf dieser klassischen touristischen Straße sind bis in die Stauferzeit zurückreichende Wohn- und Wehrburgen, Kaiserpfalzen, Berg- und Wasserschlösser sowie Residenzen in reizvoller Folge aneinandergefügt, ebenso Schiffer- und Weingärtnerdörfer oder ehemalige Reichs- und Deutschordensstädte.

6927 Bad Rappenau
Wasserschloß

6935 Waldbrunn
Jagdschloß

6951 Neckarzimmern
Burg Hornberg („Götzenburg")
Burg Hornberg hält das, was man sich von einer Ritterburg verspricht. Als Kitsch könnte man allenfalls das Hartgummiskelett im Schacht des Burgverlieses bezeichnen.
Götz von Berlichingen, der die Burg im Jahre 1517 kaufte, starb nicht – wie in Goethes Drama – im Gefängnisturm zu Heilbronn, sondern 82jährig an diesem Platz. Im Kloster Schöntal wurde er beigesetzt. Und das berühmte Zitat? Das fiel in Krautheim und nicht – wie beim Dichter – in Jagsthausen. „Er kann mich hinden lekken" heißt es übrigens schlicht und einfach. Gemeint war der Amtmann Stumpff.
Das Götzmuseum befindet sich in Jagsthausen. Hier kann man u. a. die eiserne Hand bestaunen, die Götz ab 1504 trug, als er im Bayernkrieg die rechte Hand verlor.

7102 Weinsberg
Burgruine Weibertreu

7109 Jagsthausen
Götzenburg und Götzenmuseum

7113 Neuenstein
Schloß Neuenstein mit Hohenlohe-Museum

7118 Künzelsau
Schloß Stetten
Eine der besterhaltenen Ritterburgen im süddeutschen Raum

7140 Ludwigsburg
Schloß Favorite
(mit Wald- und Naturpark)

7247 Sulz a. N. – Glatt
Wasserschloß

7320 Göpppingen-Hohenstaufen
Burgruine Hohenstaufen
Vor dem Aufstieg zur Ruine empfiehlt es sich, den Dokumentationsraum zu besichtigen, der sich am Fuße des Berges befindet. Hier wird versucht, durch Kopien, Fotos und Modelle die große Vergangenheit der Staufer lebendig zu machen. Unter anderem werden gezeigt: Modelle der Burg Hohenstaufen nach dem Zustand um 1100 und 1500, ein idealtypisches Modell einer staufischen Stadtgründung. Die Burgmodelle und die Darstellungen aus der staufischen Epoche vermitteln erst den notwendigen Wissenshintergrund.

7321 Wäschenbeuren
Wäscherschloß

7450 Hechingen
Burg Hohenzollern

7981 Waldburg
Waldburg
Mittelalterliche Burg mit Rittersaal (herrlicher Aussichtspunkt: Oberschwaben, Bodensee, Rheintal).

8211 Chiemsee
Schloß Herrenchiemsee
Nach dem Vorbild von Versailles erbautes Schloß mit berühmter Spiegelgalerie. König Ludwig II. von Bayern ließ Herrenchiemsee sowie die Schlösser Linderhof und Neuschwanstein errichten.

8263 Burghausen
Deutschlands größte Burganlage (1,1 km Länge) mit Fürstenbau, Burgkapelle und Gemäldegalerie

8481 Flossenbürg
Burgruine
(auf einer überhängenden Granitklippe errichtet)

8551 Heiligenstadt
Schloß Greifenstein

8640 Kronach
Festung Rosenberg

8642 Ludwigsstadt
Burg Lauenstein
Eine Mantelburg; sie gehört zu den schönsten und besterhaltensten deutschen Ritterburgen (mit Museum).

8751 Hessenthal
Mespelbrunn
Das Schloß gilt als *das* deutsche Märchenschloß. Ursprünglich eine Wasserburg, die im 16. Jahrhundert zu einem Renaissance-Schloß ausgebaut wurde.

8856 Harburg
Eine der größten Burganlagen Deutschlands

8958 Füssen
Königsschlösser Neuschwanstein und Hohenschwangau
König Ludwig II. ließ Schloß Neuschwanstein in den Jahren 1869–1886 errichten. Die Entwürfe stammen von einem Theatermaler und entsprachen der Traumwelt Ludwig II.
Der König verbrachte allerdings nur 102 Tage auf dem Schloß, bevor er an den Starnberger See umsiedelte und dort auf mysteriöse Weise ums Leben kam.

8959 Eisenberg
Schloßberg mit der größten Burgruine des Allgäus

Burgen

Natürlich waren die Burgen früher nicht Raubritternester, sondern dienten als feste Stützpunkte im mittelalterlichen Ordnungsgefüge: Zur Sicherung nach außen, wie zur Beherrschung und Verwaltung des eigenen Gebietes.

Der Burgenbau beginnt in karolingischer Zeit; bereits bei den Ottonen lassen sich frühe Anlagen z. B. in Ostbayern nachweisen. Auch hier liegt die Blüte im 12. und 13. Jahrhundert und der Ausklang an der Schwelle des 16. Jahrhunderts.
Bauträger war das Rittertum, aus dem Stand berittener Berufskrieger zur kulturtragenden Schicht aufgestiegen und in der Zeit der Kreuzzüge im höchsten Ansehen. Mehrerlei Gründe verursachten den Niedergang: Die Erfindung weittragender Feuerwaffen, die den gepanzerten Ritterheeren ihren militärischen Sinn nahmen und den Kampf um feste Plätze revolutionierten, war wohl der gewichtigste Grund. So entartete und verarmte die Ritterschicht. Jetzt kommt es zu den letzten Versuchen der Selbsterhaltung, wie dem berüchtigten, sagenumsponnenen Raubritterwesen. Die Ritterburg wird abgelöst von der Festung mit landesherrlicher Garnison.
Als Wehrbau ist die Burg in ihrer Entwicklung bestimmt vom Fortschritt der Angriffswaffen und Verteidigungsmittel. Größe und Reichhaltigkeit im einzelnen hängen ab vom Baugelände und den materiellen Möglichkeiten des Bauherrn. Immer gleich bleiben nur drei Grundelemente: Ein erschwerter und bewehrter Zugang (Vorwerke, Graben, Zugbrücke, Tore, Fallgitter), ein durch Ring-, Schild- oder wenigstens öffnungsarme Außenmauern der Gebäude geschützter Verteidigungs-, Wohn- und Vorratsbereich (Mauertürme, Wehrgang, Zwinger, Höfe, Palast, Kemenaten, Küchenbauten, Vorratshäuser) und eine letzte Zuflucht für den Notfall in Form eines einzelnen, besonders festen und hohen Turmes (Bergfried).
Zu unterscheiden sind: Höhenburgen, Niederburgen und Wasserburgen. Jede hat ihre besondere landschaftliche Lage, ihre unverwechselbare Bauform, ihr historisches Schicksal. Neben kriegsgeschichtlichen Beobachtungen darf man das ungemütliche Wohnen in diesen Bauten nicht übersehen: Glas war in der Frühzeit des Burgenbaus noch Luxusgegenstand. Undicht und lichtarm blieben deshalb die „Fenster", notdürftig die Beheizung mit offenen Kaminen in wenigstens einigen Räumen (kemenate = caminate = heizbares Gemach). Erst seit Ende des 13. Jahrhunderts schaffen Kachelöfen Besserung. Mühselig war die Wasserversorgung, die Möbel waren in den kleineren Burgen bescheiden: Truhen, Klapp- und Faltstühle, oft auch Blöcke mit darübergelegten Brettern. Hatte man viele Gäste, so schliefen diese auf Strohschütten im Saal. Die Beleuchtung durch Kienspäne, Öllampen und Fackeln war wenig hell und erzeugte Qualm. Die Burgen sind nicht zur Behaglichkeit, sondern zur Wehr erbaut: innen bedrückend eng, mit Vieh- und Pferdeställen. Dunkle Kammern sind mit Kriegsgerät und Waffen angefüllt. Das Schießpulver stinkt, ebenso die Hunde und ihr Unrat. Es stört der Lärm der Schafe, Rinder und Hunde, sowie mancherlei Geschrei der Leute.
Die Ritter bildeten den Wehrstand des Mittelalters. Sie hatten Land und Volk zu verteidigen sowie Aufgaben der Verwaltung, der Rechtspflege und des Sozialwesens zu erfüllen. Die Abgaben und Dienstleistungen wird der Bauer besonders in Notzeiten als schwer empfunden haben. Doch sah auch die Bevölkerung die Notwendigkeit einer Burg. Man brauchte Schutz. Die Burg bot nicht nur dem Ritter gesicherten Lebensraum, sondern auch dem übrigen Volk.
Im Schutz der Burgen erwuchsen oft Ansiedlungen von Kaufleuten und Handwerkern. Auf diese burgnahen Siedler wurde allmählich die Bezeichnung „burgaere" (= Burgbewohner) übertragen und so stehen auch wir in ferner Verbindung zu dieser Welt, wenn wir uns „Bürger" nennen.

Wasserburgen

Wasserburgen, immer Anlagen im flachen Land, stehen fast grundsätzlich versteckt. Hier sollte der Feind nicht durch das Hindernis möglichst unzugänglicher Höhe abgeschreckt werden, sondern vor schwer einnehmbaren Wall- und Grabensystemen zurückweichen. Sie waren von vornherein nie so sehr Ziel feindlicher Angriffe und sind in reicher Zahl erhalten.
Herrliche Wasserschloßlandschaften finden sich in England und Frankreich. Dort wurden die größten und eindrucksvollsten Anlagen gebaut, die oft Vorbilder für andere Bauherren waren. Westfalen besaß einst an die 3000 Wasserschlösser. Rund ein Zehntel blieb erhalten, vorzugsweise im Münsterland. Noch vor der Jahrtausendwende entstand im Münsterland die Burg Haus Langen, die zu den ältesten Burgen Westfalens gerechnet wird. In ihrem im Durchmesser 225 m großen Ringwallsystem wurde Wasser bereits als Verteidigungsmittel benutzt, indem nämlich die Grabenanlage von einer an dem Flüßchen Bever errichteten Stauanlage her gefüllt und jederzeit versorgt werden konnte. Im 12. Jahrhundert kam die sogenannte „Erdhügelburg" als Befestigungstyp in Mode. Kern der Anlage war ein künstlich aufgeworfener, steil abfallender Erdhügel, auf dem ein hölzerner Wehrturm errichtet wurde. Rundherum entstand so ein tiefer Graben, der theoretisch zwar trocken bleiben konnte, im wasserreichen Westfalen aber zum besseren Schutz mit Wasser gefüllt wurde.

Denkmäler, Festungsruinen

Denkmäler, insbesondere Nationaldenkmäler, haben immer einen Hang zum Kolossalen. Ihre Größe soll der Macht des Gefühls entsprechen, dem sie entsprungen sind. Nationaldenkmäler sagen daher nicht nur etwas aus über Ideen, Ereignisse oder Persönlichkeiten, denen sie gewidmet sind, sondern mehr noch über den Geist der Zeit, in der sie entstanden, sowie über das Volk, das sie gebaut hat.
Die Bavaria in München bildet eine Ausnahme unter den Denkmälern: Sie soll an nichts erinnern. Sie ist genaugenommen ein Riesenspielzeug eines kunstbegeisterten Monarchen - Ludwig I., König von Bayern.

2304 Laboe
Marine-Ehrenmal; 85 m hoch, Aussichtsplattform
Unterseeboot - Besichtigung an der Strandpromenade; Diorama der Skagerakschlacht

3050 Wunstorf-Steinhude
Festung Wilhelmstein im Steinhuder Meer
1761 wurde mit dem Bau der Inselfestung begonnen. Die Festung diente zuerst als Kriegsschule (Scharnhorst), dann als Gefängnis. Heute befindet sich in der Festung ein Museum. Interessierte werden mit Booten zu der Insel gebracht.

3500 Kassel
Schloß Wilhelmshöhe mit Herkules
Die auf einer 30 Meter hohen steinernen Pyramide stehende, über 8 m hohe kupferne Herkulesfigur ist heute das Wahrzeichen der Stadt Kassel. Die dem Herkules Farnese nachempfundene Herkulesstatue wurde zwischen 1713 und 1717 errichtet. Sie hat das antike Motiv der Gigantenschlacht zur Grundlage. Wie die griechische Mythologie berichtet, wollten die Giganten den Sitz der olympischen Götter erstürmen und sich gegen diese erheben. Sie verloren jedoch diesen Kampf, und ihr Aufstand wurde vernichtend niedergeschlagen. Die Götter konnten die Giganten jedoch nur besiegen, wenn ihnen ein Sterblicher zu Hilfe kam. Herkules, der diese Rolle übernahm, wurde so zum Sinnbild der siegreichen Niederschlagung dieser Erhebung. Die Statue des sterblichen Helden wurde zum Sinnbild des Siegers, der nachdenklich, auf seine Keule gestützt, als Retter der Götter auf das vor ihm liegende Schlachtfeld blickt.

4930 Detmold
Hermannsdenkmal
Als der römische Statthalter Quintilus Varus im Jahre 9 n. Chr. seine Sommerresidenz an der Weser verließ, um einen aufsässigen Germanenstamm zu bestrafen, wurde er von den zu beiden Seiten der Weser wohnenden Cheruskern angegriffen und in einem drei Tage dauernden Gefecht völlig aufgerieben. 20–30000 Legionäre sollen damals gefallen sein.
Ganz genau steht zwar nicht fest, ob die Schlacht tatsächlich an der Stelle entschieden worden ist, an der heute das Denkmal für den

Cheruskerfürsten Arminius (Hermann) steht. Tacitus hat geschrieben, daß die Schlacht „nicht weit vom Teutoburger Wald stattgefunden" habe.
Das Denkmal, das zwischen 1838 und 1875 erbaut wurde, erinnert an die Schlacht. Es hat eine Gesamthöhe von 53,44 m. Das Schwert wiegt 11 Ztr. und ist 7 m lang. Es trägt die Inschrift: „Deutsche Einigkeit, meine Stärke; meine Stärke, Deutschlands Macht."

4952 Porta Westfalica
Kaiser-Wilhelm-Denkmal
1892–1896 aus Porta-Sandstein erbaut (30 Minuten Fußweg zur Wittekindsburg, einer alten sächsischen Wehranlage auf dem Wiehengebirgskamm)

4230 Wesel
Baudenkmäler: Willibrordidon (15. Jhdt.) / Berliner Tor (1722) / Zitadelle (1685–1718): großes Festungsbauwerk mit Schillkasematte, Schillmuseum, Schilldenkmal

5170 Jülich
Festungswerke des Brückenkopfes 1794–1814; Festungsbauwerk „Zitadelle"

5400 Koblenz

— Festung Ehrenbreitstein
Die mächtige Festung entstand hoch über Rhein und Mosel. Im Vertrag von Versailles wurde festgelegt, daß die Festung nie mehr als Wehranlage benutzt werden darf. Mit einem Sessellift erreichen die Touristen die Festung am bequemsten.

— Deutsches Eck
Heute steht nur noch der Unterbau des 1897 erbauten mächtigen Reiterstandbildes (Kaiser-Wilhelm-Denkmal). Seit 1953 ist das Werk „Mahnmal der deutschen Einheit".

5580 Traben-Trarbach
Festung Mont Royal (Baubeginn 1687)
Sie war die größte Festung Europas, Ludwigs XIV. berühmt-berüchtigte Zwingburg. Das Bollwerk konnte 10000 Soldaten aufnehmen, war 5 km lang und besaß 150 Geschütze. Noch unfertig wurde die Festung nach dem Frieden von Rijswijk 1698 geschleift. Heute sind Teile der längst überwucherten Anlage freigelegt. Man kann die bis zu 20 m dicken Fundamente besichtigen und teilweise auch die unterirdischen Gänge begehen.

6220 Rüdesheim
Niederwalddenkmal
Errichtet wurde das Niederwalddenkmal zur Erinnerung an die Gründung des Kaiserreiches und nicht, wie oft angenommen wird, als Triumphmonument über das geschlagene Frankreich. Dafür wurde in Berlin die Siegessäule aufgestellt. Das Niederwalddenkmal zeigt als bestimmendes Element die in Erz gegossene Figur der Germania (die Wacht am Rhein), die sich von einem Thronsessel erhoben hat, mit der linken Hand ein stehendes Schwert umfaßt, während sie mit der erhobenen rechten eine Krone hält. Das ganze ruht auf einem vielstufigen Sockelbau, über den sich in halber Höhe ein großes Relief erstreckt, das Wilhelm I., Bismarck, Moltke und andere an der Reichsgründung Beteiligte zeigt. Links und rechts stehen auf einbezogenen Postamenten zwei Riesenfiguren, der Krieg mit Schwert, Trompete blasend, und der Friede mit Palmzweig und Füllhorn, beide mit mächtigen Flügeln ausgestattet. Darunter noch eine Zweiergruppe, Vater Rhein und Tochter Mosel darstellend.

6532 Oberwesel/Rhein
Eine der besterhaltenen Stadtbefestigungen am Mittelrhein (13.–15. Jhdt.)

6630 Saarlouis
Westwallbunker

6631 Ensdorf/Saar
Westwallbunker

8405 Donaustauf
Walhalla „Tempel deutscher Ehren"
Über dem Ufer der Donau liegt der Marmortempel, den Ludwig I. von 1830–1842 bauen ließ. Der Tempel ist dem griechischen Parthenon nachgebildet und soll die Büsten von Frauen und Männern aufnehmen, deren Wirken für die Nation von Bedeutung war. Z. Zt. stehen 121 Büsten in der Walhalla.
Eine Treppe von 358 Marmorstufen führt hinauf. Auch die 52 Säulen, 9 m hoch und am Fuß 1,7 m dick, bestehen aus Marmor, ebenso die Tempelmauer.
Der ganze Bau mit Sockel ist 20 m hoch und bedeckt eine Fläche von 2100 m^2. Die Maße des Innenraumes entsprechen fast genau denen des Parthenons.
„Walhalla" ist in der nordischen Sage der Ort, wo Odin die gefallenen Helden empfängt.

8420 Kelheim
Befreiungshalle
Der bayerische König Ludwig I. ließ sie zum Gedenken der Befreiungskriege (napoleonische Herrschaft) als deutsche Ruhmeshalle errichten (1842–1863). Der riesige Rundbau wird von 18 Strebpfeilern gestützt, auf denen die deutschen Volksstämme durch allegorische Figuren vertreten sind. Das Innere wird von den 34 Siegesgöttinnen beherrscht. Die Befreiungshalle ist der zweite Bau, den Ludwig I. bewußt als Nationaldenkmal geplant hat. Die Idee entstand während einer Griechenlandreise.

Erdfunkstellen

Es fällt auf, daß die Erdfunkstellen der Deutschen Bundespost durchweg in Süddeutschland liegen, wobei sich der Standort Usingen nochmals stark gegenüber den beiden anderen Standorten abhebt.
Warum wurde gerade Raisting als erster Standort ausgewählt?
Bevor 1965 die erste Antenne installiert wurde, hatten die Ingenieure der Bundespost elf Standorte in Erwägung gezogen. Ihre Kriterien waren: Das Gebiet der Funkstelle sollte möglichst weit im Süden der Bundesrepublik liegen, von Richtfunk und anderen Funklinien nicht berührt werden, hinreichend groß für künftige Erweiterungen, mit tragfähigem Boden für schwere Antennengebäude bedeckt und mittels Flugzeug, Bahn und Auto leicht erreichbar sein. Die erstgenannten Kriterien spielen deswegen eine besondere Rolle, weil die Nachrichtensatelliten aus physikalischen Gründen allesamt über dem Äquator stehen und damit von uns aus nur unter einem flachen Winkel anzupeilen sind. Je größer dieser Winkel jedoch ist – und er wird gegen Süden hin größer –, desto weniger Berührung hat der Funkstrahl mit den funkstörenden Einflüssen der Zivilisation. Die Einstrahlung anderer Sender, wie die des Richtfunks für den Telefondienst, würde natürlich unsere Ferngespräche beeinträchtigen und das Fernsehbild per Satellit unansehnlich machen. Kein anderer Ort erfüllte die gestellten Anforderungen so gut wie Raisting.

6086 Leeheim
Hier hat Siemens für die Deutsche Bundespost eine Meßstelle für Weltraumfunkdienste errichtet. Ihre Aufgabe ist, Sendesignale von Satelliten zu messen, Toleranzüberschreitungen festzustellen und Empfangsstörungen aufzuklären.
Spezielle Eigenschaften der Antennenanlage sind u. a. schnelles Auffinden unbekannter Satelliten und Betrieb in mehreren Frequenzbereichen.

6120 Michelstadt
Hier wurden von Siemens für die European Space Agency (ESA) zwei Antennenanlagen errichtet, die zur Überwachung von Forschungssatelliten dienen.
Eine Station steht mit dem Wetterbeobachtungssatelliten Meteosat in Verbindung. Die zweite mit dem Forschungssatelliten Geos, der das Magnetfeld der Erde untersuchen soll.

6390 Usingen bei Frankfurt
Erdfunkstelle

8120 Weilheim
Die 30-m-Antenne der deutschen Forschungs- und Versuchsanstalt für Luft- und Raumfahrt (DFVLR) sendet Steuersignale zum Forschungssatelliten „Helios" und empfängt Daten, die der Erforschung der Sonne dienen.

8121 Raisting
Eine der größten Erdfunkstellen der Welt

8731 Fuchsstadt
Zwei Intelsat-Standard-A-Antennenanlagen erweitern und ergänzen die bereits durch die Erdfunkstelle Raisting gegebene Übertragungskapazität im 4/6-GHz-Bereich.

Raisting – eine der größten Erdfunkstellen der Welt

Als der englische Schriftsteller Arthur C. Clarke im Jahre 1945 darauf hinwies, daß eine geeignete Relaisstation in einer geostationären Umlaufbahn zur Erde einen ununterbrochenen weltweiten Nachrichtenaustausch ermöglichen könnte, hat wohl niemand geahnt, daß diese fast utopisch anmutende Vorstellung so bald Realität werden würde. Schon zwölf Jahre später sendete der erste künstliche Erdsatellit „Sputnik 1" aus dem Weltraum. 1962 wurde dann der erste Nachrichtensatellit „telstar" gestartet. Telstar war noch ein auf niedriger Bahn umlaufender Raumkörper, so daß eine interkontinentale Nachrichtenverbindung nur zeitweise – solange der Satellit im Sichtbereich der beiden Erdfunkstellen war – aufrechterhalten werden konnte. Doch schon zwei Jahre später – 1964 – ermöglichte „Syncom" im synchronen äquatorialen Erd-Umlauf einen Dauerbetrieb. 1965 nahm der Satellit „Intelsat I" mit Punkt-zu-Punkt-Verbindungen zwischen den USA und jeweils einer von vier europäischen Stationen mit immerhin schon 240 Sprechkreisen oder einem Fernsehkanal seinen Betrieb auf.

Für das Gebiet der Bundesrepublik Deutschland war die Erdfunkstelle Raisting von Anfang an das „Ohr zur Welt". Die Erdfunkstelle Raisting ist eine Einrichtung der Deutschen Bundespost. Der Zweck dieser Anlage besteht darin, Nachrichtensignale auf dem Funkweg über Satellit zu übertragen. Da es sich hier um Richtfunk handelt (geradlinige Ausbreitung des Funkstrahls – ähnlich wie das Licht), ist es nur mit Hilfe eines oder mehrerer Satelliten (Umsetz- oder Relaisstellen) möglich, die Erdkrümmung zu umgehen und so Verbindungen zu fast allen Teilen der Erde herzustellen. Ein ununterbrochener Nachrichtenaustausch setzt einen ständigen „Sichtkontakt" mit dem Satelliten voraus. Dies ist durch sogenannte Synchronsatelliten möglich, die sich in einer Entfernung von ca. 36000 km von der Erde genau über dem Äquator befinden. Die Flughöhe ist exakt so berechnet, daß dort die Umlaufzeit eines Satelliten nahezu synchron mit der Erdrotation (Erddrehung um ihre eigene Achse) verläuft, d. h. genau 24 Stunden dauert (geostationäre Position). Da die Bewegung des Satelliten und die Drehung der Erde in der gleichen Richtung verlaufen, wird für den Beobachter von der Erde aus der Eindruck erweckt, als stünden solche Satelliten still.
Mit einem einzigen Satelliten ist es möglich, gleichzeitig ein Drittel der Erde funkmäßig abzudecken. Um weltweite Funkkontakte herzustellen, sind daher mindestens drei Satelliten notwendig. Ihre „Standorte" in der geostationären Umlaufbahn sind so gewählt, daß sich die Satelliten über dem Indischen, Atlantischen und Pazifischen Ozean befinden. Benutzbar für eine Erdfunkstelle sind jedoch nur maximal zwei Regionen, da der Satellit der dritten Region außerhalb des „Sichtbereichs" liegt. Für die Erdfunkstelle Raisting sind daher die Regionen Atlantischer Ozean und Indischer

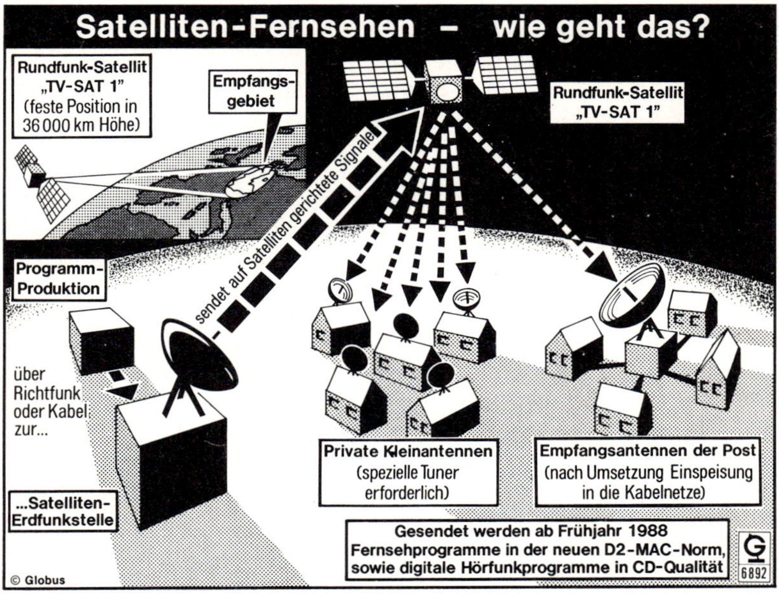

Ozean erreichbar. Wegen der großen Anzahl der benötigten Telefonkanäle über dem atlantischen Bereich befinden sich dort gleichzeitig drei Satelliten in der Umlaufbahn. Der Funkverkehr über dem indischen Bereich wird von zwei Satelliten durchgeführt, so daß jede der 5 Antennen in Raisting mit einem anderen, aber ganz bestimmten Satelliten ständig in Funkkontakt steht.

Die zur Zeit verwendeten Satelliten gehören der Typenreihe INTELSAT V an. Satelliten dieses Typs arbeiten nach neuesten technischen Erkenntnissen und können je 12500 Ferngespräche sowie zwei Fernsehkanäle gleichzeitig übertragen. Heute ist es selbstverständlich, Fernsehsendungen von Ereignissen aus allen Erdteilen zu empfangen bzw. in alle Erdteile zu senden. Die Signale gelangen dann mit Lichtgeschwindigkeit und einer Zeitverzögerung von 0,2 Sekunden vom entferntesten Punkt der Erde zu uns.

Die beiden jüngsten Einheiten in Raisting haben je ein Gewicht von über 370 t. Allein 70 t entfallen dabei auf die Reflektoren mit ihrem Durchmesser von 32 m. Mit großem technischem Aufwand werden die gewaltigen Spiegel in die jeweils günstigste Position zum überfliegenden Satelliten gebracht. Die beiden neuesten Antennenanlagen, die 1981 in Betrieb genommen wurden, kosteten rund 55 Mill. Mark.

Falknereien, Vogelparks, Vogelwarten

Gesang, Gefieder und Verhalten der Vögel können wir im Garten oder in freier Natur beobachten. In den Vogelparks und Falknereien ist diese Beobachtung ausgesprochen gut möglich. Ein Erlebnis besonderer Art ist sicherlich der Besuch einer Falknerei, wo die Flugkünste der Greifvögel am meisten faszinieren.

2000 Hamburg 76
Staatliche Vogelschutzwarte der Freien und Hansestadt Hamburg

2300 Kiel
Staatliche Vogelschutzwarte des Landes Schleswig-Holstein

2341 Maasholm
Naturschutzgebiet „Vogelfreistätte [redacted]-Schleimünde"
Die etwa 3 km lange Halbinsel liegt vor Deutschlands längstem „Fjord", der Schlei. Von der Vogelwartstation aus werden Führungen veranstaltet.

2408 Niendorf/Ostsee
Vogelpark
Vogelkundliche Führungen an den Hemmelsdorfer See

2447 Heiligenhafen
Natur- und Vogelschutzgebiet „Graswarder"
Seevogelkolonie; Führungen

2449 Westfehmarn
Wasservogelreservat Wallnau
Wallnau ist ein Feuchtgebiet von internationaler Bedeutung. Es ist ein Modellprojekt für den Naturschutz in der BR Deutschland.
Wallnau liegt an dem bedeutenden Vogelzugweg zwischen Skandinavien und NW-Mitteleuropa, der Vogelfluglinie. Das Reservat gehört zu den wichtigsten Wasservogellebensstätten Norddeutschlands. Wallnau besitzt durch seine Vielfalt von Strand, Feldgehölz, Wiesen, Schilfwäldern und Teichen einen hohen ökologischen Wert.
Dem Besucher werden naturkundliche Führungen unter fachkundiger Leitung angeboten. Ein Beobachtungsturm erlaubt einen weiten Blick über das Reservat und weite Teile der Ostsee. Mehrere Beobachtungsstände ermöglichen einen unmittelbaren Kontakt zwischen Mensch und Natur. Im alten Gutsgebäude vermittelt eine umfangreiche naturkundliche Ausstellung einen Überblick über die Geschichte des Reservats. Dia- und Filmvorführungen verstärken das Erlebnis.

2903 Bad Zwischenahn
Vogelpark Westerode

2910 Westerstede
Vogelpark Westerstede mit attraktiver Tropenhalle und Rhododendronpark

2940 Wilhelmshaven-Rüstersiel
Vogelwarte Helgoland, Institut für Vogelforschung

2941 Langeoog
Vogelkolonie

2982 Norderney
Vogelschutzgebiet

3000 Hannover
Staatliche Vogelschutzwarte des Landes

3030 Walsrode
Vogelpark Walsrode
Größter Vogelpark der Welt

3360 Osterode
Wildvogelstation

3423 Bad Sachsa
Greifvogelpark

3425 Walkenried
Vogelschutzgebiet Höllstein

3430 Witzenhausen-Ziegenhagen
Adler-Wildgehege

3526 Trendelburg-Sielen
Vogelpark

4300 Essen
- Vogelpark
- Staatliche Vogelschutzwarte des Landes Nordrhein-Westfalen, Landesanstalt für Ökologie, Landschaftsentwicklung und Forstplanung

4439 Metelen
Vogelpark „Meteler Heide"
400 Vogelarten aus allen Kontinenten in über 100 Volieren, Freianlagen und Freiflugräumen. Integriert in den Vogelpark ist ein Naturlehrpfad, der in erster Linie mit der vielfältigen Vogelwelt vertraut macht. Ein Großwildgehege zeigt verschiedene Rot- und Damwildarten; Freizeitpark

4502 Bad Rothenfelde
Vogelparadies und Adlerhorst
Vögel aus allen Erdteilen, Tropenhaus mit in Europa unübertroffener Turkan-Schau. 70 Volieren, viele Teiche, großes Wildgehege. Großer Kinderspielplatz.

4773 Möhnesee-Delecke
Das Naturschutzgebiet ist Rast- und Brutplatz für Enten, Schwäne, Lachmöwen und Bleßhühner geworden. An manchen Tagen werden hier von Vogelkundlern bis zu 10000 Vögel gezählt.

4930 Detmold-Berlebeck
Adlerwarte Berlebeck
Größte Greifvogelwarte Deutschlands.
Gezeigt werden über 85 verschiedene Greifvogelarten.

4930 Detmold
Vogelpark Heiligenkirchen (am Fuße des Hermanndenkmals)
In rund 120 Gehegen und Freivolieren werden 2000 einheimische und exotische Vögel gezeigt. Täglich Vogelstimmenkonzert, bei dem 200 Vogelstimmen zu hören sind.

4971 Dehme
Vogelpark

5000 Köln-Porz
Greifvogelschau und Wildpark auf Gut Leidenhausen.

5133 Gangelt
Falkenhof

5226 Eckenhagen
Vogelpark
1000 Vögel aus allen Erdteilen. Eine Sonderabteilung zeigt die Entwicklung des Ur-Huhns zum heute bekannten Haushuhn.

5374 Hellenthal
Wildgehege mit Greifvogelschau

5422 St. Goarshausen
Greifvogelschau auf Burg Maus (Adler- und Falkenhof)

5441 Ulmen
Vogelschutzgebiet am Jungferweiher

5527 Irrel
Vogelschutzgehege

5530 Gerolstein
Adler- und Wolfspark Kasselburg

5568 Daun
Vogelschutzgehölz

5650 Solingen-Ohlings
Vogelpark

6000 Frankfurt/Main
Staatliche Vogelschutzwarte für Hessen, Rheinland-Pfalz und Saarland

6143 Lorsch
Vogelpark

6148 Heppenheim-Bruchsee
Vogelpark

6348 Herborn-Uckersdorf
Vogelpark

6400 Fulda
Fasanerie

6444 Wildbeck-Obersuhl
Vogelpark

6467 Hasselroth-Niedermittlau
Vogelschutzlehranlage; Vogelschutz- und Waldlehrpfad

6479 Schotten
Vogelsberger Vogelpark

6660 Zweibrücken
Fasanerie

6806 Viernheim
Vogelpark

6954 Haßmersheim
Deutsche Greifvogelwarte – Burg Guttenberg

7032 Sindelfingen
Vogeltierpark Goldbachsee

7140 Ludwigsburg
Staatliche Vogelschutzwarte

7141 Beilstein, Württ.
Burgfalknerei auf Burg Hohenbeilstein

7272 Altensteig
Falkenhof Walddorf

7314 Wernau
Vogelschutzgebiet „Wernauer Baggerseen"

7500 Karlsruhe
Staatliche Vogelschutzwarte für Baden-Württemberg

7760 Radolfzell-Möggingen
Vogelwarte Radolfzell (Max-Planck-Institut für Verhaltensphysiologie)

7853 Steinen-Hofen
Vogelpark Wiesental
Über 300 Vogelarten und Tropenhaus

7952 Bad Buchau
Federsee
Süddeutschlands größtes Naturschutzgebiet. Vogelreservat mit 250 nachgewiesenen Vogelarten.

7954 Bad-Wurzach-Einturnen
Großes Naturschutzgebiet mit Rohrsee
Größte Möwenbrutstätte Europas

7991 Eriskirch/Bodensee
Naturschutzgebiet und Vogelparadies
Eriskircher Ried

8075 Vohburg
Niederbayerischer Vogelpark

8100 Garmisch-Partenkirchen
Staatliche Vogelschutzwarte Bayern, Institut für Vogelkunde

8359 Ortenburg
Vogelpark Irgenöd

8422 Riedenburg b. Kelheim
Bayerischer Landesjagdfalkenhof auf der Rosenburg (Altmühltal)

8630 Coburg-Neershof
Vogelpark Schloß Neuhof

8939 Bad Wörishofen
Falknerei

8960 Kempten/Allgäu
Vogelpark „Mariaberg"

Greifvogelwarten/ Falknereien

Die Falknerei ist das Abrichten der Greifvögel, die auf Zuruf auf der Faust ihres Herrn landen.
Die Jagd mit Raubvögeln ist aller Wahrscheinlichkeit nach dort entstanden, wo weite Horizonte die Möglichkeit boten, das scharfe Auge dieser Vögel zu nutzen und wo man zu Pferde dem Adler oder Falken folgen konnte – in den Steppen Mittelasiens. Von Mittelasien wurde die Falknerei vermutlich von Attila dem Hunnenkönig, dessen Fahne einen Falken trug, nach Europa gebracht. Die Kirgisen jagten Wölfe mit Adlern. Im 5. und 6. Jahrhundert frönten fromme Kirchenmänner diesem Sport derart, daß sich der Klerus bei den Konzilen mit entsprechenden Verordnungen befaßte, um diese Leidenschaft einzudämmen. Im Mittelalter ist keine Jagd so leidenschaftlich betrieben worden, wie die Beizjagd. Die Falkenjagd wurde zum Privileg des Adels. Wer damals etwas auf sich hielt, durfte beim exklusiven Sport mit dem Falken nicht fehlen.
Im 18. Jahrhundert zahlte der Staat Prämien für tote Greifvögel. Erst im 20. Jahrhundert wuchs langsam die Einsicht, daß diese Tiere vor der totalen Ausrottung bewahrt werden müssen. Heute sind sie ganzjährig geschützt, doch für einige Arten ist es fast zu spät.
Die heutigen Falknereien sind bemüht, Arten, die auszusterben drohen, nachzuzüchten und auch wieder auszusetzen. Falknereien sind aber auch Krankenstationen. So werden jährlich fast 100 verletzte Greifvögel nach Hohenbeilstein gebracht. Bei vielen kommt die Hilfe zu spät. Niemand sollte aber versuchen, ein krankes bzw. verletztes Tier zuhause aufzupäppeln. Auf dem bayerischen Jagdfalkenhof auf der Rosenburg wurden in einem einzigen Jahr 40 Störche verarztet und gepflegt.
Die Tatsache, daß manche Falknereien Greifvögel züchten und ausbilden, um sie dann Anhängern der Beizjagd in der BR Deutschland, im Ostblock oder in Arabien zu verkaufen, soll nicht übergangen werden. Erwähnenswert ist in diesem Zusammenhang, daß die Araber die Angewohnheit haben, den im Herbst bei der Beizjagd eingesetzten Greifvögeln nach Abschluß der Jagdsaison die Freiheit zu schenken.
Wer sich für die Beizjagd nicht begeistern kann, wird jedoch bei einem Besuch einer Flugvorführung innerhalb einer Falknerei von den Flugkünsten der verschiedenen Greifvögel fasziniert sein. Wenn die Falkner bei den meist täglichen Flugvorführungen ihrer Schützlinge den Applaus von vielen Zuschauern ernten, dann denkt kaum einer an die mühevolle, harte, langwierige Arbeit, die notwendig ist, bis ein Greifvogel seine Flüge in solcher Vollendung zeigen kann.
Vor und nach den Flugvorführungen findet die eigentliche Arbeit, das Trainieren der Vögel, statt. Daneben müssen aber auch die Voliere gereinigt, das Futter zubereitet, portioniert und gewogen werden. Auf Hohenbeilstein beispielsweise vertilgen die dort gehaltenen Greifvögel jährlich 180000 Eintagsküken, das Fleisch von acht ausgewachsenen Rindern, 100 Tauben, 150 Meerschweinchen und 120 Hühner; von den Mäusen, die die Falknerei selbst züchtet, ganz zu schweigen.
Mehrere Wochen dauert es, bis die Greifvögel Zutrauen zu „ihrem" Falkner gewinnen. Das Tier folgt nur einer einzigen, ihm bekannten Person. Es muß sich daran gewöhnen, auf dem Falknerhandschuh zu sitzen und sich sein Fressen zu holen.
Für die Nahrungssuche frei lebender Greifvögel spielt das Auge, das her-

vorragend ausgebildet ist, eine besondere Rolle. Die Sehschärfe ist am vollkommensten bei sich visuell orientierenden Lebewesen: bei Menschen, bei Affen und bei Vögeln. Der Hund vermag ein sich bewegendes Ziel auf eine Entfernung von 250 m zu unterscheiden, ein Wanderfalke erspäht eine sitzende Taube auf die Entfernung von 1000 m und eine fliegende Taube sogar auf eine Entfernung von 1600 m. Der Mäusebussard sieht z. B. so scharf und weit, wie ein Mensch mit Hilfe eines sieben- bis achtmal vergrößernden Fernglases. Der Adler kann bei guten Lichtverhältnissen eine Wühlmaus aus einer Höhe von 1000 m wahrnehmen.
Greifvögel ernähren sich zumeist von anderen Lebewesen, hauptsächlich Vögeln und Säugetieren. Manche jagen durch ausgesprochene Verfolgung, wobei sie andere Vogelarten aus der Luft überfallen (Wanderfalke). Andere Greifvögel, wie z. B. Habicht und Sperber, nützen bei der Jagd die Überraschung des Opfers aus. Im Tiefflug greifen sie das Beutetier im Gezweig der Bäume oder am Boden an.
Einige Greifvögel jagen Fische (Fischadler, Seeadler), der Schlangenadler und der Sekretär kröpfen am liebsten Schlangen und Eidechsen. Manche Greifvögel plündern Vogelnester mit Gelege.

Die Vogelwarte Radolfzell-Möggingen

Die Vogelwarte Radolfzell-Möggingen wurde im Jahre 1901 gegründet und befindet sich heute im Schloß von Nikolaus Freiherr von und zu Bodmann in Möggingen, einem kleinen Ortsteil von Radolfzell.

Als die Vogelwarte in den 60er Jahren begann, große und langfristige Forschungsprogramme in Angriff zu nehmen, kam es zur Errichtung einer Außenstation, einer sogenannten Fangstation auf der Halbinsel Mettnau. Hier werden jährlich im Schnitt 7000 Vögel beringt, untersucht und wieder freigelassen. Die Halbinsel ist mit feinen Nylonnetzen praktisch abgeriegelt und jeder Durchzügler wird erfaßt. Stündliche, regelmäßige Kontrollgänge von Tagesbeginn bis zum Dunkelwerden sind notwendig, um die Vögel ohne Schaden zu untersuchen. Wer sich für die Anlage der Vogelwarte interessiert, kann im Sommerhalbjahr an den Führungen vor Ort teilnehmen. Dabei wird von den Mitarbeitern des Max-Planck-Instituts die Fangtechnik, Untersuchung und Beringung eines Vogels demonstriert. Beringen heißt, den Vögeln kleine, sehr leichte Aluminiumringe anzulegen, die mit der Kennzeichnung „Vogelwarte Radolfzell, Germania" versehen sind. Dadurch ist es möglich, das zwischenzeitliche Verhalten bis zum Wiederablesen des Ringes zu rekonstruieren. So läßt sich beispielsweise feststellen, daß ein aus Nordeuropa zugewanderter Vogel wochenlang auf der Mettnau rastete oder ein anderer in weniger als einer Woche bis nach Spanien weitergewandert ist. Für die Zugvögel ist der Raum Untersee (=Teil des Bodensees) mit der Mettnau nicht nur Oase der Ruhe, sondern in erster Linie „Tankstelle" auf dem oft weiten Weg ins Winterquartier.
Durch das Fangen der Vögel auf der Mettnau läßt sich aber auch feststellen, wie bedroht bestimmte Vogelarten sind. Ein von 1974–83 durchgeführtes Forschungsprogramm ergab hierzu ein düsteres Bild: Alle Fänge zusammen – im Schnitt 25000 pro Jahr – sanken um jährlich 1,6%. Würde diese Entwicklung anhalten, fänden die Vogelforscher im Jahr 2030 keinen Vogel mehr in ihren Net-

zen. Setzt sich also der Trend fort, so werden in den kommenden Jahren manche Kleinvogelarten immer seltener werden und allmählich von der Bildfläche verschwinden. Der „stumme Frühling", vor dem die amerikanische Biologin Rachel Carson schon 1960 gewarnt hat, droht Wirklichkeit zu werden.
Als Ursachen hierfür werden angesehen: Verlust von naturnahen Brut- und Rastgebieten durch Flurbereinigung, Überbauung, Begradigung bzw. Verdohlung von Bach- und Flußläufen, Zerstörung von ganzen Mooren und Feuchtgebieten. Aber auch die Freizeitbewegung trägt Unruhe in die Reservate. Dazu kommt die fortschreitende Vergiftung und Verödung unserer landwirtschaftichen Nutzflächen.

Freilichtmuseen

Ein Freilichtmuseum ist kein Freizeitpark im üblichen Sinne. Es ermöglicht eine anschauliche Begegnung mit der bäuerlichen- und handwerklichen Vergangenheit einer bestimmten Region. Dazu kommt natürlich die Erholungsfunktion, die ein Freilichtmuseum miterfüllt.

In einem Freilichtmuseum lassen sich
- Einblicke gewinnen in die Wohn- und Wirtschaftsweisen unserer Vorfahren im agrarischen und gewerblichen Lebensbereich. Vergleiche mit entsprechenden heutigen Verhältnissen können leicht angestellt werden,
- alte Bauformen und Bautechniken erfassen und entsprechende Berufsbilder erklären,
- die Versorgungssysteme des ländlichen Raumes in der Vergangenheit begreifen und ihre Entwicklung bis heute verstehen,
- Sitte und Brauchtum aus ihren kulturhistorischen Zusammenhängen erklären und neue Einstellungen hierzu problematisieren,
- ökologische Probleme am Beispiel alter Flurbilder und vergangener Flurnutzungssysteme im Vergleich mit agrarischen Nutzungsweisen von heute erkennen und beurteilen.
- die Anliegen der Ortssanierung und der Denkmalpflege als gleichberechtigte politische Dimensionen begreifen und mögliche Konflikte kritisch einschätzen.

Viele Freilichtmuseen bieten mittlerweile pädagogische Hilfen an (schülergerechte Führungen, Arbeitsblätter, Suchspiele), die Lehrern und Schülern den Aufenthalt erleichtern.

1000 Berlin
Museumsdorf Düppel

2000 Hamburg
Vierländer-Freilichtmuseum

2000 Hamburg-Volksdorf
Museumsdorf

2100 Hamburg-Harburg
Freilichtmuseum am Kiekeberg

2160 Stade
Freilichtmuseum „Auf der Insel"

2250 Husum
Freilichtmuseum Ostenfelder Bauernhaus

2300 Kiel-Molfsee
Schleswig-Holsteinisches Freilichtmuseum (68 Bauwerke, 50 ha Park)

2850 Bremerhaven
Freilichtmuseum Speckenbüttel

2903 Bad Zwischenahn
Ammerländer Freilichtmuseum

2963 Südbrookmerland
Moordorf (Freilichtmuseum)

2974 Pewsum
Ostfriesisches Freilichtmuseum

3109 Wietze
Erdölmuseum

3113 Suderburg-Hösseringen
Freilichtmuseum (im Ausbau)

3301 Bortfeld
Bauernhausmuseum

3507 Baunatal
Freilichtmuseum „Schmiede"

4155 Grefrath
Niederrheinisches Freilichtmuseum (mit einer der bedeutendsten Spielzeugsammlungen Europas) (museumspäd. Angebot)

4232 Xanten
Archäologischer Park
Der 1977 eröffnete Archäologische Park umfaßt heute erst einen Teil der Römerstadt, die insgesamt in den Park einbezogen werden soll. Heute kann man schon auf rekonstruierten Mauern Ausschau halten, den römischen Straßen folgen, die Akustik im teilweise wiedererrichteten Amphitheater testen, Wissenswertes über die Stadt und den Alltag der Römer erfahren (im Informationszentrum des Parks). Der Auskiesung eines Altrheinarms soll die Wiederherstellung des Hafens vor der Stadtmauer folgen.

4400 Münster
Mühlenhof – Freilichtmuseum

4426 Vreden
Bauernhaus-Museum

4504 Georgsmarienhütte
Freilichtmuseum

4590 Cloppenburg
Museumsdorf

4800 Bielefeld
Bauernhausmuseum

4811 Oerlinghausen
Archäologisches Freilichtmuseum
Das vom Archäologischen Freilichtmuseum Oerlinghausen angebotene Lernprogramm „Leben in der Steinzeit" (Gesamtdauer 3½ Stunden) folgt der Grundidee, die Anschaulichkeit des Museums und die alltagsgeschichtlichen Aspekte der Urgeschichte methodisch so umzusetzen, daß die Teilnehmer prähistorische Lebens-, Arbeits- und Umweltbedingungen selbständig und mit allen Sinnen entdecken. Dieser praktische Schwerpunkt wird durch eher theoretische Informationen ergänzt, die zur historischen Einordnung der rekonstruierten Ausschnitte aus vergangenen Siedlungs- und Lebensformen notwendig sind.

4930 Detmold
Westfälisches Freilichtmuseum
Bäuerliche Kulturdenkmäler (7 Dorfgruppen und Einzelhäuser; 80 ha Park)

4970 Bad Oeynhausen
Freilichtmuseum

4993 Rahden
Museumsdorf Rahden
Eine Hofanlage aus der Zeit vor 1900 mit zehn komplett eingerichteten Häusern

5503 Konz
Volkskunde- und Freilichtmuseum

5353 Mechernich-Kommern
Freilichtmuseum Kommern

5800 Hagen-Selbecke
Westfälisches Freilichtmuseum
Technischer Kulturdenkmäler

6392 Neu-Anspach
Freilichtmuseum „Hessenpark"

6413 Tann i. d. Rhön
Museumsdorf

6553 Sobernheim
Freilichtmuseum

Hausbau, Wohnen, Arbeitsgeräte, Wegekreuze, Flurdenkmale

6580 Idar-Oberstein
Geologisches Freilichtmuseum Sensweiler

6650 Homburg/Saar
Römisches Freilichtmuseum

6802 Ladenburg
Freilichtmuseum
Ruinen des römischen „Lopdunum"

6930 Eberbach
Museumsstraße Odenwälder Bauernhaus (zwischen Eberbach und Walldürn)

7063 Welzheim
Freilichtmuseum Ostkastell

7095 Rainau
Freilichtmuseum am rätischen Limes

7170 Schwäbisch Hall
Hohenloher Freilichtmuseum

7201 Neuhausen o. Eck
Bäuerliches Freilichtmuseum (im Aufbau)

7425 Hohenstein-Ödenwaldstetten
Bauernhausmuseum mit historischen Gartenanlagen

7506 Bad Herrenalb
Freilichtmuseum „Spechtschmiede"
Unter anderem wird hier das Harzen demonstriert, wobei Föhren und Fichten angebohrt und angerissen, anschließend das Harz gesammelt und in Harzöfen verarbeitet wurde. Auf diese Weise wurden bei der Weiterverarbeitung Teer, Wagenschmiere, Buchdruckerschwärze und Stiefelschmiere gewonnen.

7611 Gutach/Schwarzwald
Freilichtmuseum „Vogtsbauernhof"
In ihm sind die eindrucksvollsten Schwarzwaldhäuser aufgestellt. Die Häuser, die dem 16. und 17. Jahrhundert entstammen, sind mit altem Hausrat und Wirtschaftsgeräten ausgestattet, so daß dem Besucher ein lebendiges Bild der Lebens- und Schaffensweise der Bewohner vermittelt wird. Neben den Schwarzwaldhäusern sind auch ihre Begleitbauten wie Speicher, Hausmahlmühle, Sägemühle und Hammerschmiede zu sehen. Alle Maschinen werden durch Wasser angetrieben. In den Sommermonaten finden sachkundige Führungen statt, bei denen auch die Maschinen in Betrieb gesetzt werden. Dem Freilichtmuseum ist seit kurzem ein Waldmuseum der Landesforstverwaltung angegliedert.

7772 Unteruhldingen
Freilichtmuseum Deutscher Vorzeit (Pfahlbauten)

7953 Bad Schussenried
Freilichtmuseum Kürnbach

7962 Wolfegg
Bauernhausmuseum

7990 Friedrichshafen/Bodensee
— Bauernhausstraße

— Streuobstbaum-Museum
3 ha großes Freigelände, hier stehen bis zu 125 Jahre alte Apfel- und Birnbäume, die andernorts vom Aussterben bedroht sind. Die rund 40 Sorten werden intensiv gepflegt und geschützt.

8119 Großweil
Freilichtmuseum an der Glentleiten

8201 Amerang
Oberbayerisches Bauernhausmuseum

8332 Massing
Niederbayerisches Freilichtmuseum

8351 Lalling
Bergdorf Datting
Denkmalgeschützt, aber bewohnt

8372 Lindberg
Bauernhausmuseum

8391 Tittling/Bayern
Museumsdorf Bayerischer Wald

8391 Finsterau
Freilichtmuseum Bayerischer Wald

8451 Theuern
Bergbau- und Industriemuseum Ostbayern

8463 Rötz-Hillstedt
Oberpfälzer Handwerksmuseum

8470 Nabburg-Perschen
Oberpfälzer Freilichtmuseum

8532 Bad Windsheim
Fränkisches Freilandmuseum

8602 Frensdorf/Kreis Bamberg
Bauernmuseum Landkreis Bamberg

8665 Zell-Kleinlosnitz
Oberfränkisches Bauernhofmuseum

8941 Illerbeuren
Bauernhofmuseum

8960 Kempten/Allgäu
Archäologischer Park (im Aufbau)

Museumstraße Odenwälder Bauernhaus

Gutleuthaus (Mosbach)

Die heutige Mosbacher „Gutleuthausanlage" besteht aus dem „Gutleuthaus", dem „Elendshaus" und der „Gutleutkapelle". Der Name der heutigen Wohnhausanlage leitet sich ab von dem ältesten Gebäude dieses Komplexes, dem Gutleuthaus. Das Elendshaus diente ursprünglich zur Aufnahme Fremder, die die Stadt abends nicht mehr erreichen konnten (althochdeutsch: „eli-lenti" = in fremdem Land). Weit abgelegen von der Stadt vor dem Oberen Tor entstand vermutlich im 14. Jahrhundert das Gutleuthaus als Stätte für Leprakranke (Aussätzige), die man im Mittelalter auch „gute Leute" nannte. Diese Bezeichnung deutet darauf hin, daß die von dem Schicksal eines jahrelangen Siechtums geschlagenen Menschen, obwohl man sie für bürgerlich tot erklärte und aus der Gemeinschaft weitgehend auswies, doch noch menschlich geachtet wurden.
Wegen der hohen Ansteckungsgefahr durch Berührung lagen die Leprosenhäuser außerhalb der bewohnten Orte. Die Leprakranken wurden „ausgesetzt" („Aussatz") und lebten nun in völliger Abgeschiedenheit in einem von einer Mauer umgebenen Wohnbezirk, meist mit einer kleinen Kirche oder Kapelle. Die hiesige Kapelle stammt jedoch aus einer späteren Zeit.
Nicht nur jede Stadt, auch nahezu jedes Dorf hatte im Mittelalter ein solches Haus. Ein Leprafall wurde öffentlich verkündet, damit war der Kranke bürgerlich tot. Die Zeremonien, mit denen der Erkrankte in das Leprosorium überführt wurde, entsprachen vielfach einer Totenmesse. Bei Ankunft erhielt der Ausgestoßene eine kennzeichnende Kleidung. An bestimmten Tagen durfte er an ausgewiesenen Plätzen Almosen sammeln, wobei jede Berührung mit ihm untersagt war. Durch ein Horn, später durch eine Klapper, mußte er schon von weitem auf sich aufmerksam machen. Ein Stab diente ihm zum Deuten auf gewünschte Nahrungsmittel, die ihm in eine Schüssel gelegt wurden.
Das Weltbild des Mittelalters mit seiner Gottergebenheit erleichterte es den Menschen, in der beständigen Bedrohung durch eine Seuche leben zu können; es verlangte auch von den Aussätzigen eine solche Ergebenheit. Im Jenseits, so stellte man sich vor, werde für das irdische Leiden dann der Ausgleich erfolgen.
Die Lepra wurde als Seuche gegen Ende des Mittelalters in Mitteleuropa

gebannt; bis heute ist sie weltweit aber noch lange nicht besiegt: In Afrika und Indien, wo die Europäer viele Lepraheime errichteten, sind ca. noch 20 Millionen Menschen von dieser Seuche befallen; bis heute ist es den europäischen Tropenhygieneinstituten nicht gelungen, der Krankheit Herr zu werden.

(Museumsstraße Odenwälder Bauernhaus e.V. [Hrsg.]: Museumsstraße Odenwälder Bauernhaus im Naturpark, Neckartal-Odenwald, S. 53, Walldürn)

Lebensraum Streuobstwiese

„Früher wurden dorfnahe Wiesen oft mit Obstbäumen bepflanzt. Die Bäume minderten durch ihren Schattenwurf zwar den Heuertrag und behinderten die Mahd, die Bauern hatten allerdings die Möglichkeit, ihre Kühe weiterhin in unmittelbarer Nähe des Dorfes weiden zu lassen und zudem auch noch Obst zu ernten. Das geerntete Heu wurde oft als Einstreu in den Ställen verwendet, deshalb „Streuobstwiese".
Die alten extensiv genutzten Obstwiesen, die nur selten gemäht werden, beherbergen eine reichhaltige Flora und Fauna. Durch die Obstbäume werden über den Lebensraum Wiese hinaus vor allem für Vögel und Säugetiere, aber auch für Insekten zahllose ökologische Nischen geschaffen. Der Rotkopf- und der Schwarzstirnwürger, beides stark gefährdete Vogelarten, sind beispielsweise geradezu als Charakterarten der Streuobstwiese anzusehen. Ebenso wie Neuntöter, Wendehals, Grün- und Grauspecht ernähren sie sich vorwiegend von Insekten.
Im Boden der wenig gedüngten Wiesen können Ameisen ihre Nester bauen, Schmetterlingsraupen finden ihre Nahrungspflanzen. Einige seltene Tagfalterarten sind auf Obstbäume angewiesen, wie die Pflaumenglucke, der Obsthain-Blütenspanner und der Pflaumenzipfelfalter. Die für die Bestäubung der Obstbäume unentbehrlichen Bienen tragen auch nach der Obstblüte reichlich Nektar von den Wiesenblüten in den Bienenstock.
In alten und toten Bäumen siedeln zahllose holzbewohnende Insektenlarven. In Baumhöhlen schlafen z. B. Steinkäuze, Fledermäuse, Garten- und Siebenschläfer den ganzen Tag, bis sie dann in der Dämmerung aktiv werden.
In den letzten vierzig Jahren wurde die Fläche der Streuobstwiesen drastisch verkleinert, zum Teil für Bauland gerodet, zum Teil durch Intensivobstplantagen ersetzt. In diesen Intensivobstplantagen gibt es keine Alt- und Tothölzer und keine Bodenbedekkung durch Gräser oder Kräuter mehr. Auch der Einsatz von Pflanzenbehandlungsmitteln trägt zur Zerstörung des Biotops „Streuobstwiese" bei.
In einer 1981 durchgeführten Untersuchung übertraf eine extensiv genutzte Obstwiese eine nahegelegene Intensivplantage in der Anzahl der Spinnen um das 3fache, der Schmetterlinge um das 5fache, der Käfer um das 7fache und der Bienen um das 16fache. Vögel fanden in der Intensivplantage zu wenig Nahrung und Nistmöglichkeiten. Der Einflug von Vögeln in die Obstwiese war 10mal höher als in der Plantage.
Die vordringliche Aufgabe des Naturschutzes ist neben dem Erhalten der übriggebliebenen Streuobstwiesen die Neuanlage. Die Bevölkerung muß über den Wert dieser Flächen und ihre Bedeutung für den Naturhaushalt aufgeklärt werden. Wer heute wenig mit Mineraldüngern, besser sogar nur mit Kompost düngt, wer alte und tote hochstämmige Obstbäume nicht sofort entfernt, Hecken in der Umge-

bung stehen läßt und vielleicht sogar Nisthöhlen anbringt, schafft die besten Voraussetzungen für einen Obstbau ohne Gift - denn er schützt und fördert Vögel, nützliche Insekten und ihre Nahrungspflanzen. Die sogenannten Schädlinge können nämlich in einem gesunden Obstgarten nicht viel Schaden anrichten.
Ebenso wie die Vielfalt an Tierarten in den letzten Jahren zurückgegangen ist, nahm auch die Zahl verschiedener Obstsorten enorm ab. In einem Handbuch aus dem Jahre 1939 wurden z. B. noch 878 verschiedene Apfelsorten genannt. Dagegen führt ein 1980 verfaßtes Apfelsortenbuch nur noch ca. 30 Marktsorten, einige ältere Nebensorten und 8 Arten Mostäpfel auf.
Die Zucht all der verschiedenen Obstsorten, die häufig auf ganz kleine Regionen beschränkt blieben, war ganz eindeutig eine kulturelle Leistung. Diese Leistung droht verlorenzugehen. Mit den altbewährten Sorten verschwinden auch geschmackliche Qualitäten und robuste Bäume. Der Weg führt zum Einheitsobst.
In den industriellen Obstplantagen werden heute nur noch einige wenige Obstsorten genutzt. Die Bäumchen werden auf leichte Ernte hin getrimmt. Die Früchte müssen bestimmte Sollwerte erfüllen, je nach Sorte eine bestimmte Form, Größe und Farbe herausbilden. Der Geschmack spielt eine geringere Rolle als das Aussehen. In den Obstplantagen werden nicht mehr die alten Obstbäume mit den Hochstammformen verwendet, sondern verstärkt schwachwüchsige Obstgehölze angepflanzt. Diese Spindelbüsche oder Buschbäume erreichen Höhen bis maximal noch 4 Meter.
Für die Obstwirtschaft haben diese Gewächse natürlich viele Vorteile:
— Sie benötigen weniger Platz.
— Sie sind aufgrund ihres kleinen, flachen Wurzelraumes auch bei relativ hohem Grundwasserstand einsetzbar.
— Sie tragen früher.
— Sie sind leicht zu ernten.

Gerade das Argument der bequemeren Ernte hat in den letzten Jahren zu einem sehr starken Rückgang von starkwüchsigen Obstbäumen geführt. Die Kritiker großer Obstbäume sehen Obstgehölze vor allem unter dem Aspekt der Ernte, des Ertrages von Obst. Es geht ihnen um die Obstproduktion.
Der einzelne, der nicht von dieser Obstproduktion leben muß, sollte aber noch eher an den Baum und weniger an die Früchte denken.
Ob auf einem Grundstück ein starkwüchsiger Obstbaum untergebracht werden kann, hängt von vielen Bedingungen ab: Größe, Lage und Zuschnitt des Grundstücks, vorhandene Bepflanzung und Gebäude, Art des Nachbargrundstücks.
Starkwüchsige Obstbäume (Apfel, Birne, Zwetschge, Kirsche) im eigenen Garten ermöglichen dem Betrachter den Jahresverlauf (Blühen, Wachsen, Reifen, Ernte, Laubfall), die Jahreszeiten intensiver mitzuerleben. Dazu kommt, wie z.T. oben schon angesprochen, daß Laubbäume vielen Tierarten Nahrung geben (Igel, Vogel, Schmetterling, Biene), vielen Tierarten Unterschlupf bieten, den Kindern als Spiel-Kletterbäume dienen können und zudem noch etwas Obst bringen."

(Wir alle brauchen die Natur. Hrsg.: Deutscher Sparkassenverlag, Stuttgart 1985)

Freilichtspiele, Freilichtbühnen, Festspielorte

Die Ziele dieses Bereichs erfreuen sich wachsender Beliebtheit. Einen Nachteil allerdings hat diese Zielgruppe: Die Aufführtermine liegen beinahe alle in den Sommermonaten, scheiden also je nach Ferientermin als Exkursionsziel aus.

2360 Bad Segeberg
Karl-May-Spiele

2420 Eutin
Eutiner Sommerspiele

2812 Hilgermissen-Heessen
Freilichtbühne

3013 Barsinghausen
Deister-Freilichtbühne

3071 Stöckse
Freilichtbühne

3072 Marklohe
Freilichtbühne (plattdeutsche Stücke)

3216 Salzhemmendorf-Osterwald
Freilichtbühne

3250 Hameln
Rattenfänger-Freilichtspiele

3353 Bad Gandersheim
Domfestspiele

3370 Seesen
Freilichtspiele zur Stadtgeschichte

3403 Friedland
Bremker Waldbühne

3410 Northeim
Freilichtspiele

3507 Baunatal
Freilichtbühne

3510 Hann. Münden
„Dr. Eisenbart-Spiele" vor dem historischen Rathaus
Doktor Johann Andreas Eysenbarth lebte von 1663 bis 1727 und verdiente sein Geld als wandernder Chirurg. Er wird heute oft als Kurpfuscher und Scharlatan bezeichnet. Aber beides war er sicher nicht; im Gegenteil: er führte den Titel „Königlich Großbritannischer und Kurfürstlich Braunschweigisch-Lüneburger Privilegierter Landarzt" und war einer der ersten, die versuchten, ihre Instrumente durch Hitze zu sterilisieren. Er liebte originelle, nicht immer zartfühlende Heilmethoden.
Eine Laiengruppe zeigt amüsant, wie es in des Doktors Sprechstunde zuging.

3549 Twistetal-Twiste
Freilichtbühne

3550 Marburg
Freilichtbühne

3572 Amöneburg
Freilichtbühne

3575 Kirchhain
Freilichtbühne

3425 Walkenried
Freilichtbühne (im Lichthof des ehemaligen Zisterzienserklosters)

4030 Ratingen
Freilichtbühne

4047 Dormagen-Zons
Freilichtbühne

4220 Dinslaken
Freilichtbühne

4232 Xanten-Birten
Freilichtaufführungen im römischen Amphitheater

4402 Greven-Rekenfeld
Freilichtbühne

4504 Georgsmarienhütte
Eichendorff-Waldbühne

4520 Solbad Melle
Waldbühne

4542 Tecklenburg
Freilichtbühne in der Burgruine

4600 Dortmund
Freilichtbühne

4630 Bochum-Hontrop
Freilichtbühne

4630 Bochum-Wattenscheid
Freilichtbühne

4700 Hamm-Heessen
Waldbühne

4712 Werne
Freilichtbühne

4934 Horn-Bad Meinberg
Freilichtbühne

4952 Porta Westfalica-Barkhausen
Freilichtbühne

5420 Lahnstein
Burgspiele Lahneck

5422 St. Goarshausen
Freilichtbühne auf dem Loreley-Plateau

5440 Mayen/Eifel
Theater-Burgfestspiele

5760 Neheim-Hüsten
Freilichtbühne Herdringen

5789 Hallenberg
Freilichtbühne

5905 Freudenberg
Freilichtbühne

5940 Lennestadt-Elspe
Karl-May-Festspiele

6000 Frankfurt/Main
Freilichtbühne

6072 Dreieich-Dreieichenhain
Freilichtbühne

6145 Lichtenfels
Freilichtbühne

6148 Heppenheim
Freilichtbühne

6239 Eppstein
Freilichtbühne

6333 Braunfels
Freilichtbühne

6430 Hersfeld
Festspiele

6635 Schwalbach
Freilichtbühne Hülzweiler

6653 Blieskastel
Freilichtspiele

6676 Mandelbachtal
Naturbühne Gräfinthal

6719 Altleiningen
Burgspiele

6790 Landstuhl
Burgfestspiele

6800 Mannheim
Freilichtspiele

6900 Heidelberg
Freilichtspiele-Schloßspiele

6903 Neckargemünd
Freilichtspiele Burg Dilsberg

6924 Neckarbischofsheim
Freilichtspiele

6930 Eberbach
Freilichtspiele

6937 Buchen
Freilichtspiele

6969 Hardheim
Freilichtspiele

6980 Wertheim
Freilichtspiele

6992 Weikersheim
Freilichtspiele

7012 Fellbach
Freilichtspiele

7081 Riesbürg
Freilichtspiele

7106 Neuenstadt/Kocher
Freilichtspiele

7107 Bad Wimpfen
Freilichtspiele

7109 Jagsthausen
Burgfestspiele

7122 Besigheim
Freilichtspiele

7140 Ludwigsburg
Schloßfestspiele

7174 Ilshofen
Freilichtspiele

7183 Langenburg
Freilichtspiele

7203 Fridingen
Freilichtspiele

7260 Calw-Hirsau
Klosterspiele

7300 Esslingen/Neckar
Freilichtspiele

7321 Adelberg
Freilichtspiele

7410 Reutlingen
Freilichtbühne

7427 Hayingen
Freilichtspiele

7485 Sigmaringendorf
Naturtheater „Waldbühne"

7505 Ettlingen
Schloß-Festspiele

7520 Bruchsal
Freilichtspiele

7556 Ötigheim
Deutschlands größte Freilichtbühne

7614 Gengenbach
Freilichttheater

7746 Hornberg

— Freilichtbühne

— Das Hornberger Schießen
In Hornberg hatte sich einst der Herzog angesagt. Im Ort herrschte große Aufregung. Die Kanonen wurden geputzt, um den hohen Herrn zu begrüßen. Alles war bereit, aber der Herzog ließ auf sich warten. Da näherte sich aus der Ferne eine große Staubwolke. Jedermann jubelte, und die Kanonen donnerten, bis alles Pulver verschossen war. Doch aus der Staubwolke löste sich nur des Herzogs Dienerschaft. Der hohe Herr kam später – und es gab nichts mehr zu verschießen.
So sagt man heute noch, wenn etwas mit viel Getöse, aber erfolglos angekündigt wird, es gehe aus wie das Hornberger Schießen.

7800 Freiburg
Freilichtspiele

7814 Breisach
Freilichtspiele

7830 Emmendingen
Freilichtspiele

7889 Grenzach-Wyhlen
Burgfestspiele Rötteln

7900 Ulm
Freilichtspiele

7920 Heidenheim
Freilichtspiele

7923 Königsbronn
Freilichtspiele

8374 Viechtach
Burgfestspiele

8400 Regensburg
Freilichttheater

8411 Falkenstein
Burghof-Spiele

8440 Straubing
Agnes-Bernauer-Festspiele

8491 Blaibach
Freilichtspiele

8506 Langenzenn
Klosterhof-Spiele

8592 Wunsiedel
Luisenburg-Festspiele

8600 Bamberg
Freilichtbühne

8634 Rodach
Waldbühne Heldritt

8804 Dinkelsbühl
Freilichtspiele

8805 Feuchtwangen
Kreuzgang-Spiele

8860 Nördlingen
Freilichtspiele

8900 Augsburg
Größtes Musik-Freilichttheater nördlich der Alpen

„Der Rattenfänger von Hameln"

Dieser ungeklärten Geschichte verdankt Hameln seinen Ruhm.

Die Stadt Hameln lebte jahrhundertelang vom Kornhandel, viele Getreidelager und Mühlen lagen an den Ufern ihrer Flüsse Weser und Hamel. Dieser Umstand und die mangelnde Hygiene in der damaligen Zeit machten Hameln zu einem Paradies für Ratten. 1805 verboten gar die Stadtväter den Bürgern, die Nachtgeschirre auf die Straße zu entleeren.
Auch Rattenfänger gab es in Hameln schon immer. Fahrende Gesellen, Quacksalber oder Wundermänner, die versprachen, die Bürger von der Nagetierplage zu befreien. Doch der Mann, der im Jahre 1284 in die Stadt kam, hatte sich nicht als Rattenfänger ausgegeben. Er bezwang die Kinderherzen mittels Anmut und Musik.
„Und alle Kinder, die jene Pfeife hörten, fast 130 an der Zahl, folgten ihm", heißt es in der 1936 von dem Hameler Forscher Heinrich Spanuth entdeckten „Lüneburger Handschrift". Die etwa 1430/50 gefertigte Handschrift ist eine gekürzte Abschrift der 1370 verfaßten „Catena aurea" des Mindener Mönchs Heinrich von Herford. Der Auszug der Kinder wird hierin bestätigt.
Einer von unzähligen Versionen zufolge könnten es junge Männer gewesen sein, die zur Schlacht von Sedemünde zogen. Diese Deutung erwies sich als falsch, denn diese kriegerische Auseinandersetzung fand 1260 statt, also 24 Jahre vor dem Auszug der Kinder. Ebenso unhaltbar ist die Rattenfängerversion der Gebrüder Grimm. Die neueste und glaubwürdigste Version ist die, daß ein Lokator, ein adliger Werber, der im Auftrag des Bischofs von Olmütz (CSSR) handelte, in die Weserstadt Hameln kam, um Aussiedlungswillige zu werben: Jugendliche, Knaben und Mädchen, die in einem unermeßlichen Gebiet, von Mähren bis zur Ostsee, Pionierarbeit vollbringen sollten. Dafür würden sie „Freie" werden, wohlhabende Bauern mit Grundbesitz. 130 Kinder ergriffen die Gelegenheit, Kinder der Kämmerlinge, „Unfreie", Leibeigene der Kirche zu Hameln. In ihren Heimatort durften sie nicht mehr zurückkehren. Der „Bann" wurde über sie verhängt.
Und wenn auch das nicht stimmt? Entscheidend bleibt, daß Jugendliche einem Musizierenden ein Stück Wegs folgten. Vielleicht so unbefangen, wie

zu allen Zeiten Kinder einen Wanderzirkus zum Dorf hinausbegleiteten, in Hameln allerdings mit dem gravierenden Unterschied, daß die Jugendlichen nicht mehr zurückkehrten.
Es ist denkbar und allzu menschlich, daß alljährlich „zur Rattenfänger-Festspielzeit" Hamelns Gastronomen und Andenkenverkäufer die flehende Bitte aussprechen, daß doch niemals eindeutige Kunde über die einst verschollenen 130 Kinder sie heimsuchen werde. Lang lebe die „Rattenfänger-Sage" der Gebrüder Grimm.

Freizeit- und Märchenparks

Freizeitparks sind bei der bundesdeutschen Bevölkerung die beliebtesten Ausflugsziele. 1986 kamen rund 16 Millionen Besucher in die Parks. 25 000 und mehr Besucher an Spitzentagen in der Ferienzeit wurden beispielsweise in dem einst abgelegenen Fischerdorf Rust (Europapark Rust) gezählt.
Unter den Besuchern sind sicherlich viele Schulklassen. Mit oft schlechtem Gewissen gibt der Lehrer den Schülerwünschen nach, einen Freizeit-, Erlebnis- oder Märchenpark zu besuchen.
Daß man einem solchen Besuch durchweg etwas positives abgewinnen kann, sollen folgende Anregungen verdeutlichen (siehe auch Literaturverzeichnis):

— Standortprobleme erkunden und diskutieren (Verkehrsbelastung, Flächenverbrauch...).
— Im Park präsentierte Märchen können vorher oder nachher ein Thema im Unterricht sein.
— Aus Pappmaché oder anderen Materialien kann ein Parkmodell erstellt werden.
— Es können Befragungen/Reportagen durchgeführt werden (Einzugsbereich, Freizeitverhalten der Besucher...).

2381 Tolk
Märchenwald

2430 Sierksdorf
Freizeitpark Hansaland

2810 Verden/Aller
Freizeitpark Verden

3004 Kirchhorst
Erlebnispark Kirchhorst

3040 Soltau
Heide-Park Soltau

3035 Hodenhagen
Serengeti-Großwildpark und Freizeitparadies
Safaripark

3430 Witzenhausen
Wald- und Märchen-Zoo

3162 Uetze
Erse-Park Uetze
Freizeitpark

3216 Salzhemmendorf-Benstorf
Rasti-Land
Freizeit- und Abenteuerpark

3220 Alfeld
Freizeitzoo Alfeld
Tier- und Freizeitpark

3362 Bad Grund
Märchenpark

3388 Bad Harzburg
Märchenwald mit Kinderverkehrsgarten

3423 Bad Sachsa
Märchenpark

3538 Marsberg-Padberg
Freizeitpark

3542 Willingen
Märchenpark

4018 Langenfeld
— Freizeitpark Langfort
— Wasserskiseilbahn in Berghausen

4030 Ratingen
Minidom
Europas größte Miniaturstadt mit Freizeitpark; zeigt 150 historische und moderne Bauwerke Deutschlands in originalgetreuer Nachbildung im Maßstab 1:25.

4057 Brüggen
Naturpark „Brüggen"
(Kinderparadies)

4180 Goch
Luna-Park

4240 Emmerich
Märchenberg

4250 Bottrop
Traumlandpark Kirchhellen

4300 Essen
Freizeitpark (Gruga-Park-Gelände)

4358 Haltern
Märchenwald

4421 Reken
Märchenwald

4502 Bad Rothenfelde
Kindertraumwald

4520 Melle
Märchenwald

4530 Ibbenbüren
Märchenwald mit Wasserspielen

4600 Dortmund
Westfalenpark

4620 Castrop-Rauxel
Freizeitpark Gestüt Bladenhorst

4650 Gelsenkirchen-Buer
Löwenpark Graf Westerholt

4716 Olfen
Freizeit- und Ferienpark Gut Eversum mit Europas größter Modelleisenbahn

4773 Möhnesee-Körbecke
Freizeitpark

4798 Wünnenberg-Leiberg
Märchenwald

4815 Schloß Holte-Stukenbrock
Hollywood-Park

4950 Minden-Dützen
Potts-Park Minden
u.a. mit komplett eingerichteter *Riesen*-Wohnung „Domizil"

5040 Brühl
Freizeitpark Phantasialand

5068 Odenthal
Märchenwald

5135 Selfkant-Süddern
Löwen-Großwild-Foto-Safaripark
Befahrbarer Park mit zugehörigem Freizeitareal

5169 Heimbach
Märchenwald

5223 Nümbrecht
Märchengarten

5277 Marienheide
Märchenwald Emmelshausen

5401 Emmelshausen
Freizeitpark

5438 Westerburg
Tier- und Märchenpark

5439 Willingen
Märchenwald

5509 Kell
Märchenwald

5521 Gondorf
Wild- und Freizeitpark Eifel mit Bärenschlucht

5569 Dockweiler
Luba-Freizeitpark (zur Dockweiler Mühle)

5778 Meschede-Grevenstein
Freizeitpark

5780 Bestwig-Ramsbeck
Fort-Fun
Freizeitpark um das Thema „Western“

5942 Kirchhindem
Panoramapark
Wild- und Freizeitpark

6080 Groß-Gerau
Safariland Groß-Gerau
Freizeitgelände, u. a. mit Pfahlbaudorf und Mondbasis

6229 Schlangenbad
Taunus-Wunderland
Märchen- und Tierpark mit Spiel- und Fahrgelegenheiten

6242 Kronberg/Taunus
Opel-Zoo Kronberg
Rund 1000 Tiere, viele Spielmöglichkeiten, Natur-Lehrpfad, Geo-Garten, Naturkundemuseum

6476 Hirzenhain-Merkenfritz
Märchenland

6706 Wachenheim a. d. Weinstraße
Kurpfalzpark Wachenheim
Hochwildpark mit Spiel- und Fahrgelegenheiten

6733 Haßloch/Pfalz
Holiday-Park
Freizeitpark

6780 Pirmasens-Höheischweiler
Tivolipark

6800 Mannheim
Western-Freizeitpark
Luisenpark

6900 Heidelberg
Märchengarten

6944 Hemsbach
Märchengarten

6951 Schwarzach
Märchengarten mit Kleineisenbahn

6957 Elztal
Märchengarten

7061 Kaisersbach bei Welzheim
Schwabenpark Gmeinweiler/Kaisersbach
Tiergarten mit Fahr- und Spielgelegenheiten

7070 Schwäbisch Gmünd
Freizeitzentrum Schurrenhof

7090 Ellwangen
Märchengarten

7121 Cleebronn-Tripsdrill
Erlebnispark Altweibermühle Tripsdrill
Tonnenschwer und doch kinderleicht zu bewegen ist eine Granitkugel, die zu den neuesten Errungenschaften des Erlebnisparkes zählt. Die Granitkugel schwimmt auf einem dünnen Wasserfilm. Die Kugel und die Schale, in der sie schwimmt, sind so präzise geschliffen, daß nach dem Gesetz der Hydrostatik bereits ein Wasserdruck von lediglich 0,6 bar – dies entspricht etwa einem Fünftel eines Hauswasserleitungsdruckes – genügt, um diese Granitkugel auf einer zwei bis drei Millimeter dicken Wasserschicht schwimmen zu lassen.

7140 Ludwigsburg
Blühendes Barock

7158 Sulzbach/Murr
Freizeitpark „Japangarten“

7232 Hardt bei Schramberg
Freizeitpark

7252 Weil der Stadt
Märchengarten

7277 Wildberg
Märchengarten

7419 Sonnenbühl-Erpfingen
Traumland/Bärenhöhle
Freizeitpark

7450 Hechingen
Märchenpfad

7519 Kürnbach
Märchengarten

7529 Forst
Freizeitpark

7631 Rust
Europapark

7753 Allensbach
Wild- und Freizeitpark „Bodanrück"

7903 Laichingen
Märchengarten mit Kindereisenbahn

8070 Ingolstadt
Märchenwald

8170 Bad Tölz
Bade- und Freizeitzentrum „Alpamare"

8190 Wolfratshausen
Märchenpark
52 Märchenszenen; Spiel- und Fahrgelegenheiten

8215 Marquartstein
Märchenwald

8222 Ruhpolding
Miniaturstadt; Märchenwald

8330 Eggenfelden
Freizeitpark

8351 Lalling
Freizeitpark

8391 Haidmühle
Märchenwald

8490 Cham/Oberpfalz
Churpfalzpark Loifling
Blumen- und Gartenpark mit Fahrgelegenheiten

8551 Heroldsbach
Erlebnispark Schloß Thurn

8571 Plech
Fränkisches Wunderland
Freizeitpark mit Märchenhain und Westernstadt

8614 Geiselwind
Freizeitpark Geiselwind (Saurierland)
Tier- und Freizeitpark mit vielen Spiel- und Fahrgelegenheiten; Weltraumareal, Dinosaurier- und Urweltland

8969 Dietmannsried
Freizeitpark „Illerparadies" und „Haldenmühle"

Saurierland

Im Vogel-Märchen-Saurierpark in Geiselwind (Steigerwald) hat ein englisches Bildhauerteam unter wissenschaftlicher Anleitung und nach fossilen Funden ein Saurierland angelegt. Unter Mithilfe von Zoologen und Urzeitforschern wurden mehrere Saurier *in Lebensgröße* erstellt.
Unter anderem ist ein *Stegosaurus* zu sehen, der vor rund 160 Millionen Jahren lebte. Dieser schwerfällige Saurier hatte einen starken Knochenbau und sein Rücken war durch Knochenplatten vor Angreifern geschützt. Er war ein reiner Pflanzenfresser und lebte vor allem in Nordamerika. Als Saurier mit dem furchterregendsten Aussehen galt der Styracosaurus, obwohl er auch kein Raubtier war. Sein zwei Meter langer Kopf mit den Stacheln sollte ihn vor Feinden schützen. Ihm ähnlich war auch der Triceratosaurus (Dreihornschädel). In seiner Nähe steht im Saurierland der Tyrannosaurus Rex. Er gilt als das größte Raubtier aller Zeiten. Der 15 m lange und 6 m hohe Saurier konnte aufrecht gehen, seine Vorderfüße waren zu Stummeln zurückentwickelt. Er hatte 15 cm lange, dolchartige Zähne und konnte damit anderen Tieren einfach ein Stück Fleisch aus dem Körper reißen. Seine Füße waren rund 70 cm lang und seine Schrittweite betrug 3,70 m.

In einem kleinen Teich ist eine Kampfszene zwischen einem Elasmosaurus und einem Tylosaurus zu sehen. Der Elasmosaurus war 13 m lang und hatte einen sehr gelenkigen Hals mit relativ kleinem Kopf. Er ernährte sich von Fischen und anderen Tieren. Die Ungetüme sollen einst bis zu 80 t gewogen haben.
Bei jedem lebensgroßen Modell ist eine Tafel angebracht, die dem Besucher Näheres über Lebensweise, Größe usw. vermittelt.

Dinosaurier

„Vor 64 Millionen Jahren sind alle Dinosaurier ausgestorben. Kein Mensch hat jemals einen lebenden Dinosaurier gesehen, weil die Familie Mensch in jener Zeit noch gar nicht existierte. Dennoch ist das Interesse für diese merkwürdigen Tiere außerordentlich groß. Noch vor 150 Jahren wußte niemand, daß es solche riesigen Reptilien gegeben hat – bis dann ihre ersten Spuren entdeckt und deren Bedeutung erkannt wurde. Für Wissenschaftler war das eine Sensation. Bald begann man planmäßig nach weiteren Spuren zu suchen und die gefundenen Knochen und Abdrücke (Fossilien) zu sammeln, und das Wissen um die vorgeschichtlichen Erdbewohner erweiterte und vertiefte sich.
Heute weiß man nicht nur, wie die vielen verschiedenen Dinosaurier ausgesehen und wie sie sich verhalten haben; durch Forschungen wurde auch bekannt wie ihre Umwelt beschaffen war.
Hunderte von verschiedenen Arten wurden entdeckt, wenn man auch nicht von allen vollständige Skelette gefunden hat. Von einigen Arten wissen die Fachleute erst wenig, von anderen aber kennen sie sogar die Färbung und Beschaffenheit der Haut.
Wie bei jeder Art Forschung über die Vergangenheit wird das Wissen dadurch erweitert, daß man neue Entdeckungen vergleichend den schon bekannten Tatsachen hinzufügt. So wird durch Rückschluß und auch durch Vergleich mit noch lebenden Reptilien deutlich, wie bestimmte Knochen einzufügen sind und wo die Muskeln befestigt waren, bis schließlich ein deutliches Bild der Gestalt und Lebensweise eines Dinosauriers entsteht.
Versuchen wir uns vorzustellen, wie groß die Zeitspanne war, in welcher die Dinosaurier existierten: Seit Beginn unserer Zeitrechnung haben 80 Generationen von Menschen gelebt – für eine Generation immer 25 Jahre gerechnet. Der erste richtige Mensch, Homo sapiens, erschien vor etwa 250000 Jahren – also vor 10000 Generationen. Das Zeitalter der Dinosaurier währte ungefähr 140 Millionen Jahre. Wir wissen, daß ein großer Dinosaurier etwa einhundert Jahre alt werden konnte; fortpflanzungsfähig wurde er vermutlich etwa im gleichen Alter wie der Mensch. So gerechnet, haben vom Beginn der Dinosaurier bis zu ihrem Aussterben rund 5500000 Generationen von Dinosauriern gelebt.

Warum starben die Dinosaurier aus?

Ist es möglich, die Ursache für das Massensterben der Dinosaurier zu finden? Wissenschaftler haben ein Verzeichnis aller in diesem Zusammenhang möglichen Ursachen zusammengestellt:
— Klimawechsel – die Dinosaurier starben vor Kälte oder Hitze, vor Trockenheit oder übermäßiger Feuchtigkeit.
— Ernährungsprobleme – die Dinosaurier bekamen nicht genug Nahrung oder fraßen sich zu Tode. Es mangelte an wichtigen Mineralien, vielleicht wegen der Trockenheit.

— Krankheiten, Parasiten oder Kämpfe untereinander haben die Dinosaurier umgebracht.
— Bestimmte Säugetiere spezialisierten sich auf das Fressen von Dinosauriereiern und tilgten so die Dinosaurier aus.
— Der Mond wurde aus dem Pazifik herausgerissen, was Erdbeben zur Folge hatte und Flutwellen, die alle Dinosaurier ertränkten.
— Gebirgsbildungen, Polverschiebungen, Änderungen der Erddrehung, Austrocknung der Sümpfe, Überschwemmungen - alles das kann die Geschichte der Dinosaurier beendet haben. Man hat auch daran gedacht, daß sie einfach an der Schwäche ihrer Gehirne zugrunde gegangen sein könnten."

(Quelle: Faltblatt „Dinosaurier". Beilage der Zeitschrift BIOLOGIE Heft 24/25 1978. Velber Verlag, Seelze)

Sauriergattungen:

A. Landsaurier

a) Pflanzenfresser

I. Sauropoden = Elefantenfuß-Dinosaurier

1. Diplodocus
2. Brontosaurus = Apatosaurus

II. Ornithopoden = Vogelfuß-Dinosaurier

3. Iguanodon
4. Camptosaurus
5. Stegosaurus

b) Raubsaurier, Fleischfresser

6. Ceratosaurus
7. Compsagnathus

B. Meeressaurier

8. Ichthyosaurus
9. Plesiosaurus

C. Flugsaurier

10. Rhamphorhynchus
11. Archaeopteryx

Geführte Wanderungen/Exkursionen

Obwohl das Angebot an geführten Wanderungen bzw. Exkursionen bisher recht klein ist, sollen die Möglichkeiten genannt werden.
Auf diesen geführten Unternehmungen wird man einmal fachmännisch betreut, zum andern wird die Organisation ganz oder wenigstens teilweise vom Veranstalter durchgeführt. Es liegt am Lehrer, die bisher noch recht hohen Kosten durch geschicktes Verhandeln zu senken.
Nach Aussagen der Landesfremdenverkehrsämter wird das Angebot an geführten Wanderungen bzw. Exkursionen in den nächsten Jahren sicherlich breiter werden, da es bislang von Urlaubern bereits gerne angenommen werde.

3430 Eschwege
Höhlenkunde, Karstkunde
Anbieter: Jugendherbergswerk

4300 Essen
Ruhr-Touren
Themenschwerpunkte:
- Stahlindustrie (Hochofen, Stahlwerk)
- Bergbau (Kokerei, Anschauungsbergwerk)
- Umweltschutz (Umweltschutzeinrichtungen, Fragen der Luftreinhaltung)
- Landeskunde Ruhrgebiet
- Energieerzeugungsanlagen
- Werksbahnen

Die Tagestouren dauern in der Regel von 7.45–16.00 Uhr.
(Adresse s. Anhang)

4930 Detmold
Geologische Wanderungen durch die Rhön
Anbieter: Jugendherbergswerk

5428 Nastätten
Kräuterlehrwanderung

5481 Altenahr
Geologische Exkursionen

5530 Gerolstein
Geologische Exkursionen

5533 Hillesheim
Geologische Exkursionen
(Hillesheimer Kalkmulde)

5540 Prüm
Geologische Wanderungen

5568 Daun
Geologische und Botanische Exkursionen
Vulkanlandschaft der Eifel

6580 Idar-Oberstein
Edelsteinsuchexkursionen

6581 Niederwörresbach
Mineralogische Exkursionen

6719 Kirchheimbolanden
Geologische Exkursionen

6789 Eppenbrunn
Heilkräuterwanderungen

7700 Singen/Hohentwiel
Geologische Exkursionen zu den Hegau-Vulkanen

7954 Bad Wurzach
Exkursionen ins Wurzacher Ried
(biologisch-geologisch-ornithologisch)

7807 Elzach
Pilzberatungswanderungen

8356 Spiegelau
Geologische und tierkundliche Wanderungen

8443 Bogen
Botanische und tierkundliche Wanderungen

8470 Nabburg
Naturkundliche Wanderungen

8480 Weiden/Oberpf.
Geologische und tierkundliche Wanderungen

Ruhr-Touren

Bei den Ruhr-Touren handelt es sich um Tagesfahrten, die in der Regel um 7.45 Uhr beginnen und gegen 16.30 Uhr enden. Eine Mittagspause ist vorgesehen. Bei den Industrieprogrammen erfolgt der Werksbesuch vormittags.
Der Initiator der Ruhr-Touren, der Kommunalverband Ruhrgebiet, verzichtet in seinen Programmen bewußt auf eine exakte Routenbeschreibung, um die Route nach Wunsch der Gäste gestalten zu können. Nur die landeskundliche Tour weist feste Zielpunkte aus.

Route I, zwischen Essen und Wesel

- Gartenstadtsiedlung Margarethenhöhe, Essen
- Ehemaliges Zisterzienserinnenkloster Saarn, Mülheim
- Ehemalige Zechensiedlung Vondern mit Konsumladen, Oberhausen
- Botanischer Garten, Duisburg-Hamborn
- Schloß Gartrop, Hünxe

Route II, zwischen Bochum und Dortmund

- Pilgerkapelle Sevinghausen, Bochum
- Rekonstruierte Ruhrschleuse Herbede, Witten
- Hagener Jugendstil: Thorn-Prikker-Fenster im Hbf.
- Vincke-Turm und Hohensyburg, Dortmund
- Schloß Cappenberg, Selm
- Malakow-Turm, Herten

Route III, zwischen Ennepe und Ruhr

- Alte Ruhrschleuse Hattingen/Altstadt
- Malakow-Turm Alte Haase, Sprockhövel
- Schloß Martfeld, Schwelm
- Kluterthöhle, Ennepetal
- Burg Wetter
- Bergbau-Lehrpfad Muttental, Witten

Geologische Besonderheiten

Das Interesse an geologischen Besonderheiten ist gestiegen. Dies zeigt sich u. a. darin, daß einige Landkreise diese Besonderheiten oder Naturdenkmale dokumentieren. Teilweise liegen hierzu sogar schon Veröffentlichungen vor.
Für diese hier zusammengestellte Auswahl war entscheidend, daß möglichst viele Kleinräume des erfaßten Gebiets und die Vielfalt des Formenschatzes berücksichtigt wurden.

2000 Hamburg
Seismographisches Observatorium (gehört zum Geophysikalischen Institut der Hamburger Universität)

2192 Helgoland
Buntsandsteinfelsen (bis zu 85 m hoch)
Touristeninsel, Vogelkolonie

2280 Sylt
Naturschutzgebiet „Nösse"
Morsum-Kliff

2300 Kiel
Zungenbecken von Schalkholz-Pahlhude und Buckene Au

2360 Bad Segeberg
Kalkberg mit Kalkberghöhlen
Naturfels aus Gips, 91 m hoch; dient auch als Kulisse für die bekannten Karl-May-Spiele

2408 Timmendorfer Strand-Niendorf
Von Niendorf aus ist der Hemmelsdorfer See zu erreichen, der einst als Förde in die Ostsee mündete und deshalb unter seiner Süßwasserschicht immer noch Salzwasser und damit die verschiedensten Tiere und Pflanzen enthält. Der tiefste Punkt des Sees gilt mit seinen 44,5 m unter NN als die tiefste Stelle der Bundesrepublik und ist sozusagen das Gegenstück zur Zugspitze.

3045 Bispingen-Wilsede
Findlingsgruppe

3070 Nienburg/Weser-Stockse
Findling „Giebichenstein"
Größter erratischer Block Nordwestdeutschlands

3090 Verden/Aller
Naturschutzgebiet „Verdener Dünen"
Die Dünen gehören zum Weser-Aller-Urstromtal

3380 Goslar
Okertal im Bereich des Westharzes „Geologische Quadratmeile", u. a. Granitriff und Klippen

3388 Bad Harzburg
Gabbro-Steinbruch

3423 Bad Sachsa
Gipssteinbrüche; Halbedelsteinfunde

3432 Großalmerode
Säulenbasaltsteinbruch

3436 Hessisch-Lichtenau
Dolomitfelsen (Große Steine)

3526 Trendelburg
Erdfälle (Trockener und Nasser Wolkenbruch)

Sie sind entstanden durch Ausspülung des salzhaltigen Untergrundes.

3530 Warburg-Daseburg
Basaltsteinbruch

3543 Diemelsee-Siebringhausen
Marmorsteinbrüche

3568 Gladenbach-Rachelshausen
Diabassteinbruch

4224 Hünxe
Teufelssteine im Huxerwald
Bedeutende Gruppe von Braunkohlenquarziten

4300 Essen
Aufschlüsse (Schichtungen des Steinkohlengebirges) in Essen-Heiringen und Essen-Werden

4440 Rheine 11 (Elte/Westfalen)
Binnendünen an der Ems

4444 Bentheim
Bentheimer Klippen
Früheres Abbaugebiet des Bentheimer Sandsteins

4500 Osnabrück
— Geologisches Freilichtmuseum
Die 1922 entdeckten Saurierfährten sind Mittelpunkt des Museums. Die Fährtenplatte ist 8 m lang.

— Steinernes Meer
Großes Findlingsfeld mit 1000 erratischen Blöcken

4520 Melle
Bifurkation (= „Fluß-Aufspaltung")
Flußgabelung von Else und Hase

Der Königsbach am Nordrand des Teutoburger Waldes spaltet sich nach einigen Kilometern unterhalb seiner Quelle in zwei getrennte Wasserläufe auf: in die *Else,* die nach Osten zur Weser fließt, und in die *Hase,* die eine westliche Richtung einschlägt und zum Flußgebiet der Ems gehört.

4710 Lüdinghausen-Seppenrade
Größter Ammonit der Welt (3,5 t schwer, 2,20 m hoch)
(Betonabguß; das Original befindet sich im landeskundlichen Museum Münster.)

4770 Soest
Steinbruch am Silberg

4791 Lichtenau/Westfalen
Zahlreiche Flußversickerungen (Flußschwinden) zwischen Lichtenau und Grundsteinheim

4952 Porta Westfalica
— Porta Westfalica
Die Entstehung der Porta Westfalica, dieser rund 250 m tiefen und 600 m breiten Scharte zwischen Wiehengebirge und Wesergebirge, ist noch immer ungeklärt. Die Weser hat hier ihr Flußbett quer durch das Gebirge gegraben, anstatt dieses Hindernis aus harten Kalk- und Sandsteinen auf bequemen Wegen im Westen oder Osten zu umfließen.
Wahrscheinlich ist die Porta Westfalica, wenigstens zum Teil, das Werk eiszeitlicher Gletscher. In der vorletzten Eiszeit (vor rund 200000 Jahren) hat eine Gletscherzunge vermutlich die Talpforte verstopft und die Weser zu einem riesigen See aufgestaut, der flußabwärts bis nach Hameln reichte und einen Abfluß nach Westen hatte.
Flankiert wird die Porta vom Wittekindsberg (280 m) mit dem Kaiser-Wilhelm-Denkmal (1896) und vom Jakobsberg (238 m) mit Fernsehturm.

— Saurierspuren bei Barkhausen
Versteinerte Fußabdrücke von Riesenechsen; vor ca. 145 Millionen Jahren entstanden, 1921 entdeckt

4953 Petershagen/Weser
Findlingswald
Umfangreiche Sammlung sehenswerter Findlinge

4970 Bad Oeynhausen
Findlinge „Schwedensteine"

4973 Vlotho
Steingrund Linnenbeeke
Bachlandschaft mit 1500 Findlingen

4980 Bünde
Doberg

4993 Rahden
Der große Stein von Tonnenheide
Größter Findling Nordwestdeutschlands; ca. 360 t schwer, 1 Mrd. Jahre alt, Granit. Er wurde von Eiszeitgletschern aus Südschweden nach hier transportiert.

5060 Bergisch-Gladbach 1
Erdbebenwarte Bensberg

5170 Jülich
Erdbebensimulationsanlage

5250 Engelskirchen
Bachschwinde des Waldbachs

5307 Wachtberg
Vulkankrater im Naturschutzgebiet Rodderberg

5330 Königswinter
— Drachenfels
321 m hoch, mit rund einer Million Touristen jährlich einer der meist besuchten Berge Europas
— Geologisch interessanter Basaltsteinbruch am Weilberg

5333 Hillesheim/Eifel
Dolomitfelsen mit prähistorischen Höhlen

5353 Mechernich
Buntsandsteinfelsbildung bei Katzvey = „Katzensteine"
Durch das Herauslösen der Sandkristalle bei erheblichen Temperaturunterschieden und durch Regen entstanden kleine wabenartige Vertiefungen (Wabenverwitterung).

5358 Bad Münstereifel
Steinbruch Eschweiler Tal – Fossilienfunde

5378 Blankenheim
Fossilienfundstellen

5422 St. Goarshausen
Loreleyfelsen
132 m hoher Uferfelsen. Der Rhein ist an dieser Stelle nur 120 m breit. Die Loreley steht im Ausland als Synonym für Deutschland. Daß der Fels zum Fetisch deutscher Romantik schlechthin geriet, ist den Dichtern Brentano, Heine und Silcher zu danken. Heinrich Heine griff mit seiner Ballade die alte Sage von jener Zauberin auf, die oben auf dem Loreley-Felsen saß und Fischer ins Verderben lockte.

5441 Weibern/Eifel
Tuffsteinbrüche mit Verarbeitungsbetrieben

5442 Mendig/Eifel
Basaltlavabrüche

5530 Gerolstein/Eifel
— Papenkaule
Der jüngste, erst vor 10000 Jahren erloschene Eifelvulkan
— Dolomitfelsen mit prähistorischem Gestein

5533 Nohn/Eifel
„Wachsender" Wasserfall (Naturdenkmal)

5541 Schönecken/Eifel
Schönecker Schweiz mit Dolomitfelsen

5562 Manderscheid
Vulkanberg „Mosenberg"
Der 517 m hohe Mosenberg veranschaulicht alle wesentlichen Erscheinungen des Eifelvulkanismus. Der Windsborn, einer seiner *vier Krater*, gilt als einziger Bergkratersee nördlich der Alpen. Der Südkrater zeigt eine breite Lava-Abflußlücke.

Das Meerfelder Maar, einst das größte der Vulkaneifel, ist teilweise trockengelegt (Ackerbau).

Das Weinfelder Maar wird auch „Totenmaar“ genannt. Ein Friedhof, eine alte Kapelle am Kraterrand, blieben als einzige Erinnerung an die ehemalige Ortschaft Weinfeld, deren Bevölkerung im 16. Jhdt. durch eine Pestepidemie ausgerottet wurde.

5568 Daun/Eifel
Maare

5569 Hörschhausen/Eifel
Mosbrucker Trockenmaar

5569 Schalkenmehren/Eifel
Schalkenmehrener Maar, Totenmaar, Gemünder Maar

5569 Gillenfeld/Eifel
Pulvermaar, Holzmaar, Laacher See

5569 Strohn
Vulkanbombe – Steinbruch Wartgesberg

5600 Wuppertal-Vohwinkel
Dolinen

5760 Neheim-Hüsten/Sauerland
Felsenmeer (Hönetal)

5787 Olsberg
Bruchhausener Steine – 4 mächtige Porphyrfelsen
Den schönsten Blick hat man von der Kuppe des „Feldsteins“, der 756 m hoch ist.

5870 Hemer
Felsenmeer
Ein durch den Einsturz von Höhlen entstandenes Trümmerfeld; hier bauten schon die Kelten Erz ab; erst um 1870 wurde der Bergbau eingestellt. Eine noch intakte Höhle liegt am Rand des Felsenmeeres: die Heinrichshöhle (Tropfsteinhöhle).

6101 Fischbachtal
Felsengruppe

6101 Messel
Ölschiefergrube, Forscher-Dorado

6120 Erbach-Ebersberg
Steinernes Meer

6140 Bensheim-Lautertal
Felsenmeer

6232 Bad Soden
„Stinksteinwand“
Unterirdisch schwelende Braunkohlenflöze und „Kitzkammer“ (Säulenbasalt)

6349 Greifenstein-Beilstein
Säulenbasalt

6416 Poppenhausen-Steinwand
Phonolith-Felsen

6431 Neuenstein
Eisenberg

6530 Bingen
Binger Loch mit Mäuseturminsel

Mit dem Binger Loch beginnt der enge, windungsreiche Durchbruch des Rheinischen Schiefergebirges, das sich linksrheinisch in Hunsrück und Hohe Eifel sowie rechtsrheinisch in Westerwald und Siebengebirge gliedert. So ist der Fluß bei der Loreley nur noch rund 120 m breit, Rolandsbogen und Drachenfels bei Königswinter markieren dann das Tor, durch das der Rhein in die flache Kölner Bucht strömt, wo geographisch gesehen der Niederrhein beginnt. Doch die Rheinidylle wird gefährdet durch ein 2,2 km langes Leitwerk, das Planer am Binger Loch vorsehen. Das geplante Bauwerk soll die Schiffahrtsbedingungen verbessern.

6533 Bacharach
Felsklippen, Fossilienfundort

6570 Kirn
Melaphyrsteinbrüche

6602 Dudweiler
Der „Brennende Berg“
1668 geriet hier ein Kohlenflöz in

Brand. Noch heute schwelt es in 400–500 m Tiefe; ab und zu treten kleine Rauchwölkchen durch schmale Erdspalten an die Oberfläche.

6648 Wadern
Mineralienfunde in Steinbrüchen
Ausgrabungsstätten

6642 Mettlach
Saarschleife (Mäander)
An den Außenseiten der Mäander, wo die Wassermassen sozusagen gegen die Ufer prallen, wird beständig abgetragen; dort ist die Erosion stark; an den Innenseiten, an denen der Fluß nur entlanggleitet, lagert er Sand und Kies ab. Das „Prallufer" („Prallhang") ist daher steil, das „Gleitufer" („Gleithang") flach.
Wird das Gelände zwischen zwei benachbarten Prallhängen mehr und mehr abgetragen, so wird der immer schmaler werdende Hals schließlich durchbrochen. Dann folgt der Fluß an der Durchbruchsstelle der Abkürzung und es entsteht ein hufeisenförmiger Altwasserarm. Das abgeschnittene Gelände wird als „Umlaufberg" bezeichnet. Die den Umlaufberg umgebenden Altwässer werden nur noch bei Hochwasserständen mit Flußwasser gefüllt, später auch das nicht mehr. Die Verkürzung des Wasserlaufs bewirkt einen beschleunigten Flußlauf. Die Natur erreicht bei diesem Vorgang das gleiche, was Wasserbauer mit der Begradigung bzw. Kanalisierung von Flüssen bezwecken.

6654 Kirkel
Felsenpfad (Rundwanderweg)
200 Mill. Jahre alte Felsformationen, die durch den ständigen Einfluß der Naturkräfte ihre heutige Form erhalten haben; ein Teil des Rundweges ist geologischer Lehrpfad.

6657 Gersheim
Kalkwerk
Fossiliensuche möglich

6670 St. Ingbert-Sengscheid
Stiefel (bizarres Felsgebilde)
Der untere Teil des Felsens ist stark verwittert.

6699 Freisen-Oberkirchen/Saar
Rund um den Weiselberg kann man in angeschnittenen Adern Halbedelsteine finden.

6781 Hinterweidenthal
Teufelstisch
Eine 10 m hohe Sandsteinsäule trägt einen riesigen Felsblock.

6901 Mauer
Sandgrube am Grafenhain
Fundstücke des „homo heidelbergensis"

7073 Lorch
Schelmenklinge und Schillergrotte

7081 Riesbürg
Historischer Suevitsteinbruch

7087 Essingen
Felsenmeer Wental

7085 Bopfingen
Der Ipf
Der freistehende Bergkegel des Ipf ist der am weitesten vorgeschobene Berg der Ostalb (Zeugenberg).

7121 Hessigheim
Hessigheimer Felsengärten

7157 Murrhardt-Obernenstetten
Große Platte
Die 18 m^2 große und 45 cm starke Sandsteinplatte hat sich durch Abrutschen des Knollenmergels um rund 300 Höhenmeter nach hier verlagert.

7157 Murrhardt-Klingen
Zwischen Eisenschmiedmühle und Hammerschmiede ändert die Murr ihre Hauptfließrichtung; Ursache: Einbruch des Oberrheingrabens

7180 Crailsheim
Geologische Pyramide (auf dem Kregelberg)

7200 Tuttlingen-Möhringen
Donauversickerung (Flußschwinde)

„In Kalklandschaften schneiden Talabschnitte immer wieder Höhlensysteme oder Karstklüfte im Gestein an, so daß Flußläufe unvermittelt im Untergrund verschwinden. Solche Flußschwinden sind im Bereich der oberen Donau zwischen Immendingen und Friedingen an mehreren Stellen ausgebildet. Die Karsthohlräume werden mit der Zeit ständig erweitert. Das Bett des Flusses bleibt über einen längeren Laufabschnitt völlig trocken. Lediglich im Frühjahr, wenn durch raschen Temperaturanstieg die Schneeschmelze verstärkt eintritt und gleichzeitig heftige Niederschläge fallen, können die Schlucklöcher nicht mehr das gesamte Donauwasser aufnehmen. Die Donau führt dann auch in diesem Talabschnitt durchgehend Wasser. Mehrere Kilometer südlich der Donau tritt das Wasser im Aachtopf, der größten Quelle Deutschlands, wieder zutage."

(Folienatlas: Oberflächenformen der Erde, Klett, Stuttgart)

7205 Böttingen bei Spaichingen
Dolinen, Trockentäler

„Im Bereich des bedeckten Karstes, bei dem der Kalkuntergrund durch Boden und Vegetation geschützt ist, sickert das Niederschlagswasser in den Untergrund und entfaltet vor allem entlang von Gesteinsfugen und Klüften bis in große Tiefen seine lösende Wirkung. Auf diese Weise bilden sich im Laufe der Zeit erweiterte Spalten und Höhlensysteme aus, in denen der Großteil des Niederschlagswassers in die Tiefe versinkt. Karstgebiete sind daher stets sehr wasserarm. An bevorzugten Versickerungsstellen bilden sich trichterartig erweiterte Lösungshohlformen, die Dolinen. Dolinen sind normalerweise nicht regellos über ein Gebiet verteilt, sondern in Linien angeordnet. Dies ist darauf zurückzuführen, daß im Bereich durchziehender Gesteinsklüfte das Wasser bevorzugt versinkt und dementsprechend auch die Dolinen in ihrer Anordnung den Verlauf solcher Klüfte an der Oberfläche nachzeichnen.
In Karstgebieten sind viele Täler wasserlos, da selbst bei hohen Niederschlagswerten der Großteil des Wassers in den Untergrund versinkt. Bei Trockentälern handelt es sich um Vorzeitformen, die heute nicht mehr weitergebildet werden. Trockentäler sind somit ein Relikt aus jener Zeit, zu der die Verkarstung noch nicht so weit vorangeschritten war wie heute und das Wasser daher oberflächlich abfließen konnte. Viele Trockentäler verdanken ihre Entstehung der eiszeitlichen Plombierung der Karsthohlformen. Der gefrorene Untergrund verhinderte das Einsickern des Wassers, so daß die Oberfläche erosiv umgestaltet werden konnte. Das von den Flanken abgespülte Bodenmaterial reicherte sich im Trockentalboden an. Dieser erweist sich gegenüber den kargeren Hängen in der Regel als recht fruchtbar."

(Folienatlas: Oberflächenformen der Erde, Klett, Stuttgart)

7318 Lenningen
Randecker Maar

Das 35 Mill. Jahre alte Maar mit seinen 1,2 km Durchmesser, ist der größte Explosionsschlot im Urach-Kirchheimer Vulkangebiet.
Im Krater befindet sich heute kein Wasser, da er durch Erosion längst entleert wurde; um so verblüffender

das Torfmoor in unmittelbarer Nähe. Im Karstgebiet der Schwäbischen Alb versickert nahezu alles Oberflächenwasser – nur hier wird es vom undurchlässigen Gestein des einstigen Vulkanschlots gestoppt.

7302 Ostfildern
Vulkanschlot von Scharnhausen

7423 Gomadingen
Sternberg
Vulkanschlot im Urach-Kirchheimer Vulkangebiet. Der Schlot, der einen Durchmesser von rund 300 m aufweist, ist mit Basalt und Basalttuff gefüllt.

7425 Hohenstein-Bernloch
Hüle

7432 Bad Urach
Vulkangebiet um Urach-Kirchheim

7436 Römerstein-Zainingen
Zaininger Hüle oder Hülbe
Vor etwa 20 Mill. Jahren rissen durch Spannungen in der Erdkruste tiefreichende Spalten in den Gesteinen Südwestdeutschlands auf. Im Raum Urach-Kirchheim reichten sie bis zu einem in der Tiefe lagernden Magmaherd hinab. Die im Magma enthaltenen Gase schossen in den Spalten empor und rissen Magmatropfen – die schnell zu Tuff erstarrten – und Nebengesteinsbrocken (Gneis, Keupertonstein, Jurakalk) mit. Dieses Lockermaterial fiel in weitem Umkreis um die Ausbruchstellen nieder. Bei der eruptiven Fördertätigkeit wurden die schmalen Spalten vielerorts zu Vulkanschloten erweitert. So geschah es auch hier.
Als die vulkanische Tätigkeit schließlich wieder nachließ, blieb der Tuff in den Förderkanälen stekken und von den Seiten rutschten Nebengesteinsschollen in den Schlot. Im Krater über dem Schlot sammelte sich dann auf den wenig durchlässigen Tuffen das Niederschlagswasser. Es entstand ein See – eine Hüle (auch als Hilbe oder Hülbe bezeichnet). Da in den umgebenden kluftreichen Kalken das Wasser sogleich in die Tiefe sickert, waren die Kraterseen in der wasserarmen Weißjuralandschaft ein begehrter Mittelpunkt von Ansiedlungen. Im Laufe der Zeit verlanden die meisten dieser Seen, die Zaininger Hüle ist eine der letzten. Bis zum Bau der Albwasserversorgung im Jahre 1921 war die Hüle als Viehtränke und Brauchwasserreservoir lebenswichtig für das Dorf. Sie ist und bleibt ein Charakteristikum für Zainingen.

7455 Jungingen bei Hechingen
Erdbebenstation
Das Geophysikalische Institut der Universität Stuttgart hat im Rathaus der Gemeinde Jungingen eine neue Erdbebenstation eingerichtet. Sie soll Beobachtungen über den „Zollerngraben" aufzeichnen, der sich von Albstadt bis Tübingen erstreckt. Die Station ist so empfindlich, daß sogar Brandungswellen des Atlantiks an der französischen und der norwegischen Küste registriert werden können. Entsprechende Beobachtungen werden auf Magnetband aufgezeichnet und von den Experten des Instituts ausgewertet. Untypische Erderschütterungen, wie sie beispielsweise durch vorbeifahrende Lastwagen entstehen, werden in der Station „herausgefiltert".

7470 Albstadt
Hangender Stein
Steinbruch mit interessanten geologischen Formationen am Albtrauf

7475 Meßstetten
Felsenpfad „Hossinger Leiter"

7570 Baden-Baden
Steinbruch Hardenberg (mittlerer Buntsandstein)

7624 Rippoldsau-Seebach

- Glaswaldsee – Karsee, heute künstlich gestaut
- Kastelstein – großer Buntsandsteinblock

7700 Singen/Htw.

Hegauvulkane

Das Vulkangebiet im Hegau weist zahlreiche Vulkane mit Höhen bis zu 800 m auf. Der flächenmäßig größte Vulkan ist der Hohentwiel, der zugleich die größte deutsche Festungsruine Deutschlands trägt.

„In sehr alten, längst erloschenen Vulkangebieten sind die ehemaligen vulkanischen Lockerprodukte samt den umgebenden Gesteinsschichten großenteils abgetragen, so daß die ehemalige Schlotfüllung freipräpariert ist und in der Landschaft eine deutliche Erhebung bildet. Dies ist vor allem dann der Fall, wenn es sich bei den Erstarrungsprodukten des Schlotes um widerständigen Basalt oder Phonolith handelt. Eine solche Vulkanruine ist der Hohentwiel bei Singen im Hegau/Süddeutschland. Der Phonolithkegel ist ein Rest der inzwischen freigelegten ehemaligen Schlotfüllung. Sowohl die Tuffe als auch die weichen Tertiärschichten der Umgebung wurden während der Eiszeiten durch den mehrmals vorstoßenden Rheingletscher ausgeräumt, dessen Ende bis ins Hegau vorgedrungen war. An der asymmetrischen Form des Hohentwiel ist noch deutlich die Bewegungsrichtung des Eises erkennbar; der Gletscher kam von vorne rechts (von Osten). Darauf ist es auch zurückzuführen, daß an der Leeseite des Berges die Lockermaterialien besser erhalten geblieben sind als an der Luvseite des Hohentwiel."

(Folienatlas: Oberflächenformen der Erde, Klett, Stuttgart)

7712 Blumberg

Wutachschlucht

Die Entwicklung der Wutachschlucht begann, als vor etwa 70000 Jahren der von den Feldberggletschern gespeiste Fluß, der bis dahin seinen Weg zum Schwarzen Meer genommen hatte und als Ur-Donau bezeichnet wird, gezwungen war, zum wesentlich tiefer liegenden Rhein zu fließen. Die Feldbergdonau wurde von der Wutach angezapft, die wegen der erheblich größeren Erosionskraft ihr Quellgebiet immer weiter vom Rhein herkommend nach Norden ausdehnen konnte. Die Wutach hat in den letzten 20000 Jahren unterhalb Blumbergs ein schluchtartiges Tal von 175 m Tiefe geschaffen. Der Donau ist damit ein beachtliches Einzugsgebiet verlorengegangen.

Die Wutachschlucht kann als Musterbeispiel für die Ablenkung eines Flusses in ein anderes Flußsystem (hier von der Donau zum Rhein) gelten. In ihrem Verlauf schneidet die Wutach sämtliche Gesteinsschichten an, die am Aufbau des Schwarzwaldes und der Baar beteiligt sind (Granit, Gneis, Buntsandstein, Kalk). Daneben ist die Wutachschlucht auch für Biologen interessant. 1200 seltene Pflanzen, darunter 30 Orchideenarten, sind hier verbreitet.

7717 Immendingen

Donauversickerung (Flußschwinde)

7777 Überlingen/Bodensee

Gletschertobel

7792 Beuron

Donaudurchbruch (Schwäbische Alb)

7860 Schopfheim-Eichen

Eichener See (fällt unregelmäßig trocken)

7868 Todtnau/Schwarzwald

Gletschertal von Todtnau-Präg

Der Gletscher hatte eine Größe von 10 km^2.

7883 Görwihl

- Größte freigelegte Gletschermühle des Schwarzwaldes
- Höllbachwasserfälle

7914 Steinheim a. Albuch

Steinheimer Becken
(mit geologischem Lehrpfad und Meteorkratermuseum; Grabungsmöglichkeiten für Hobbygeologen)
Das nahezu kreisrunde Steinheimer Becken, das einen Durchmesser von 3 km aufweist, ist durch einen Meteoriteneinschlag vor rund 15 Mill. Jahren entstanden.

7920 Heidenheim a. d. Brenz

Dolith-Steinbruch am Moldenberg (Ortsteil Schnaitheim)
Versteinerungen

7922 Bissingen-Herbrechtingen

Lonetal
Am Beispiel des Lonetals kann die Veränderung der Entwässerungssysteme (Einzugsbereiche von Rhein und Donau) nachvollzogen werden. Das Lonetal ist durch das Mißverhältnis zwischen Talbreite und heutiger Wasserführung gekennzeichnet. Die Ur-Lone gehörte einst zu einem der ältesten Entwässerungssysteme des ganzen süddeutschen Raumes. Ihr Einzugsgebiet reichte über die Gegend von Plochingen bis zum Schwarzwald. Ab Breitingen gilt das Tal als Trockental, das nur nach rascher Schneeschmelze Wasser führte. Heute fließt die Lone jedoch wieder durchgehend von Urspring bis in die Hürbe bei der Ruine Kaltenberg. Die Gründe dafür sind ein künstlich angelegter Kanal und die Abwässer einiger Kläranlagen.

7923 Königsbronn

Dolinenfeld

7929 Gerstetten-Heldenfingen

Heldenfinger Kliff
Hungerbrunnen und Trockental

Während des Tertiärs vor etwa 25 Mill. Jahren drang das Weltmeer bis zum südlichen Teil der Alb vor und bildete dort eine Steilküste (Kliff), die bis heute noch, vor allem auf der Ostalb, als markanter Landschaftszug sichtbar ist. Diese sogenannte Klifflinie trennt Kuppenalb und Flächenalb. Bohrmuscheln und Bohrschwämme, die damals im Bereich der Küste lebten, bohrten sich in den Kalk der Steilküste ein und sind dort heute noch, vor allem am Heldenfinger Kliff, gut zu erkennen. Hungerbrunnen sind Quellen, deren Austrittsöffnungen über dem Niveau des normalen Karstwasserspiegels liegen, so daß sie nur in Jahren mit sehr hohen Niederschlägen Wasser führen. Da früher oft mit Mißernten gerechnet werden mußte, erhielten diese Quellen den Namen „Hungerbrunnen".
Talaufwärts folgt das Hungerbrunnental, ein Trockental.

7972 Isny/Allgäu

Eistobel
Neben der Kugel (1069 m), dem höchsten Aussichtspunkt des Westallgäus, liegt als landschaftliche Kostbarkeit der Eistobel. Ein Erdbeben verursachte hier vor der Eiszeit eine Verwerfung der tertiären Molasseschicht. Die Schmelzwasser des Rheingletschers durchsägten später den Höhenzug Iberg-Kapf. Eine vieltausendjährige Erosion hat aus diesem Einschnitt eine romantische Schlucht geschaffen mit Nagelfluhblöcken, Gletschertöpfen und Wasserfällen.

8100 Garmisch-Partenkirchen

Partnachklamm

8101 Unterammergau

Schleifmühlenklamm

8102 Mittenwald
Leutaschklamm

8240 Berchtesgaden
Almbachklamm

8370 Weißenstein bei Regen
Pfahl (von lat. „pallidus" = bleich, licht, fahl)
Der Pfahl stellt eines der ungewöhnlichsten geologischen Naturdenkmäler in Deutschland dar. Es handelt sich um einen Quarzgang, der geradlinig von der Oberpfalz (Freihstadt) bis ins Dreisesselgebiet (Freyung) im Bayerischen Wald verläuft. Es ist 30–300 m breit und erreicht Aufschlußhöhen bis zu 40 m. Auf einer der höchsten Erhebungen steht die Ruine Weißenstein. Der rund 150 km lange Quarzgang entstand vor 150–300 Mill. Jahren. In dieser erdgeschichtlichen Periode hat sich eine Spalte gebildet, die sich später mit Quarz füllte. Verwendung fand das Quarzgestein in den Glashütten und im Straßenbau.

8411 Falkenstein
Natur- und Felspark am Burgberg

8420 Kelheim
Donaudurchbruch zwischen Weltenburg und Kelheim

In Jahrtausenden hat die Donau die Kalkfelsen des Juraausläufers zwischen Weltenburg und Kelheim (5 km) durchbohrt. Dabei entstand eine Flußstrecke, die zu den schönsten in Deutschland gehört. Ursprünglich hatte die Donau ihren Lauf im Bett der Altmühl, dann gelang es ihr jedoch, die Weltenburger Jurahöhen zu durchschneiden.

8432 Beilngries
Steinbruch am Arzberg
Zielpunkt für Hobbygeologen (Fossilienfunde)

8486 Windischeschenbach
Geplante Erdbohrung auf 14 km Tiefe

Natürlich wollen die Forscher mehr als nur einen neuen Bohrrekord aufstellen. Das tiefste Loch haben bisher sowjetische Forscher auf der Halbinsel Kola geschafft, wo die Bohrgestänge 12 km in die Tiefe vorgedrungen sind. Bei Erdgas- und Erdölbohrungen stellen schon sieben Kilometer Ausnahmen dar. Im Vordergrund des in internationale Programme eingebundenen Kontinentalen Tiefbohrprogramms stehen sechs Fragestellungen:

- Welche Struktur hat der Untergrund Mitteleuropas, und wie ist er in seiner heutigen Beschaffenheit entstanden?
- Welche Zusammensetzungen haben die Gesteine in großer Tiefe heute, welche hatten sie früher?
- Wie verhalten sich die Gesteine unter den in dieser Tiefe herrschenden Temperaturen (bei 14 km etwa 300°C) und Drucken (etwa 200 bar), wie sind unter diesen Bedingungen ihre elektrischen und magnetischen Eigenschaften?
- Welche chemischen Reaktionen finden in der Tiefe statt?
- Welche gasförmigen und flüchtigen Erdstoffe enthält die Erdkruste? Wie bewegen sie sich im Gestein, und wie beeinflussen sie die dort ablaufenden Prozesse?
- Welche Spannungen herrschen in der Kruste, und wie verteilen sie sich, wie werden sie abgebaut?

8501 Wendelstein
Hohe Quarzit-Sandstein-Wände

8551 Waischenfeld/Franken
Felsenlabyrinth

8570 Pegnitz
Veldensteiner Forst
Doline beim Forsthaus „Hufeisen" und weitere geologische und land-

schaftliche Sehenswürdigkeiten (rund 40 Naturdenkmale)

8572 Auerbach/Oberpfalz
Vogelherdgrotte
(riesiges Felsportal)

8574 Neuhaus a. d. Pegnitz
Dolinen, Karstquellen

8581 Kastl
Basaltkegel „Rauher Kulm"

8592 Wunsiedel
Felsenlabyrinth

8650 Kulmbach
Kulmbacher Verwerfung

8652 Stadtsteinach
Trias-Formationen auf engstem Raum und Dolinen (Muschelkalkstock)

8721 Poppenhausen
Steinwand
Bis zu 25 m hohe Säule aus Phonolithgestein

8741 Fladungen
Von Fladungen aus beginnt die Hochrhönstraße. Sie führt hinein in eine Landschaft, die sich im Tertiär hob; Vulkane brachen auf. Viele Basaltbrüche und Basaltkuppen zeugen von dieser Erdgeschichtsperiode. Wasserundurchlässiger Lettenboden ließ die Moore entstehen.

8761 Bürgstein/Main
Buntsandsteinbrüche

8831 Meinheim-Wolfsbronn
„Steinerne Rinne"
Ein Quellbächlein hat sich durch Kalkablagerungen am Steilhang ein ca. 1 m hohes Bett aufgebaut.

8838 Solnhofen
Zentrum der weltbekannten Plattensteinbrüche (Solnhofer Schiefer)
In den Steinbrüchen bei Schernfeld darf nach Fossilien gesucht werden.
Fossilien-Museum

8858 Neuburg a. d. Donau
Neuburger Kieselerde (Neuburger Weiß)

8860 Nördlingen
Nördlinger Ries (Meteoritenkrater)

8980 Oberstdorf-Tiefenbach
„Judenkirche"
Ein Felstor, das durch das Absinken von Grünsandsteinschichten, die sich zwischen den Felswänden befanden, entstanden ist.

Fossilien: Hinweise für Sammler

Begriff:
Fossilien, die man auch Petrefakten oder Versteinerungen nennt, sind ehemalige Pflanzen oder Tiere, die durch unterschiedliche Umwandlungsprozesse zu Stein wurden. Der äußere Bau ist in den meisten Fällen erhalten geblieben. Die Paläontologie befaßt sich als Wissenschaft mit den vielfältigen Tier- und Pflanzenversteinerungen und hat nach verschiedenen versteinerten Tier- und Pflanzenarten (Leitfossilien) das Erdzeitalter gegliedert. Diese Gliederung reicht mit Makrofossilien bis zur Kambriumformation vor rd. 800 Millionen Jahren.

Wo und wie findet man Fossilien?
Bei Erdaushüben von Straßen- und Häuserbau oder in Steinbrüchen ist am ersten die Möglichkeit von Funden gegeben. An offenen Wegeböschungen werden nach Regenfällen immer wieder Funde gemacht. Jeder noch so kleine Aufschluß wird im allgemeinen aber nach Fossilien abgesucht, die isoliert, auf Steinplatten aufgepreßt oder aber im Stein eingeschlossen gefunden werden können. Das Erkennen von Fossilien ist Erfahrungssache, die man sich unter fachkundiger Anleitung aber schnell aneignen kann.

Ausrüstung:
Zum Sammeln empfiehlt sich, wetterfeste Kleidung anzuziehen oder mitzunehmen.
Festes Schuhwerk mit Profilsohlen ist vor allem in Steinbrüchen und an steilen Hängen erforderlich.
Für das leibliche Wohl sollte man in jeder Beziehung Vorsorge treffen.
Empfehlenswert ist das Einholen einer Genehmigung vorm Betreten eines Aufschlusses!
Geologische Karten und Meßtischblätter im Maßstab 1:25000 sind für das Aufsuchen von Fundstellen unentbehrlich, sofern man nicht unter fachkundiger Führung dahin gelangt.
An Werkzeugen empfiehlt sich ein Geologenhammer, mit dem man aufgefundene Steine zurechtschlagen oder spalten kann sowie Faustel und Meißel. Auch ein Zimmermannshammer reicht verschiedentlich aus.
Behältnisse zum Aufbewahren der Steine sollten nicht vergessen werden.
In Steinbrüchen ist das Tragen eines Helmes sehr ratsam.
Mitnehmen von Bleistift und Schreibblock zum Notieren und Papier zum Einpacken jeden Fundes, ist dringend zu empfehlen, damit jeder Fund mit einem Beizettel versehen werden kann, auf dem der *Fundort*, die Schicht (sofern bekannt), der Fossilname (sofern bekannt) und das *Datum* notiert wird. Das Datum ist besonders wichtig, da heute noch vorhandene Aufschlüsse schon morgen Opfer der Bautätigkeit sein können. Schicht und Fossilname können jedoch auch später hinzugefügt werden.
Das Präparieren der Fossilien sollte in Ruhe zu Hause vorgenommen werden, da erfahrungsgemäß eine Präparation am Fundort größtenteils schlecht ausfällt.

(gekürzt nach: Informationsblätter des Fremdenverkehrsverbandes „Vulkaneifel", Hillesheim)

Ammoniten

Verglichen mit der Gesamtdauer der Entwicklung des Lebens auf der Erde liegt die Zeit der Ammoniten, die ja auch die große Zeit der Saurier war, noch gar nicht so weit hinter uns (rund 200 Millionen Jahre).
Trotzdem bot die Erde damals ein ganz anderes Bild als heute:
Das Klima war viel wärmer und Meere bedeckten große Teile des heutigen Festlandes.
Die heute fossilienreichen Gebiete (z.B. Schwäbische Alb, Fränkischer Jura, Westfälische Bucht) waren zu jener Zeit überflutet. Im warmen Wasser lebten unter anderem zahllose Kalkalgen. Das sind winzige Pflanzen mit Kalkskeletten. Sie vermehrten sich stark in den oberen Schichten des Meeres und sanken nach ihrem Absterben auf den Meeresboden, wo sie zusammen mit dem Sand des Meeresbodens im Laufe der Zeit dicke Schlammschichten bildeten. In den folgenden Jahrmillionen wurde dieser Schlamm allmählich mitsamt den darin eingebetteten Resten der Lebewesen von anderen Ablagerungen (Sedimenten) überdeckt.
Er verwandelte sich, teils durch den hohen Druck der auflagernden Schichten, teils durch chemische Umsetzungen, in Kalksandstein oder in weichen Kalkstein, der auch als Tafelkreide verwendet werden kann und dem Erdzeitalter, in dem sich dieses Sedimentgestein ablagerte, zu dem Namen „Kreidezeit" verhalf. Zusammen mit den Kalkalgen lebten in den Meeren der Urzeit zahllose Tierarten, von denen die Ammoniten eine besonders verbreitete Gruppe waren.
Für den unbefangenen Betrachter sieht das Gehäuse der Ammoniten wie ein riesiges Schneckenhaus aus. Ammoniten waren Kopffüßer aus der großen Tierfamilie der Mollusken

(Weichtiere). Nahe Verwandte der Vorfahren von Tintenfischen und ganz entfernte Verwandte der Schnecken. Die Füße am Kopf zu tragen, ist zwar eine seltsame Vorstellung, aber für die Kopffüßer eine recht praktische Einrichtung: Der „Fuß", bei den Schnecken noch vom Kopf bis zum Schwanz reichend und nur zum Kriechen verwendbar, ist bei den Kopffüßern zu einem Kranz von Fangarmen umgebildet, die den Mund des Tieres umgeben und so zum Fangen und Verspeisen der Beute oder auch zum Schwimmen geeignet sind.
Kopf und Hinterleib der Ammoniten waren durch eine harte Kalkschale geschützt. Der Artenreichtum der Ammoniten wird an der Vielfalt der unterschiedlichen Schalenformen besonders deutlich. Wenn dem jungen Ammoniten das Gehäuse zu klein wurde, baute er einfach ein größeres „Zimmer" an, zog in dieses ein, baute hinter sich eine Trennwand ein und füllte den verlassenen Raum mit einem stickstoffreichen Gasgemisch. Dadurch konnte er das nun schwerer gewordene Gehäuse schwimmfähig halten. Auf diese Weise entstanden nacheinander die vielen Kammern des spiralig aufgerollten Ammonitengehäuses, die über einen Gewebestrang mit dem Tier in der äußersten Kammer, der Wohnkammer, verbunden waren.
Der Druck in den Luftkammern und damit der Auftrieb des Gehäuses, konnte vom Tier verändert werden, so daß die Ammoniten ganz nach Belieben im Wasser schweben oder sich am Grunde des Meeres fortbewegen konnten.
Starb ein Ammonit, so sank das Gehäuse auf den Meeresboden, wo es bald vom Schlamm zugedeckt wurde. Mit der Zeit, als der Schlamm zu Stein wurde, versteinerte auch das Ammonitengehäuse, indem durch eine Reihe komplizierter, chemischer Vorgänge das ursprüngliche Schalenmaterial aufgelöst und durch beständigere Mineralien ersetzt wurde. Die Form aber blieb unverändert erhalten und kann somit heute in sorgfältiger Kleinarbeit aus dem Gestein wieder freigelegt werden. Der Versteinerungsvorgang erklärt auch das hohe Gewicht der Fossilien, die zu ihren Lebzeiten als freischwimmende Tiere sicher wesentlich weniger gewogen haben.

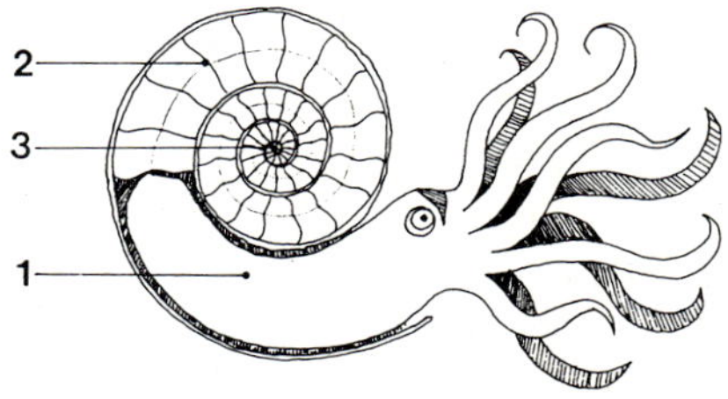

Schematischer Aufbau eines Ammoniten.
1. Wohnkammer mit dem Weichkörper des Tieres
2. Luftkammern mit Gewebestrang zur Druckregulierung
3. Embryonalkammer, der erste Wohnraum des jungen Ammoniten

(Faltblatt aus der ADAC Informationsreihe, Blatt 1, Ammoniten. Hrsg.: ADAC Westfalen-West)

Ölschiefergrube Messel

In der Grube Messel bei Darmstadt, einem ehemaligen Süßwassersee, in dem Fossilien aus der Zeit von vor 50 Mill. Jahren abgelagert sind, wird es nach einem ausgehandelten Kompromiß ein Nebeneinander von wissenschaftlicher Arbeit und geplanter Müllablagerung geben.
Die stillgelegte Ölschiefergrube Messel ist seit zehn Jahren heftig umstritten. Die Grube hat sich seit den ersten Funden als einzigartige, größte und reichste Fundstätte von Fossilien erwiesen und gibt Aufschluß über das Leben vor 50 Millionen Jahren. Es

gibt keine an Ausbeute und Artenreichtum vergleichbare Grabungsstätte auf der Erde.
Die Grube Messel ist zum Mekka der Paläontologen geworden. Auf der anderen Seite standen diesen unerschöpflichen und unersetzlichen Funden die Müllsorgen einer ganzen Region gegenüber.
Der erste Abfall wurde 1988 auf der bereits planierten Schotterschicht im Süden der Grube abgelagert. Östlich davon können die Paläontologen, die seit Jahren in mehreren Gruppen nach Fossilien suchen, auf der wissenschaftlich besonders wertvollen Grubensohle weitergraben. Diese soll auf jeden Fall 5 Jahre für die Wissenschaftler freigehalten werden. Nach diesem Zeitraum sollen die Wissenschaftler ihre Grabungen nach Norden verlagern. 20 Jahre lang sollen auf jeden Fall Flächen für die Forscher freigehalten werden.
Wo zwischen 1886 und 1971 insgesamt 20 Millionen Tonnen Ölschiefer abgebaut und zu einer Million Tonnen Rohöl verarbeitet wurden, tragen heute Experten auf der Suche nach der Vergangenheit mit dem Messer Schicht für Schicht ab. Was die Fossilienfundstätte bisher preisgegeben hat, läßt jedes Forscherherz höher schlagen. Ob Pflanzen, Insekten, Käfer, Ameisen, Schmetterlinge, Schnekken, Fische, Schildkröten, Schlangen, Krokodile, Vögel, Fledermäuse, Raubtiere, ein lemurenähnlicher Halbaffe (Primaten) oder gar Huftiere, sie alle sprechen für ein fast unerschöpfliches Reservoir.
Die Stars unter den Funden, und in der Welt einmalig, sind ohne Zweifel die acht zum Teil hervorragend erhaltenen Skelette der Urpferdchen (propalätherium messelense). Diese Vorläufer unserer heutigen Pferde waren etwa so groß wie Schäferhunde, besaßen je vier Hufe an den Vorder- und drei an den Hinterbeinen und ähnelten mehr den Ducker-Antilopen.
Das Urpferd, früheuropäischer Seitenast des Pferdestammbaums, hat sich im Laufe von Millionen von Jahren vom Mehrhufer mit niederkronigen Backenzähnen zum Einhufer mit einem hochkronigen Backengebiß entwickelt. Dieser Evolutionsprozeß muß, so die Wissenschaftler, mit der Umstellung vom laubäsenden Bewohner sumpfiger Wälder zum grasfressenden Steppen-Savannen-Tier erklärt werden. Die Messeler Funde bestätigen diese These. Denn das wertvollste, 1975 freigelegte Urpferdchen identifizierten die Forscher anhand des Mageninhalts eindeutig als Laubfresser. Die Funde insgesamt belegen für die Wissenschaftler auch, daß zu Beginn des Eozäns vor 50–60 Millionen Jahren eine breite Landbrücke mit einer Süßwasserverbindung über den Nordatlantik bestanden haben muß. Fossilierte Schlammfische, Knochenhechte und Alligatoren, aber auch andere Fauna und Flora aus Messel, sind beispielsweise heute nur noch in Nord- und Mittelamerika zu finden. Vermutlich reichte dieser Landgürtel über Schottland, die Faröer-Inseln, Island, Grönland und Ellesmere-Island nach Nordamerika. Damals floß der Ur-Rhein noch von Norden nach Süden. Stärkere Einbrüche im Rheingraben, so glauben die Forscher, schufen neben Messel einige weitere Seen. Ein Glücksfall für die Paläontologen, daß Messel wie ein Auffangbecken für Pflanzen und Kadaver verendeter Tiere wirkte. Pilze und Algen entzogen bei ihrer Verwesung den tieferen Wasserschichten auch noch den letzten Rest an Sauerstoff, so daß die Tiere, nach und nach mit Bitumen eingeschlossen, die Zeit häufig unversehrt überstanden.

Das Nördlinger Ries

Die Wissenschaft geht heute davon aus, daß das Ries vor rund 15 Millionen Jahren durch einen Meteoriteneinschlag entstanden ist. Der Riesenmeteorit mit einem Durchmesser von 1200 m schlug mit einer Geschwindigkeit von rund 100000 km/h und einer Energie von etwa 250000 Hiroshima-Bomben ein. Beim Aufprall des Steinmeteoriten entstanden Temperaturen von ca. 30000°C. Druck und Temperatur veränderten das Gestein in spezifischer Weise. Der Meteorit und anderes Gestein verdampften im Laufe des Vorganges. Es kam zu einer Druckentlastung und infolgedessen zu einer Rückfederung, welche den Auswurf von Trümmermassen (zertrümmertes und geschmolzenes Gestein) bewirkte. 250 Mrd. t Material wurden rund 30 km hochgeschleudert. Nach dem Einschlag entstand im Rieskessel zunächst ein flacher, zeitweilig trockenfallender Salzsee.
Der Rieskessel selbst ist eine fast kreisrunde Ebene mit einem Durchmesser von rund 25 Kilometern. Die Riesebene liegt etwa 150 m tiefer als die umgebende Alb.
Im Ries und dessen Umgebung kann man eine starke Zertrümmerung der Gesteine und eine Umkehrung der Schichtenabfolge beobachten. Neben der heute als richtig erachteten Meteoriten-Theorie gab es eine ganze Anzahl anderer Theorien der Riesentstehung. So u.a. die Vulkantheorie, die Gletschertheorie, die tektonische Theorie und die Explosionstheorie.
Im Ries-Gebiet können Mineraliensammler nach wie vor graue Suevit-Brocken finden. Suevit ist eng verwandt mit dem Mondgestein.
1970 absolvierten im Ries die Astronauten von Apollo 14 ein geologisches Feldtraining.

Das Vulkangebiet um Bad Urach/Kirchheim

„Das Vulkangebiet von Bad Urach/Kirchheim (Schwäbische Alb und Albvorland) ist mit seinen mehr als 360 Vulkanen in seiner Entstehung einzigartig. Nur wenige dieser Vulkanschlote führen echte basaltartige Gesteine, die auf die Förderung von Magma hindeuten könnten. Offensichtlich kam es lediglich zu einer kurzfristigen Aussprengung des Schlotes, wobei die Auswurfsbrocken zusammen mit feinen Aschen fast vollständig wieder in die Durchschlagsröhre zurückgefallen sind. Das bunte Gemisch aus Asche und Fremdmaterial bezeichnet man als Tuffit. Tuffwälle wie bei den Eifelvulkanen gibt es nicht. Die Geologen sprechen daher von Vulkanembryonen.
Das Bild zeigt drei landschaftsgeschichtliche Entwicklungsstufen. Die Hochfläche der Schwäbischen Alb wird von wasserdurchlässigem, aber sehr hartem Kalkgestein aufgebaut, das der Abtragung größeren Widerstand leistet als die Tuffüllung der Vulkane. Daher bilden Vulkane auf der Schwäbischen Alb maarartige Einsenkungen, die wegen der stauenden Wirkung der Tuffe wasserreicher sind als die ansonsten sehr wasserarme Albhochfläche. Das im Vordergrund teilweise noch erkennbare Torfmoor ist über einem solchen Vulkanschlot entstanden. Ein schmaler Abfluß reicht gerade bis zur nächsten Doline. Im Mittelgrund erkennt man das während der Tertiärzeit noch mit einem See gefüllte „Randecker Maar". Dieses wurde beim Zurückweichen des Albtraufs von einem Stufenrandbach angeschnitten, und der See fiel trokken. Im Hintergrund bildet die Limburg eine vulkanische Erhebung inmitten des Braunjuras, der weniger

widerständig ist als der vulkanische Tuff (Vulkanhärtlinge des Albvorlandes)."

(Folienatlas, Oberflächenformen der Erde, Klett, Stuttgart)

Das Vulkangebiet Eifel

Deutschlands jüngstes Vulkangebiet, die Eifel, galt als erloschen, bis man vor etwa 10 Jahren mit neuen Untersuchungen begann. Diese führten zu dem Ergebnis, daß ein Wiederaufleben des Vulkanismus nicht ausgeschlossen werden kann. Diese Annahme wird durch neue Beobachtungen am Laacher-See und an den Maaren der Eifel erhärtet.
Der Laacher-See füllt heute den Krater des größten Eifelvulkans, dessen Hauptausbruch vor etwa 11000 Jahren stattfand. Dabei wurden damals rund 2 km^3 Gestein ausgeworfen. Untersuchungen der Auswurfmassen lassen nun abschätzen, was in seiner Magmakammer verblieben sein könnte.
Aus der Menge der beim Abkühlen ausgeschiedenen Kristalle läßt sich das ursprüngliche Gesamtvolumen der Magmakammer errechnen. Es ist zehnmal so groß wie die Auswurfmasse. Demzufolge sind noch etwa 90% des Magmas in der Magmakammer, ein Hinweis darauf, daß der Eifelvulkanismus möglicherweise noch lebt. Auch neue Altersbestimmungen der Maare lassen darauf schließen, daß dort der Vulkanismus noch lebendig ist.
Die jüngsten Maare sind rund 5800 Jahre alt, die ältesten um die 34000 Jahre. Geologische Befunde lassen zudem vermuten, daß es noch weit ältere Maare aus der letzten Zwischeneiszeit gibt.
Die jüngsten Maarausbrüche reichen damit nahe an die Gegenwart heran. Die verschiedenen Altersdatierungen der Maare zeugen auch nicht von einer einheitlichen Schlußphase des Eifelvulkanismus, sondern verteilen sich nach ihrer jeweiligen Entstehungszeit über mehrere oder sogar viele Jahrzehntausende. Entsprechend ist der Maar-Vulkanismus nicht als Ausdruck eines Schlußakkords der vulkanischen Tätigkeit in der West-Eifel anzusehen.
Das Gebiet der Eifel hebt sich immer noch relativ schnell, offenbar aufgrund erhöhter Temperatur im oberen Erdmantel. Dazu paßt auch die erhöhte Erdwärme im Raum des Laacher-Sees. Zudem gibt es in südöstlicher Fortsetzung des Vulkanzugs in der West-Eifel auch heute noch Erdbeben. All dies sind Anzeichen für geodynamische Vorgänge in der Eifel. Mit einem Wiederaufleben des Eifelvulkanismus muß gerechnet werden.

„Bei den etwa 60 Maaren der Westeifel handelt es sich um nahezu kreisrunde, über einem Tuffschlot in die Landoberfläche eingetiefte Sprengtrichter mit Durchmessern bis zu 2 Kilometern. Sie sind von einem Ringwall aus vulkanischen Aschen und nichtvulkanischen Gesteinstrümmern umgeben und nicht selten wassererfüllt. Manche Maarseen sind inzwischen verlandet, so daß heute anstelle eines Sees ein Moorgebiet anzutreffen ist. Seetiefe und Höhe des Seespiegels unterscheiden sich selbst zwischen eng benachbarten Maaren sehr deutlich voneinander. Ursache hierfür sind undurchlässige devonische Tone, die eine Grundwasserverbindung zwischen den verschiedenen Maarseen verhindern. Die Entstehung der Maare ist auf gashaltiges Magma zurückzuführen, das aus großer Tiefe aufgedrungen ist. War die Krustendecke zu schwach, entwichen die Gase explosionsartig und rissen sowohl Lavafetzen und Aschen wie auch Material des

Schlotrandes mit sich, das wiederum als Randwall abgesetzt wurde. Anschließend füllten sich die Maare mit Wasser."

(aus: Folienatlas, Oberrflächenformen der Erde, Klett, Stuttgart)

Die Breitachklamm

Die Breitach, einer der Quellflüsse der Iller, durchbricht zwischen Oberstdorf und dem Ortsteil Tiefenbach einen mächtigen, auf dem Grunde des helvetischen Kreidemeeres abgelagerten Felsstock aus Schrattenkalk.
Nach der Würmeiszeit vor rund 10000 Jahren hat dieser Fluß eine herrliche Klamm geschaffen.
Die Wasser des abschmelzenden Breitachgletschers, Schlagwetter, der Wechsel von Kälte und Hitze wirkten unablässig zusammen, den Schrattenkalk zu durchsägen. Strudellöcher in allen Höhenlagen der Wände, gewaltige, vom Geröll ausgeschliffene Wassermulden, glattpolierte Wandstücke, abgerundete Kanten, riesige Abbruchstellen zeugen von der ständig wirkenden Arbeit des Wassers. Die meisten Veränderungen in der Klamm bringt das Hochwasser mit sich, das immer mal wieder auftritt. Ein Hochwasser im Jahre 1926 hat eine Höhe von über 16 m über dem mittleren Wasserstand erreicht.
Zwischen Schwarzenberg und Ochsenberg hat sich die Ur-Breitach, zu der Zeit als das Tiefenbacher Becken noch mit einem See angefüllt war, einen Abfluß nach Norden in den großen Oberallgäuer See gegraben. Erst als das Wasser die heutige Breitachenge zwischen Sulzburg und dem Jauchen-Kapf durchbrochen hatte, konnte es in Richtung des heutigen Rubi ablaufen.
Nachdem die Breitach die eigentliche Klamm verlassen hat und in der folgenden Talweitung von Tiefenbach wieder etwas gemächlicher fließt, durchschneidet sie bald wieder auf ein kurzes Stück Brisisandstein und Schrattenkalk (Breitachenge). Leistmergel und Wildflyschschichten lösen dann wieder diese Enge auf. Nach wenigen Kilometern vereinigt sie sich mit Stillach und Trettach zur Iller.

Glashütten

Die Zusammenstellung zeigt, daß es nur noch wenige Glashütten innerhalb der Bundesrepublik Deutschland gibt. Wie bedeutend dieser Fabrikationszweig einmal war, erkennen beispielsweise Besucher der Dorotheenhütte in Wolfach. Eine Schautafel innerhalb des angeschlossenen Glasmuseums zeigt, daß es allein im Schwarzwaldbereich eine große Zahl an Glasbläsereien gab. Heute werden Glasprodukte überwiegend in Massenfabrikation in Glasfabriken hergestellt. Was eine Mundbläserei für viele besonders interessant macht ist die Tatsache, daß man als Besucher in vielen Fällen nicht nur zuschauen darf, sondern selbst die Möglichkeit hat, Glas zu blasen. Obwohl das eigene Tun auf einen Minimalbeitrag reduziert wird, haben die Besucher an „ihrer" selbst hergestellten Vase besonders viel Freude.

2351 Trappenkamp
Glashütte
(einzige Mundblashütte Schleswig-Holsteins)

3063 Obernkirchen
Glashütte Schauenstein

3252 Bad Münder
Glashütte

3418 Uslar/OT Volpriehausen
Glashütte

3490 Bad Driburg
Glasbläserei

3512 Reinhardshagen-Vaake
Glashütte
(Besichtigung, Zuschauen: Glasblasen, Glasschleifen, Glasgravieren; große Glaskunstausstellung)

3538 Marsberg
Glashüttenbesichtigungen

5308 Rheinbach
Glasveredelungswerke
(Führungen)
Glasfachschule

7067 Plüderhausen
Ehemalige herzogliche Glasbläserei

7297 Alpirsbach
Glasbläserei

7620 Wolfach
Dorotheenhütte mit Kristallglasbläserei und Glasmuseum
(Einzige Mundglashütte im Schwarzwald; Glasblasen für Besucher, Zuschauen beim Glasherstellen und -schleifen)

7821 Breitnau
Glasbläserei

8353 Osterhofen/Niederbay.
Glasfabrik
Jeden letzten Samstag im Monat besteht die Möglichkeit, selbst Glas zu blasen.

8356 Spiegelau/OT Riedlhütte
Älteste Bleikristallfabrik des Bayerischen Waldes (Besichtigung)

8370 Regenhütte (Bayr. Wald)
Glashütte

8372 Zwiesel (Bayr. Wald)
Glashütte

8373 Bodenmais
Waldglashütte, Glasveredelungsbetriebe (Besichtigung)

8377 Frauenau (Bayr. Wald)
Glashütten mit Führungen
Glasmuseum

8391 Röhrnbach (Bayr. Wald)
Glashütte

8482 Neustadt a. d. Waldnaab
Glashütte
Es besteht täglich die Möglichkeit, selbst Glas unter Aufsicht zu schleifen.

8483 Vohenstrauß
Kristallglasfabrik (Führungen)
Glasraffinerien, Hohlglasveredelung

8486 Windischeschenbach
Kristallglasfabrik

8581 Warmensteinach
Glashütte

Über Glas

Glas ist ein anorganisches Schmelzprodukt, das erstarrt, ohne zu kristallisieren. Es ist eine unterkühlte feste Flüssigkeit. Von der Zusammensetzung her gesehen ist Glas ein Gemenge aus Sand, Pottasche, Soda, Kalk oder Bleimennige, welches bei hoher Temperatur geschmolzen wird. Der Künstler sieht in dem Werkstoff Glas eine Masse, welche sich beliebig formen und färben läßt.
Glas ist der älteste, künstlich erzeugte Werkstoff, eine Erfindung der Menschen, die nach Ort und Zeit bis heute noch nicht vollständig aufgeklärt ist. Die Herstellung von Glas kann bis ins 4. Jahrtausend vor unserer Zeitrechnung zurückverfolgt werden. Die ältesten Glasfunde stammen aus den Gräbern der Pharaonen.
Im römischen Reich erreichte die Glaskunst einen Höhepunkt, auf deutschem Boden ganz besonders in den Jahren 100–400 n. Chr. im Raume Köln und Trier. Die Glasmacherpfeife, das Hauptwerkzeug zur Glasherstellung, wurde um die Zeit Christi erfunden. Dieses Werkzeug hat sich seit 2000 Jahren nicht geändert. Mit dem Niedergang des römischen Reiches und der beginnenden Völkerwanderung verödete die Glasmacherkunst in Deutschland. Ein Grund für den Verfall dürfte vermutlich auch sein, daß sich die Kirche für diese Kunst wenig interessierte. Erst mit der Entdeckung des Glases für das Kirchenfenster setzte wieder eine neue Entwicklung der Glashütten ein. Gegen Ende des Mittelalters begegnen wir dann einer eigenen deutschen oder mitteleuropäischen Glasstilrichtung, dem sogenannten „grünen Waldglas". Dieses Waldglas wurde mit Noppen und Fadenauflagen verziert, man hat mehr oder weniger die Modelle der damaligen Gold- und Silberschmiede nachgeahmt.
Zuerst hat man die Glashütten als Kloster- bzw. Stadthütten in den Wäldern rings um die Städte und Klöster betrieben. Als der Wald abgeholzt war, verlegte man die Glashütten in die damals noch vorhandenen Urwälder.
Die Glashütten benötigten aus dreierlei Gründen den Wald:
1. Holz für die Beheizung der Schmelzöfen,
2. Holz für die Gewinnung der Pottasche (diese diente als Flußmittel für die Glasschmelze),
3. Quarz, der in Steinbrüchen abgebaut wurde, als Hauptrohstoff für das Glas. Der Quarz wurde in Brennöfen gebrannt und dann in Pochern, die mit Wasser angetrieben wurden, zu Quarzmehl bzw. Quarzsand zermahlen.

Aus 1000 kg Buchenholz erhielt man 2,19 kg Pottasche. Aus dem Verwendungszweck, aber auch aus dem geringen Grad der Ergiebigkeit, läßt sich leicht der enorme Verbrauch an Holz bei der Glasherstellung ersichtlich machen.
In den Waldglashütten wurden früher alle Glasarten hergestellt: Perlen, Butzenscheiben, Tafel- und Spiegelglas, Apothekengläser, Flaschen, Kelche und Pokale.
Mit der Einführung ausländischer Pottasche bzw. später der chemischen Soda sowie dem Bezug von reinem Quarzsand und der Einführung der Kohle als Brennstoff ging die jahrhundertelange Standortbezogenheit auf den Wald verloren. Andererseits ging der Holzverbrauch nun rapide zurück, so daß die Wälder eine willkommene Schonung erfuhren. Die Folge war, daß viele Waldglashütten abwanderten oder aber auch auf Grund der aufkommenden Konkurrenz (Glasfabriken) aufgeben mußten.

Großforschungszentren

„13 Großforschungseinrichtungen in der Bundesrepublik Deutschland mit rund 20000 Mitarbeitern, darunter 10000 Wissenschaftler und Techniker, haben sich in der Arbeitsgemeinschaft der Großforschungseinrichtungen zusammengeschlossen. Sie wurde gegründet zur Konzentration des Forschungspotentials, um fachübergreifende Aufgaben zu lösen, die von den herkömmlichen Institutionen nicht zu bewältigen waren. Ziel war es, die Kräfte der Großforschungszentren auf einen Themenkreis zu konzentrieren. So bearbeitet zum Beispiel das Deutsche Krebsforschungszentrum (DKFZ) in Heidelberg, das 1964 gegründet wurde, die Probleme der Krebsforschung in Zusammenarbeit mit vielen für die Krebsforschung bedeutenden Fachrichtungen. Die wirkungsvollere und schnellere Vermittlung der Forschungsergebnisse ist ein wesentliches Ziel des DKFZ. In den anderen Großforschungszentren werden wichtige Arbeiten auf den Gebieten der Grundlagenforschung, der Energieforschung und -technik, der Transport-, Luft- und Raumfahrttechnik, der Umwelt- und Gesundheitsforschung, bis zur Polarforschung und Klimaforschung geleistet. Mit 2 Mrd. DM öfffentlicher Mittel gefördert, forschen sie auf Gebieten, die den Rahmen der Universitätsforschung übersteigen. Sobald sich eine kommerzielle Nutzung der Ergebnisse abzeichnet, werden die weiteren Entwicklungen und die Produktion der Industrie überlassen."

(Arbeitsgemeinschaft zur Förderung der wissenschaftlichen und sozialen Bildung e.V., Hrsg.: Über Forschung und Technik, Ein Heft für die Schule, S. 7, Wiesbaden 1986)

1000 Berlin
Hahn-Meitner-Institut für Kernforschung Berlin GmbH (HMI)

2000 Hamburg
Deutsches Elektronen-Synchrotron (DESY Hamburg)

2054 Geesthacht-Tesperhude
GKSS-Forschungszentrum Geesthacht GmbH (GKSS)

2850 Bremerhaven
Alfred Wegener-Institut für Polarforschung (AWI)

3300 Braunschweig
Gesellschaft für Biotechnologische Forschung mbH (GBF)

5000 Köln
Deutsche Forschungs- und Versuchsanstalt für Luft- und Raumfahrt e.V. (DFVLR)

5170 Jülich
Kernforschungsanlage Jülich GmbH (KFA)

5300 St. Augustin
Gesellschaft für Mathematik und Datenverarbeitung mbH (GMD)

6100 Darmstadt
Gesellschaft für Schwerionenforschung mbH (GSI)

6900 Heidelberg
Deutsches Krebsforschungszentrum (DKFZ)

7514 Eggenstein-Leopoldshafen
Kernforschungszentrum Karlsruhe GmbH (KfK)

8000 München
Max-Planck-Institut für Plasmaphysik (IPP)

8531 Neuherberg
Gesellschaft für Strahlen- und Umweltforschung mbH (GSF)

Kernforschungsanlage Jülich

Aufgabe der Kernforschungsanlage ist es, Grundlagenforschung und angewandte Forschung auf vielen Gebieten der Naturwissenschaften zu betreiben. Dazu gehört u. a. die nuklearmedizinische Forschung ebenso wie die Nuklearchemie, die Biotechnologie, die Plasmaphysik/Kernfusion, die Kernphysik, die Energie- und Umweltforschung sowie die Vielteilchenforschung, z. B. Festkörperforschung, Grenzflächenforschung und Vakuumphysik.
Die künftige Arbeit der Kernforschungsanlage Jülich wird darüber hinaus von drei Schwerpunktprogrammen geprägt, und zwar „Materialentwicklung", „Umweltchemikalien und Ökosysteme" sowie „Grundlagenforschung zur Informationstechnik".

Höhlen

Die zahlreichen Höhlen, die hier aufgelistet sind, sollen nicht darüber hinwegtäuschen, daß Höhlen in Deutschland eine Seltenheit sind. Es gibt Länder, so z. B. Jugoslawien, die eine schier unendliche Zahl an Höhlen aufweisen. Dennoch: Die Auflistung zeigt, daß es auch bei uns die unterschiedlichsten Höhlentypen gibt. Genau genommen ist jede Höhle einmalig. Die Natur schafft aus der Vielzahl der Ausgangsbedingungen auch hier Individuen. Jede Höhle ist sehenswert. Besucher müssen sich allerdings mit den Schauhöhlen begnügen, auch wenn sie nicht unter Ängsten vor Dunkelheit oder vor engen Räumen leiden.

2360 Bad Segeberg
Kalkberghöhlen
Nördlichste Schauhöhle Deutschlands, 800 m lang

3280 Bad Pyrmont
Dunsthöhle

3362 Bad Grund/Harz
Iberger Tropfsteinhöhle
Die Art ihrer Entstehung macht diese Höhle zu einem einzigartigen Naturdenkmal. Das CO_2, das hier im stehenden Grundwasserkörper Hallen und Lösungskolke schuf, entstammt nicht dem belebten Boden – wie sonst bei der Kalkhöhlenbildung –, sondern wurde bei der Verwitterung von Sideritlagern in der Höhle selbst freigesetzt. Siderit (Eisenkarbonat) zerfällt im belüfteten Grundwasser zu Eisenoxid. Das dabei freigesetzte CO_2 greift den Kalk um den ehemaligen Erzkörper herum an und schafft unregelmäßige Hohlräume.

3420 Herzberg
Einhornhöhle

3437 Bad Soden-Allendorf
Größte Höhle in Hessen

4788 Warstein
Tropfsteinhöhle Bilstein

4799 Schlangen
Hohlsteinhöhle

5250 Engelskirchen
Aggertalhöhle (Riffkalkhöhle)

5276 Wiehl
Tropfsteinhöhle

5501 Kordel/Eifel
Genoveva-Höhle, Felsengrotten

5531 Birresborn/Eifel
Eishöhlen

5600 Wuppertal
Hardthöhlen

5780 Bestwig
Veleda-Höhle

5828 Ennepetal/Sauerland
Kluthertöhle
(Asthma-Naturheilstätte)

Dem Begründer dieser Schauhöhle wäre eine erste Höhlenerkundung fast zum Verhängnis geworden. 1883 drang er am Nachmittag des 19. November in die Höhle ein. Seine mitgeführte Kerze brannte jedoch schneller ab, als er dachte. Zündhölzer und Papierschnipsel waren bald verbraucht. Da er die oberste Höhlenforschungsregel, nämlich Spuren bzw. Lebenszeichen zu hinterlassen, mißachtet hatte, war seine einzige Hoffnung, durch tastendes Kriechen den Ausgang zu finden. Sieben Tage und acht Nächte kroch er in den Gängen der Höhle umher, nur vom Wasser der Teiche lebend und immer wieder seine selbst gebauten Marken überprüfend, die ihm zeigen sollten, ob er bestimmte Gänge auf seiner „Irrfahrt" schon besucht hatte. Endlich sah er die winzige Spur von Licht, fand seinen vor der Höhle abgestellten Schirm und wankte erschöpft ins Freie.

5860 Iserlohn-Lethmate
Dechenhöhle und Höhlenmuseum
Die Dechenhöhle ist insgesamt 735 m lang, die Hälfte davon ist zu besichtigen.
Im Höhlenmuseum werden nicht nur die Funde der Dechenhöhle gezeigt, sondern auch Informationen über Höhlenentstehung und Menschheitsentwicklung geboten.

5870 Hemer-Sundwig
Heinrichshöhle

5952 Attendorn/Sauerland
Atta-Höhle

5983 Balve
Balver Höhle (Eiszeit-Wohnhöhle)

6290 Weilburg-Kubach
Kubacher Kristall- und Tropfsteinhöhle

6342 Haiger-Langenaubach
Tropfsteinhöhle

6349 Breitscheid-Erdbach
Karsthöhlen

6497 Steinau a. d. Straße
Teufelshöhle

6639 Rehlingen-Niederaltdorf
Niederaltdorfer Tuffhöhle

6650 Homburg/Saar
Schloßberghöhlen
Die Schloßberghöhlen sind keine natürlichen Höhlen. Sie wurden über die Jahrhunderte durch die Ausräumung einer leicht zu feinem Sand zerbröselnden Buntsandsteinschicht geschaffen. Silber-, Stuben- und Scheuersand waren für Mörtel und die Glasherstellung gefragte Rohstoffe.
Die Schloßberghöhlen, Europas größte Buntsandsteinhöhlen mit ihren mächtigen Kuppelhallen und endlos scheinenden Gängen, waren schon früh bekannt. Bereits im Mittelalter war der Silbersand gesuchte Handelsware.

6967 Buch-Eberstadt
Eberstädter Tropfsteinhöhle

7070 Schwäbisch Gmünd
Tropfsteinhöhle

7073 Lorch
Schillergrotte

7081 Riesbürg-Utzmemmingen
Ofnethöhlen

7201 Kolbingen
Kolbinger Tropfsteinhöhle

7238 Oberndorf/Neckar
Wasserfallhöhle
Bei Hochwasser wird die ganze Höhle geflutet, so daß ein Bach aus dem Mundloch fließt. Schüttung je Sekunde: 100–150 l.

7318 Lenningen
Gutenberger Höhle

7414 Lichtenstein-Honau
Olgahöhle (Tuffsteinhöhle)

7419 Sonnenbühl-Erpfingen
Nebelhöhle und Bärenhöhle

7427 Hayingen
Wimsener Höhle
Nur mit dem Boot befahrbar

7431 Grabenstetten
Falkensteiner Höhle
Nur für Höhlenforscher *(keine Schauhöhle)*

7432 Bad Urach
„Rulaman-Höhlen"
Tulkahöhle (auch als Schillerhöhle oder Schillingsloch bekannt) und Staffahöhle

7437 Westerheim
Schertelshöhle (Tropfsteinhöhle)

7470 Albstadt-Onstmettingen
Linkenboldshöhle

7861 Hasel
Erdmannshöhle (Tropfsteinhöhle)

7902 Blaubeuren
Blautopf

7903 Laichingen
Laichinger Tiefenhöhle/Höhlenmuseum
Sie ist die tiefste für Besucher zugängliche Höhle der Bundesrepublik. Ihre Schächte reichen bis in über 80 m Tiefe. Das weit verzweigte Gangsystem hat eine Länge von über 1000 m. Es gilt als ein „geologisches Röntgenbild" der Schwäbischen Alb. Verkarstung, Stockwerksbildung und der Gesteinsaufbau des Massenkalks kann hier studiert werden.
Das höhlenkundliche Museum bei der Tiefenhöhle zeigt in vier Abteilungen ein geologisches Modell der Schwäbischen Alb, die verschiedenen Gesteine der Alb, einschließlich ihrer Entwicklung in der Voreiszeit, Gebeine und Zähne von vorzeitlichen und heute lebenden Säugetieren in Albhöhlen sowie Höhlenbewohner (Insekten, Fledermäuse).

7928 Giengen-Hürben
Charlottenhöhle (500 m lang)
Sie zeigt das Profil einer Flußhöhle.

7923 Schelklingen
Schauhöhle

7940 Riedlingen
Zwiefaltendorfer Höhle (Tuffhöhle)

8163 Bayrischzell
Wendelsteinhöhle

8240 Berchtesgaden
Schellenberger Eishöhle
Sie ist die einzige deutsche Höhle mit permanentem Eis. Der 250 m lange Führungsweg leitet durch einen wahren Eispalast. Von oben eintropfendes Sickerwasser ist in den letzten 3000 Jahren zu mächtigen Eislagern erstarrt.

8372 Zwiesel-Rabenstein
Sophienhöhle

8420 Kelheim
Schulerloch
Das große Schulerloch ist eine rund 300 m lange Tropfsteinhöhle (eiszeitliche und bronzezeitliche Wohnstätte mit reichhaltigen Funden).

Das *kleine* Schulerloch kann nur nach vorheriger Anmeldung besichtigt werden (einzige Felsgravierung Mitteleuropas).

8459 Etzelwang-Neukirchen
Osterhöhle

8551 Wiesenttal-Streitberg
Binghöhle

8573 Pottenstein
Teufelshöhle
Die bekannteste Höhle der Fränkischen Schweiz. Am Eingang ist das Skelett eines Höhlenbären zu sehen.

8574 Neuhaus a. d. Pegnitz
Maximiliansgrotte in Krottensee
Begehung mit Karbid-Licht; hier befindet sich der größte Tropfstein Deutschlands.

8981 Obermaiselstein
Sturmannshöhle

Tropfsteinhöhlen

„Tropfsteinhöhlen findet man ausschließlich in Kalkgebirgen (Karst), die sich in Korallenriffzonen des devonischen Meeres (Devon = 3. Abschnitt des Altertums der Erdgeschichte) gebildet haben. Die wichtigsten wasserlöslichen Gesteine sind Kalk und Karst. – Durch reines Wasser werden sie zwar nicht angegriffen, doch Regenwasser ist nicht chemisch rein. Aus der Luft und aus pflanzenbedecktem Boden nimmt das Regenwasser Kohlendioxyd (CO_2) auf. Die Verbindung wirkt auf das Gestein wie eine Säure und höhlt das Kalkgestein aus. Ein Netz von Wasseradern entsteht, welches immer größere Hohlräume ausspült. Infolge der Erdanziehung verlagert das Wasser seinen Weg immer tiefer in das Erdreich. Die oberen Teile des Systems werden frei. Höhlen sind entstanden.

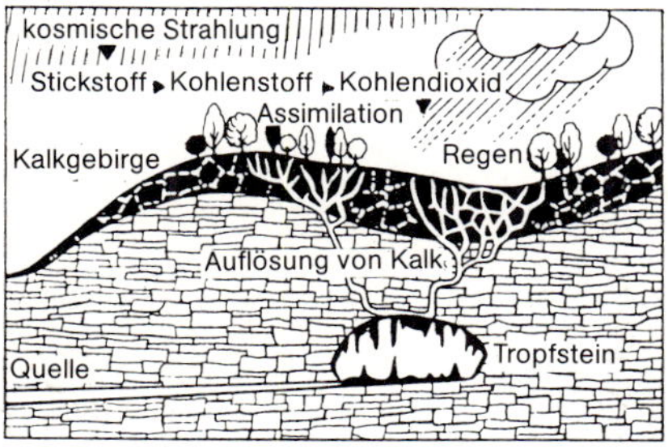

Entstehung von Tropfsteinhöhlen
(Faltblatt des Verkehrsbüros der Attendorner Tropfsteinhöhle, 5952 Attendorn)

Wer eine Tropfsteinhöhle betritt, wird von einer Vielzahl von Gesteinsbildungen (Sinter) überrascht. Sinterbildung ist der umgekehrte Vorgang der Höhlenbildung. Wasser und CO_2 lösen kleine Bestandteile aus dem Felsmassiv heraus und transportieren den Kalk in die Tiefe. In den unterirdischen Hohlräumen gibt das Wasser CO_2 frei und kann danach den Kalk nicht mehr halten. Er wird längs des Weges, über den das Wasser läuft, abgegeben. Erfolgt die Ablagerung unter Wasser, entstehen schöne Kristalle. Tropft das Wasser direkt in einen Luftraum, so entstehen Säulen in stehender (Stalagmit) oder hängender (Stalaktit) Form. Wird der Kalk entlang dem Weg an der Decke ausgeschieden, so bilden sich Sinterfahnen (Gardinen). Das Wachstum dieser Gebilde wird auf ca. 1 mm in 10 Jahren geschätzt."

„Rulaman-Höhlen": Tulka- und Staffahöhle

„Rulaman" ist eine Erzählung aus der Zeit des Höhlenbären und Höhlenmenschen. Sie stammt von David Friedrich Weinland und ist erstmals 1875 erschienen und seither immer wieder neu aufgelegt worden. Es geht darin um die Steinzeitmenschen, die nach der Eiszeit in den Höhlen der Schwäbischen Alb gelebt haben, und um den Einbruch der Kelten. Rulaman ist der Häuptlingssohn aus der Tulkahöhle. Mit seiner Urahne, der alten Parre, rettet er sich nach dem verlorenen Kampf gegen die Kalats (Kelten) in die Staffahöhle.

Tulkahöhle und Staffahöhle liegen nahe beisammen. Der Eingang der Staffahöhle befindet sich in einer Felswand und ist über Stufen aus Eisenklammern zu erklettern. Beide Höhlen liegen unmittelbar unterhalb der Burg Hohenwittlingen. Der Gutshof Hohenwittlingen direkt hinter der Burg auf der Hochfläche gehört bis heute der Familie Weinland. Der Dichter des „Rulaman" ließ sein Werk also ganz in der Nähe seines Hauses spielen, in dem er seine Kindheit und seinen Lebensabend verbracht hat. Die Höhlen erreicht man, wenn man kurz hinter Bad Urach Richtung Wittlingen abbiegt; danach den Wegweisern des Schwäbischen Albvereins folgen.

Die 90 m lange Tulkahöhle war wohl wie die Staffahöhle in vorgeschichtlicher Zeit gar nicht bewohnt. Wer den „Rulaman" gelesen hat, für den ist der Besuch der kleinen Höhle allemal interessant. Aber auch sonst: Hier gibt es kein Kiosk, kein elektrisches Licht, keine Führung, keine Eintrittskarten.

Kirchen, Friedhöfe

Kirchen, die sich durch Besonderheiten hervorheben, sind gewöhnlich in Kunstführern verzeichnet. Hier sollen, wie auch schon bei anderen Zielgruppen, nur einige Raritäten genannt werden.
Friedhöfe werden heute von vielen Menschen als Erholungsräume geschätzt. Der große Friedhof von Hamburg-Ohlsdorf steht hier stellvertretend für andere Friedhöfe, die ebenso als Exkursionsziele gewählt werden können.
Untersuchungsaspekte können sein (s. Schmid, W. S. 84/85):
— Familiennamen,
— Berufe/Berufsangaben,
— Ortspersönlichkeiten und die Erforschung ihrer Biografie,
— die künstlerische Gestaltung der Grabmäler/Grabsteine.

2000 Hamburg-Friedrichsruh
Mausoleum

2000 Hamburg-Ohlsdorf
Friedhof
Parkanlagen von 404 ha mit 100 km Wegenetz

2247 Lunden/Holstein
Geschlechterfriedhof

2974 Krummhörn-Campen
Feldsteinkirche

3110 Uelzen
Die große Weltkarte im Kloster Ebstorf
Auf der berühmten Ebstorfer Weltkarte ist die ganze Welt so dargestellt, wie sie im 13. Jhdt. bekannt war. Das 13 m^2 große Weltpanorama ist eine Mischung aus Landkarte und Bildergeschichte.

3380 Goslar-Hahnenklee
Kopie einer mittelalterlichen Stabkirche - der einzigen in Deutschland

3392 Clausthal-Zellerfeld
Größte Holzkirche Deutschlands mit 2200 Sitzplätzen (1639–1642 errichtet)

3420 Herzberg
Steinkirche

5163 Langerwehe
Soldatenfriedhof Marienbildchen

5165 Hürtgenwald
Soldatenfriedhöfe des Zweiten Weltkrieges in Hürtgenwald und Vossenack

5471 Maria Laach
Kloster, Klosterkirche - eines der schönsten romanischen Bauwerke Deutschlands

5529 Arzberg
Kirchenburg

6980 Wertheim-Dertingen
Wehrkirche

7109 Jagsthausen
Ehemalige Zisterzienserabtei mit dem Grab Götz von Berlichingens

7133 Maulbronn
Größte erhaltene Klosteranlage nördlich der Alpen (ehem. Zisterzienserkloster, gegr. 1147)

7570 Baden-Baden
Autobahnkirche

7595 Sasbachwalden
Die Gemeinde Sasbachwalden ließ, zusammen mit dem Landesamt für Denkmalpflege, über 40 Bildstöcke, Feld- und Wegekreuze im Schwarzwald renovieren. Eine Broschüre samt Wanderkarte ist bei der Gemeinde erhältlich.

7752 Reichenau/Bodensee
Drei bedeutende Kirchen aus dem 9. und 11. Jhdt.

7822 St. Blasien
Kloster, Klosterkirche mit 64 m hoher Kuppel (Frühklassizismus)

7987 Weingarten
Größte Barock-Basilika nördlich der Alpen

8741 Nordheim/Rhön
Wehrkirche

8745 Ostheim v. d. Rhön
Kirchenburg

8901 Adelsried
Autobahnkirche

8924 Steingaden
Wieskirche
Die Wallfahrtskirche „In der Wies" gilt als die schönste Rokokokirche Europas.

Bauernkirchen in den Vierlanden

In den Vierlanden, so heißt das fruchtbare Anbaugebiet vor den Toren Hamburgs, war immer der Reichtum zu Hause. Die – nie leibeigenen – Bauern besaßen guten Boden. Gemüse, Obst, Getreide und Blumen gediehen hier offenbar besser als anderswo. Dieses Vermögen bezeugen bis heute die Dorfkirchen in den Vierlanden. Vier Dörfern verdankt das Gebiet seinen Namen: Altengamme, Neuengamme, Kirchwerder und Curslack.
In der Bauernkirche zu Altengamme zieren 59 schmiedeeiserne und bemalte Hutständer die Reihen der Männerbänke; der älteste datiert aus dem Jahr 1708. Da die Bänke eng sind, brauchten die Bauern die Ablage für die zur Tracht gehörenden hohen Zylinder. Diese Hutständer sind eine Vierländer Besonderheit und nur in den dortigen Kirchen zu finden.
Der Reichtum der Kirchen zeigt sich auch an ihren Orgeln. Die im Fachwerkbau mit selbständigem Glockenturm errichteten Vierländer Kirchen liegen inmitten alter Friedhöfe.

Geschlechterfriedhof Lunden

Der Friedhof, der nach den an Geld und Einfluß reichen ehemaligen Dithmarscher Familienverbänden (= Geschlecht) benannt worden ist, vermittelt trotz mehrfacher Umgestaltung bis heute eine Vorstellung seiner einstigen Anlage und darf von daher als einmaliges kulturgeschichtliches Zeugnis bezeichnet werden.
Die bis zu 2 t schweren Grabplatten und Stelen, deren Material in Namur/Belgien bzw. im Weserbergland gewonnen wurde, sind in der Regel Werkstücke Bremer Steinmetze und gelangten per Schiff über Nordsee und Eider nach dem ehemaligen, 1 km westlich von Lunden gelegenen Wollersumer Hafen, welcher bis zum Bau der Eisenbahnlinie in den 80er Jahren des letzten Jahrhunderts für

den Lebens- und Wirtschaftsraum in Dithmarschen von entscheidender Bedeutung war.

Autobahnkirche Baden-Baden

Geweiht ist die Autobahnkirche Baden-Baden St. Christophorus, dem Schutzpatron der Reisenden.
Die Schilder, die zum Gotteshaus weisen, sind nicht zu übersehen. Wie eine stille Mahnung stehen sie in zehn, in sechs, und in einem Kilometer Entfernung am Rande der Autobahn.
Kaum 200 m von der Raststätte entfernt steht die Kirche, eine Pyramide, auf Felssteinen ruhend, inmitten einer Grünanlage. Vier mächtige, graue Zementtürme begrenzen das Areal eines Zeltes. Als solches war die Kirche am Verkehrsstrom nach Süden gedacht.
Die Autobahnkirche ist sehr gut besucht: etwa 2000–3000 Besucher kommen täglich. Im Winter sind es etwas weniger.
Im Schutze der Anonymität traut sich auch derjenige wieder, den seelsorgerischen Rat zu suchen, der schon lange keine Kirche mehr betreten hat. Die Kirche ist so etwas wie ein moderner Wallfahrtsort geworden, der schlichte Bedürfnisse nach Frömmigkeit befriedigt, zum Gebet einlädt und auch Nicht-Gläubige zur Ruhe kommen läßt. In dem „Anliegenbuch" kommt das deutlich zum Ausdruck.
16 Anliegenbücher sind bereits vollgeschrieben. Blättern können Interessierte nur im jeweils aufliegenden „Anliegenbuch" (Sorgenbuch). Aus diesem und den anderen wird übrigens während des Sonntagsgottesdienstes (jeweils um 11 Uhr) vorgelesen.
Eine weitere Autobahnkirche befindet sich in Adelsried bei Augsburg.
Von „Tankstelle des Lebens", „Garage Gottes", „Auch die Seele muß tanken" bis zum „Rasthaus zum lieben Gott" reichen die Wortschöpfungen bezüglich der Kirchen.

Die Reichenauer Kirchen

Der Wanderbischof Pirmin gründete im Jahre 724 das Kloster Reichenau. Schon knapp 100 Jahre später war aus seiner Klostergründung (nach der Regel des heiligen Benedikt) eine Schule entstanden, die neben denen von Fulda, St. Gallen und Corvey zu den berühmtesten des Reiches zählte. Die Reichenau war im Zeitraum zwischen 800 und 1100 eine der bedeutungsvollsten Geburtsstätten europäischer Kultur. Heute zeugen nur noch die Bauten von dem Geist, der einst hier herrschte.
Das heutige Münster in Mittelzell enthält in Säulen und Mauerwerk noch Teile der hier im Jahre 816 geweihten Klosterkirche. Das baukünstlerische Juwel der Insel ist jedoch die St. Georgs-Kirche in Oberzell. Es ist nicht allein die bestechende Architektur, die diesen Bau zu einem Kleinod macht, sondern es sind vor allem die herrlichen Wandmalereien, die nach der jetzt abgeschlossenen Restaurierung wieder bewundert werden können.
Ganz am anderen Ende der Insel liegt die dritte der Reichenauer Kirchen, die gegen Ende des 11. Jahrhunderts errichtet wurde.

Köhlereibetriebe

In Deutschland gibt es nur noch wenige Kohlenmeiler-Standorte. Einige der übriggebliebenen werden zudem nur noch aus touristischen Gründen aufgebaut bzw. erhalten. Einerseits ist dies zu bedauern, andererseits müssen wir froh sein, den mit dem Betrieb von vielen Kohlenmeilern verbundenen enormen Holzeinschlag (Waldvernichtung) nicht auch noch verkraften zu müssen.

3418 Uslar-Delliehausen
„Köhlerdorf"
Jährlich Meileraufbau

4788 Warstein-Hirschberg
Kohlenmeiler

5489 Kirsbach/Eifel
Köhlerei König
Die Köhlerei König zählt zu den letzten Meilermachern in der Eifel. Der Köhler demonstriert, wie das Holz im Meiler geschichtet wird, wie es zur Holzkohle gerät. Seit das Grillen im Freien so gefragt ist, verkauft er mehr Holzkohle als zuvor.

5789 Hollenberg-Liesen
Meilerplatz und Meilerhütte

7336 Uhingen
Köhlerbetriebe im Nassachtal

7506 Bad Herrenalb-Rotensohl
Köhlerei auf dem Härtsfeld
Auf dem Härtsfeld gab es einst Hunderte von Köhlern. Die Hüttenwerke in Königsbronn und Wasseralfingen hatten großen Bedarf an Holzkohle, als man Steinkohle noch nicht herbeischaffen konnte. Bergleute förderten das „Bohnerz" (Brauneisenstein) aus den Böden des Feuersteinlehms. Die Ostalb war schon im Mittelalter hochindustrialisiert. Viele verlassene Erzgruben (z. B. Wagnersgrube bei Nattheim) erinnern daran, ebenso wie Flurnamen: „Kohlhau", „Kohlbuche".

7546 Enzklösterle
Kohlenmeiler/Schaumeiler

7611 Gutach/Schwarzwald
Kohlenmeiler innerhalb des Freilichtmuseums „Vogtsbauernhöfe"

7816 Münstertal/Schwarzwald
Kohlenmeiler

7821 Dachsberg-Ruchenschwand
Köhlerei

7861 Wieden
Köhler

7920 Heidenheim
Kohlenmeiler

8377 Zwiesel-Zwieselsau
Köhlerei Häusler
Bayerns älteste Köhlerei

Die Arbeit des Köhlers

Der Berufsstand des Köhlers gilt bei uns als ausgestorben. Dennoch sieht man Köhler z. B. im Schwarzwald, Hotzenwald, Solling oder im Bayerischen Wald vereinzelt noch ihr Handwerk ausüben. Doch das Produkt der Köhlerei wird heute schneller und ko-

stengünstiger in Industriekesseln hergestellt. Die Gewinnung des „Schwarzen Goldes" hat sich in den vergangenen Jahren dennoch oder gerade deswegen als Touristenattraktion entpuppt.
Als Blütezeit der Meilerköhlerei gilt z. B. am Hochrhein das Jahr 1200. In dieser Zeit siedelten sich Betriebe der Eisenverhüttung in Laufenburg/Baden, Murg, Wehr und Säckingen an. Für das damalige Schmelzverfahren benötigte man eine enorme Menge Holzkohle. Es wird vom Drei- bis Vierfachen des Gewichts an produziertem Eisen gesprochen.
Das Holz dafür wurde aus den umliegenden Wäldern herbeigeschafft. Dies in einem solchen Maße, daß der Baumbestand hier nicht mehr älter als dreißig Jahre wurde. Deshalb reagierte die Äbtissin des Säckinger Klosters schon 1207 auf die Gefahr. Sie verbot den Eisenschmelzern den Holzeinschlag in den stadtnahen Waldungen. Doch erst in der Mitte des 16. Jahrhunderts, als am Rhein die ersten Hochöfen entstanden, ging die Köhlerei am Hochrhein zurück. Holzkohle wurde vorwiegend nur noch für den Hausgebrauch hergestellt. Neue Transportmittel und die Steinkohle als Energieträger ließen im 19. Jahrhundert das Handwerk erlahmen. Wo noch Holzkohle verwendet wurde, bezog man diese billiger aus dem Ausland.
Die Arbeit des Köhlers begann im Mai und endete im Herbst. Eine Köhlerkolonne bestand in der Regel aus 4–5 Männern. Sie hatte meist 3–4 Meiler gleichzeitig in Brand und den nächsten im Bau.
Um vier Uhr morgens begann die Arbeitszeit mit einem Rundgang zu den brennenden Meilern. Zweimal noch wurden die brennenden Meiler kontrolliert: mittags und nach Feierabend. Daher war es wichtig, daß die Köhlerhütte (Köte) nicht zu weit von den Meilern entfernt stand. Die Arbeit im Walde war hart und schwer, die Mahlzeiten einfach aber kräftig. Berühmt war im Schwarzwald die „Köhlersuppe", die bei den Köhlern wegen ihrer Nährkraft geschätzt wurde. Sie bestand aus einem Aufguß von kochendem Wasser über dünn geschnittene Schwarzbrotstücke, dazu gab es Rinderschmalz und viel Salz. 30–40 Meiler mußte eine Köhlerkolonne in einer Sommersaison schaffen. Die Zahl richtete sich allerdings nach der Größe der Meiler, deren Holzaufnahme stark schwanken konnte (30–120 m^3). Vorwiegend wurde Buchenholz verarbeitet, doch auch Eichenholz wurde gern verwendet. Den Holzeinschlag besorgten die Waldarbeiter. Das Holz mußte gut abgelagert sein, am besten zwei Jahre.
Die Kohlplatte, der Platz, auf dem der Meiler errichtet wird, hat bei heutigen Meilern einen Durchmesser von 6–8 m, sie ist innen leicht erhöht, damit das Wasser abfließen kann. Meterlange Holzteile werden in zwei Etagen senkrecht aufeinandergestellt. Der Rauminhalt eines solchen Meilers beträgt dann ca. 25 m^3. Unter einem luftabschließenden, feuerfesten Mantel von grünem Reisig, Gras, Erde, Laub, Moos, Kohlenstaub aus früheren Kohlungen wird dann der Meiler gezündet, aber nicht verbrannt. Der Abbrand erfolgt kegelförmig mit der Spitze nach unten und von der Mitte nach außen. Die gezielte Sauerstoffzufuhr bringt den Meiler schließlich auf die gewünschte Temperatur. Bei 150° entweicht dem Holz hauptsächlich Wasserdampf (weißer Rauch). Mit steigender Hitze verflüchtigen sich auch andere gasförmige Stoffe wie Holzgeist und Holzessig (gelblicher Rauch, dann blaue Kohlenoxidflamme). Zurück bleibt schließlich Kohlestoff: die Holzkohle. Die Brenndauer beträgt 4–6 Tage. Zum Abkühlen wird der Meiler mit einem Störhaken kranzförmig auseinandergezogen. Die Ausbeute ist von der verwendeten

Holzart, vom Wetter (vor allem dem Wind) und vom Können und der Umsicht des Köhlers abhängig: etwa 50–60% des Volumens oder 25% des ursprünglichen Gewichts. Die Holzkohle hat fast die doppelte Brennkraft des Holzes, ca. 7000–8000 Kalorien. Die entstandene Holzkohle ist beliebt bei Grillfreunden, aber auch Goldschmiede und die Arzneimittelbranche haben Interesse an Holzkohle.

Kraftwerke

Die Energieversorgung ist seit einiger Zeit allgegenwärtiges Thema. Die Tatsache, daß Energiefragen praktisch jeden Bereich unseres Lebens berühren, hat uns bewußt gemacht, wie stark unser Dasein vom selbstverständlichen Umgang mit dem Energieangebot geprägt ist, wie sehr bestimmte Energiebereiche unsere Lebensqualität beeinträchtigen können und wie sehr sich alle angesprochen fühlen müssen, an der Lösung der auftauchenden Probleme mitzuwirken.

2054 Geesthacht
Pumpspeicherwerk und Kraftwerk

2190 Cuxhaven
Norddeutsche Kraftwerke

2211 Brokdorf
Atomkraftwerk

2212 Brunsbüttel
Kernkraftwerk – Infozentrum; Pumpspeicherwerk

2222 Marne
Ehemaliger „Windpark"

2251 Pellworm
Solarkraftwerk
Das Solarkraftwerk von Pellworm wurde 1983 in Betrieb genommen. Es gehört zu den größten seiner Art.
Hauchdünne Plättchen aus Silizium erzeugen bei einfallendem Licht eine Spannung, die abgenommen wird und so Strom fließen läßt. 20 dieser Siliziumplättchen bilden ein Modul. Und 15360 Module bilden dieses Kraftwerk mit einer Leistung von 300 Kilowatt. Der erzeugte Strom, 280000 Kilowattstunden jährlich, versorgt das Kurzentrum von Pellworm, der Rest geht ins Netz einer Elektrizitätsgesellschaft. Insgesamt nimmt die Anlage eine Fläche von 18000 m^2 ein.

3330 Helmstedt
Strohheizungsanlage
Allein in der Bundesrepublik Deutschland fallen jährlich 5–8 Mill. t Überschußstroh an.
Diese Pilotanlage wird etwa 110 t Stroh pro Jahr verbrauchen und dabei im Winterhalbjahr täglich bis zu 116 Kilowatt Wärme abgeben (100000 Kilokalorien je Stunde). Dadurch lassen sich jährlich bis zu 37500 l Heizöl einsparen.
Bei der Strohheizungsanlage wird ein relativ hoher Wirkungsgrad erzielt bei ungewöhnlich günstigen Abgaswerten.

3350 Kreiensen-Erzhausen
Pumpspeicherkraftwerk

3472 Beverungen Würgassen
Kernkraftwerk

3587 Borken
Braunkohlekraftwerk

3593 Edertal
Pumpspeicherkraftwerk (Edersee)

4048 Grevenbroich
Größtes Braunkohlenkraftwerk der Welt in Niederaßem

4250 Bottrop
Größte Kohleölanlage der Bundesrepublik

4450 Lingen/Ems
Kernkraftwerk

4670 Lünen
Kohlevergasungskraftwerke

4712 Werne
Größtes Erdgaskraftwerk Europas

5231 Schöneberg
Strohheizungsanlage

5529 Roth an der Our (Eifel)
Ourstausee mit größtem Pumpspeicherwerk Europas

5804 Herdecke
Hochspeicherkraftwerk

5950 Finnetrop
Ober- und Unterbecken der Pumpspeicherkraftwerke Glingetal

6631 Ensdorf
Ensdorfer Dampfkraftwerk

6953 Gundelsheim
Neckarstaustufe mit Schiffsschleuse und Kraftwerk

7100 Heilbronn
Steinkohlekraftwerk

7530 Pforzheim
Flußkraftwerk

7797 Illmensee
Windkraftanlage
Versuchsanlage der Dornier System, Friedrichshafen

Die Windkraftanlage befindet sich auf dem 830 m hohen Höchsten, erreicht eine Höchstleistung von 30 kW und versorgt, sofern der Wind stark genug weht, einen Bauernhof mit Strom.
Bei Dornier hat man sich für das nach dem französischen Ingenieur Darriens benannten Prinzip entschieden, das mit senkrecht angeordneten Rotoren arbeitet und bereits 1925 patentiert wurde. Die Versuchsanlage sieht denn auch wie ein überdimensionaler Quirl aus (23 m hoch).
Die zuvor schon erstellten Windkonverter auf dem Schauinsland bei Freiburg, auf der Insel Pellworm und bei Schnittlingen/Schwäbische Alb wurden von den Zeppelin-Metallwerken, Friedrichshafen, angefertigt.

7822 Häusern
Schluchseekraftwerk
Hier werden die Gewässer vom Feldberg bis hinunter zum Rhein zur Stromerzeugung genutzt. Das Wasser des Schluchsees stürzt von 930 m ü. d. M. zum Kraftwerk Häusern auf 723 m, auf 474 m liegt dann die zweite Stufe, das Kraftwerk Witznau, und auf 310 m schließlich das Kraftwerk Waldshut am Rhein. Das Schluchseewerk erzeugt ausschließlich Spitzenstrom. In ruhigen Zeiten wird mit Generatoren Wasser vom Rhein wieder hinauf zum Schluchsee gepumpt.

8113 Kochel am See
Walchenseekraftwerk

8561 Happurg
Happurg-Stausee mit Pumpspeicherwerk

Windkraftwerke

Kleinere Anlagen zur Ausnutzung der Windenergie werden in Zukunft vom Bundesministerium für Forschung und Technologie in Bonn stärker gefördert als dies bisher der Fall war.
Der großen Umweltfreundlichkeit dieser sich erneuernden Energiequelle stehen noch immer die hohen Investitionskosten gegenüber. Das wirtschaftlich nutzbare Potential hängt entscheidend davon ab, ob die Technik der Umwandlung von Windenergie in Elektrizität oder andre Nutzungsformen billig und zuverlässig genug ist. Windenergie muß in

kleinen und mittleren Anlagen dezentral genutzt werden. Dort liegt ihre Chance für einen vernünftigen Beitrag zur Energieversorgung.
Langsam laufende Windmühlen stellen eine jahrhundertealte, ausgereifte Technik dar. Die Lebensdauer und der Wartungsaufwand moderner, schnelllaufender Windanlagen können noch nicht zuverlässig beurteilt werden.
Kleinere Windkraftanlagen decken heute den Leistungsbereich bis 100 kW ab. Sie können vor allem in „Insellagen" wirtschaftlich sein, wo kein elektrisches Netz existiert oder ein ebenfalls kostenaufwendiges Netz auf Kraftstoffbasis vorhanden ist. Hier führt die Kopplung vorhandener Dieselkraftstationen mit kleinen Windanlagen zu einer deutlichen Einsparung von hohen Brennstoffkosten und dadurch oft zu einer relativ schnellen Amortisation der Investitionskosten.

Wind wird gegenwärtig fast ausschließlich durch die bekannten Horizontal- bzw. Vertikalachsenmaschinen genutzt. Viele Entwicklungsideen zur Verbesserung dieses Maschinentyps liegen vor und sind Gegenstand von Förderprojekten.

Windpark „Westküste am Kaiser-Wilhelms-Koog"

Ein erster „Windpark", der Windpark „Westküste am Kaiser-Wilhelms-Koog", der in der Nähe des Growians 33 einzelne kleine Windmühlen umfaßt, liefert insgesamt 1 Megawatt (1000 kW) elektrische Energie.
Ein zweiter Windpark entsteht zur Zeit südwestlich von Cuxhaven, ein dritter ist ebenfalls in Schleswig-Holstein geplant.

Noch stiehlt der große Bruder „Growian" (Großwindanlage) den kleinen die Schau. Im Gegensatz zum 150 m hohen „Growian" – der die meiste Zeit stillstand – haben die kleineren, 20 m hohen Windspargel ihre Bewährungsprobe schon vielfach erfolgreich bestanden. Die Kapazitäten der einzelnen Windkraftanlagen liegen zwischen 30 und 55 kW.
Um den Windpark, der mit bis zu drei Millionen Mark gefördert werden soll – er kostet insgesamt rund 20 Millionen Mark –, hatten sich 20 Gemeinden beworben.
Ziel der Anlage ist es, praktische Erfahrungen bei der Einspeisung von Windenergie in das öffentliche Stromnetz zu gewinnen. Gleichzeitig soll der Leistungsstand der deutschen Windtechnologie gehoben und die Zuverlässigkeit dieser jungen Technologie demonstriert werden.
Nach einem Gutachten lassen sich in der Bundesrepublik Deutschland etwa 3% des Primärenergieverbrauchs mit Windenergie erzeugen.
Strom aus Windkraftanlagen ist im Vergleich zum Strom, der in einem Kernkraftwerk erzeugt wurde, teuer. 13,5 Pfennig kostet die Kilowattstunde Strom aus einem Kernkraftwerk, 27,0 Pfennig aus einer Windkraftanlage; der Strom aus einem Kohlekraftwerk kostet 19,5 Pfennig. Sonnenstrom mit Hilfe direktumwandelnder Siliziumzellen dagegen kostet heute noch stolze 3,57 DM.

Wärmekraftwerke

„Weit mehr als 90 Prozent des deutschen Stroms werden in Wärmekraftwerken produziert. Wasser wird zu Dampf erhitzt, der eine Turbine in Bewegung setzt. Diese wiederum treibt den stromproduzierenden Gene-

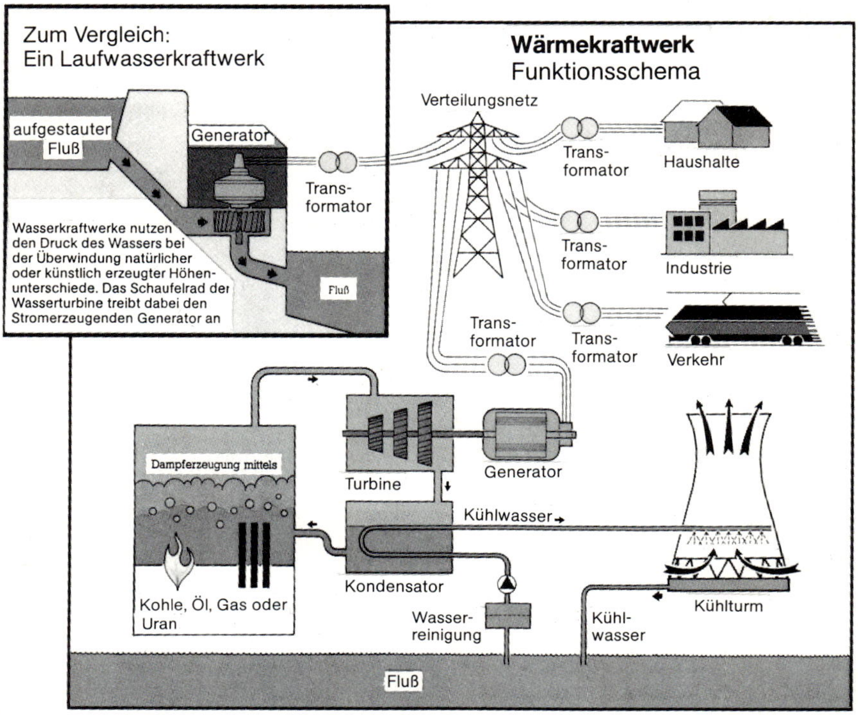

rator an. Es ist prinzipiell gleichgültig, wodurch der Dampf erzeugt wird: durch die Verfeuerung von Kohle, Öl, Gas oder durch die kontrollierte Kernspaltung im Reaktor eines Kernkraftwerks.
Wärmekraftwerke benötigen Kühlsysteme. Mit ihrer Hilfe wird der erzeugte Dampf, nachdem die in ihm gespeicherte Energie in den Turbinen zum Antrieb der Generatoren abgearbeitet worden ist, zu Wasser kondensiert."

(Informationszentrale der Elektrizitätswirtschaft e.V. [Hrsg.]: Broschüre „Basisthema Strom", Seite 10)

Kuriositäten

Die Palette ist klein, aber vielfältig. Sie reicht von Heringszäunen bis zu Europas größtem Kuhstall. Es bleibt zu hoffen, daß alle, die mit diesem Buch arbeiten, die hier aufgeführten Ziele auch als so seltsam oder ausgefallen empfinden, daß die Bezeichnung „Kuriosität" gerechtfertigt ist.

2177 Wingst
„Deutscher Olymp"
(64 m hoch mit Fernsehturm)
Er ermöglicht die Aussicht über die Marschlandschaft und die Elbmündung.

2340 Kappeln/Schlei
Heringszäune
Eine Art Reusen, in denen der Hering sich selbst fängt; einzigartig in Europa.
Im 15. Jhdt. wurden Dutzende solcher Reusen zum Fang angelegt, als die Heringe noch in großen Schwärmen die Schlei besuchten. Beim Stadtfest „Kappelner Heringstage" kann man vier Tage lang alles vom Hering erfahren und erschmecken.

2381 Bergenhusen
Dorf der Störche; rund 30 Storchennester

2410 Mölln
„Ameisenvater"
Heinz Rupertshof betreut im Staatsforst 800 geschützte Ameisennester.

2420 Eutin
Bräutigamseiche im Dodauer Forst

3122 Obernholz-Steimbke
Heiratsmarkt in Rodewald
(jährlich im September; 350jährige Tradition)

4170 Geldern
Straßenmalerwettbewerb im Sommer

4243 Vehlingen bei Isselburg
Antholter Schweiz
Die Landschaft um den Vierwaldstätter See wurde hier nachgeahmt (mit Wildgehege und Fasanerie).

4250 Bottrop
Traumlandpark
Größtes Herzmodell der Welt, 12 x 15 x 7,5 m; in ihm kann und soll man spazieren, damit man sich ansehen kann, wie es im Innern eines Herzens aussieht. Das naturgetreu nachgebildete Herz aus Beton wurde in einem Jahr geschaffen. Wenn man in ihm spazierengeht, begleitet einen die ganze Zeit ein dumpf klingender Puls-, also Herzschlag.

4300 Essen-Werden-Heidhausen
Europas größter Kuhstall
Das „Kutel" des Rhein-Ruhr-Milchhofes südlich des Baldeney-Sees ist die einzige Molkerei mit einem eigenen Kuhstall. 1000 Tiere werden von nur 7 Melkern und Pflegern betreut – der größte Kuhstall Europas mitten in einem industriellen Ballungsgebiet. Die Tiere leben nur in Hallen, werden nach wissenschaftlichen Erkenntnissen gefüttert, auf einem rotierenden Karussell gemolken und von Besucherbrücken aus bestaunt. Der Begriff „Kutel" entstand aus „Kuh" und „Hotel".

4330 Mülheim/Ruhr
Wasserbahnhof mit einzigartiger Blumenuhr

4420 Dülmen/Münsterland
Merfelder Wildpferdereservat

In diesem rund 200 ha großen Reservat (Wald-, Moor- und Heidegebiet) leben rund 200 Wildpferde – darunter 60 Fohlen – das ganze Jahr über im Freien. Eine Zufütterung von Kraftfutter findet nicht statt, auch werden sie sich ansonsten ganz selbst überlassen, d. h., sie müssen beispielsweise mit Krankheit und Geburt selbst fertig werden. Das Reservat ist für Mitteleuropa eine einmalige Attraktion. Wildpferde leben sonst nur noch in England und Schottland. In der Camargue überwintern die Wildpferde in Ställen.
Wilde Galoppszenen sind selten zu beobachten, vielmehr bietet sich dem Betrachter ein beschauliches Bild: friedlich grasende Pferde. Am letzten Samstag im Mai geht es turbulenter zu, denn an diesem Tag werden die einjährigen Hengste eingefangen und anschließend versteigert.
Die Merfelder Wildpferde werden heute als Wirtschaftspferde von Gärtnern, Baumschulen und Kleinbauern geschätzt. Doch auch als Reit- und Wagenpferde für Kinder werden sie gerne eingesetzt.

4994 Preußisch-Oldendorf
Flugzeug-Café, Typ DC 6, 60 Plätze

5678 Wermelskirchen
Mammutkiefer
25 m hoch, erstrahlt in der Weihnachtszeit mit 330 Lichtern als größter Naturweihnachtsbaum Deutschlands

6111 Otzberg-Hering
Indianerdorf

6580 Idar-Oberstein
Nahe-Überbauung
Die Nahe wird in Idar-Oberstein auf 1,8 km Länge mit einer Betondecke „zugesargt". Bis zu sechs Fahrbahnen soll sie tragen. Dieses Jahrhundertprojekt erregte bundesweit Aufsehen.

6581 Veitsroth bei Idar-Oberstein
Steinernes Gästebuch
Entlang eines Wanderweges sind Steine aufgestellt, die an den Besuch berühmter Persönlichkeiten erinnern. Diese Gäste hatten die Möglichkeit, in einem nahegelegenen Steinbruch große Steine auszusuchen und zu signieren.

6943 Birkenau/Odenwald
Dorf der Sonnenuhren

7530 Pforzheim
Alpengarten mit Vogelstimmenanlage

7713 Hüfingen
Straßen-Blumenteppiche (600 m lang), ausgelegt am Fronleichnamstag (ideale Besichtigungszeit am frühen Morgen)

7745 Schonach/Schwarzwald
Größte Kuckucksuhr der Welt (so groß wie ein Wochenendhäuschen)

7777 Salem
Affenberg
Der Affenberg liegt zwischen dem Mendlishauser Hof, der aus dem 18. Jahrhundert stammt, und dem Storchenweiher – hier gibt es Kolonien von Weißstörchen, Graureihern und Stockenten – und ist von Salem, Überlingen oder Birnau (berühmte Klosterkirche) erreichbar. In diesem größten Affenfreigehege der Bundesrepublik leben 400 Berberaffen in einem 20 ha großen Waldgebiet. Die Heimat dieser Berberaffen ist das nordafrikanische Atlasgebirge (Marokko und Algerien).

8593 Tirschenreuth/Obpf.
Europäische Wasserscheide

Wenn über dem Forsthaus Gebhardtshöhe ein kräftiger Regenschauer niedergeht, dann fließt das Regenwasser an der Nordseite des Hauses in die Nordsee, an der Südseite dagegen ins Mittelmeer. Das Forsthaus liegt nämlich genau auf der europäischen Wasserscheide, die die Einzugsgebiete der Nordsee und des Mittelmeers trennt. Nach Norden fließt das Wasser in die Wandreb, Eger, Elbe zur Nordsee; nach Süden durch die Waldnaab und Donau zum Schwarzen Meer und von dort weiter durch den Bosporus zum Mittelmeer.

8600 Bamberg
Kinderpost
Jungen und Mädchen wird ein Blick in die Arbeit der Bundespost gewährt. Bei ihrem meist halbtägigen Aufenthalt werden die Kinder im Schnelldurchlauf in Uniform und Rolle von Schalterbeamten, Briefkastenleerern, Postverteilern und Zustellern gesteckt und mit entsprechendem Werkzeug ausgestattet. Sie lernen nebenbei aber auch, wie man Briefmarken richtig aufklebt und warum, was beim Telefonieren zu beachten ist und welcher Aufwand betrieben werden muß, um einen Brief vom Absender zum Empfänger zu bringen.
Erwachsene haben zum bisher einzigen Kinderpostamt der Deutschen Bundespost keinen Zutritt.

8801 Schillingsfürst/Franken
Brunnenhaus mit Ochsentretanlage (einmalig in Deutschland)

Die Bräutigamseiche

Wer einen Partner/eine Partnerin sucht, kann sich an ein Eheinstitut wenden oder eine Anzeige aufgeben. Es besteht aber auch die Möglichkeit, an die „Bräutigamseiche", den sagenumwobenen Ehevermittler, zu schreiben.
Das gelbe Postauto hält im Dodauer Forst am Plöner See. Der Briefträger erklimmt die aus Baumästen gezimmerte Leiter und wirft Briefe und Karten in das etwa ein Kubikmeter große Baumloch – alles adressiert an die „Bräutigamseiche, Dodauer Forst, 2427 Malente".
Bis zu 3000 Liebesbriefe und -karten im Jahr erhält die 600jährige Eiche, denn sie soll in Liebesangelegenheiten erfolgreich vermitteln. Jeder, der zum etwa 3 m hoch gelegenen Baumloch klettert, kann die Liebespost lesen oder mitnehmen.
75% der Briefe aus aller Welt wurden von Frauen geschrieben.

Birkenau – Dorf der Sonnenuhren

Es gibt in Deutschland einen kleinen Ort an der Bergstraße, am Rande des Odenwaldes, der das „Dorf der Sonnenuhren" genannt wird. Dort sind in Vorgärten und an Häuserwänden über hundert Sonnenuhren aufgestellt und angebracht.
Um Spaß daran zu bekommen, eine Sonnenuhr selbst zu basteln, genügt ein kleiner Versuch: Man benötigt eine 15 x 15 cm große Pappe, eine Stricknadel oder einen Holzstab und einen Korken. Auf der senkrechten Mittellinie fünf Zentimeter unterhalb der oberen Kante liegt das Zentrum der Sonnenuhr. An dieser Stelle bohrt man ein Loch für die Stricknadel oder den Holzstab. Das ist dann der „Gnomon", der Anzeiger, der den Schatten wirft. Ein berühmter Gnomon ist der Obelisk von Luxor. Er steht heute in Paris. Doch der Holzstab leistet vergleichbare Dienste. Die senkrechte Mittellinie entspricht 12 Uhr mittags.

Von dort trägt man mit dem Winkelmesser für jede Tagesstunde einen Winkel von 15° ein. Die Stunden zwischen Sonnenuntergang und Sonnenaufgang braucht man nicht zu berücksichtigen. Die Aufstellung der selbstgebastelten Sonnenuhr ist wichtig.
Der Zeiger muß erdachsparallel ausgerichtet werden. Erdachsparallel ist er dann, wenn er dem Winkel des Breitengrades des jeweiligen Wohnorts entspricht. Beispiel: Mainz = 50° n. Br.; hier richtet man den Stab so, daß er in einem Winkel von 50 Grad zum Boden steht. Der Zeiger muß außerdem nach Norden zeigen (Kompaß zu Hilfe nehmen). Der Korken dient dazu, den Stab im richtigen Winkel zu fixieren.
Wer will, kann montierfertige Uhren bei einem Schmied kaufen. Ein einfaches Stück kostet rund 100 DM.
Der Ort Birkenau bietet Interessenten Hobbywochen an, in deren Verlauf Führungen zu den schönsten Sonnenuhren des Ortes, Vorträge und Bastelkurse für Sonnenuhren stattfinden.
Wer den Ort besuchen will, kann sich mit Hilfe eines Ortsplanes, in dem die Sonnenuhrenstandorte eingetragen sind, rasch orientieren.

Das Ochsentretscheiben-Pumpwerk im alten Brunnenhaus von Schillingsfürst

Es wurde im Jahre 1702 über dem „Heiligen Brunnen" erbaut zur Wasserversorgung des 1,5 km entfernt auf dem Westsporn des „First" gelegenen Schlosses Schillingsfürst. Baumeister war der Nürnberger Brunnenmeister Martin Löhner (1636–1707).
Der Wasserturm für den Hochbehälter wurde erst 1729 errichtet (Jahreszahl am Nordfenster) und 1887 aufgestockt (Tafel im Obergeschoß).
Die Maschine wurde von einem Ochsen als „Muskelkraftmotor" angetrieben. Sie funktionierte nach den alten mechanischen Prinzipien „Schiefe Ebene" und „Hebel". Aus dem Körpergewicht des Ochsen entstand auf der schrägen Tretscheibe eine Kraft, die diese in Bewegung versetzte. Die Drehung wurde über ein hölzernes Getriebe auf eine eiserne 3fache Kurbelwelle ins Schnelle übersetzt. Diese betätigte über Pleuelstangen 3 einfachwirkende Pumpen, die das Wasser in den Turmbehälter drückten. Von dort floß es durch hölzerne Rohrleitungen („Deicheln") zum Schloß.
Diese Tretscheiben-Pumpanlage ist eines der bedeutendsten technischen Kulturdenkmäler in der Bundesrepublik Deutschland!

(Prof. Dipl.-Ing. W. Ruckdeschel, Fachhochschule Augsburg)

Es ist überliefert, das Tretscheibenpumpwerk sei einen Bauernwerktag von 12 Stunden lang von zwei Ochsen abwechselnd in Gang gehalten worden. Jeder Ochse sei in einem zweistündigen Turnus, also jeder etwa 6 Stunden täglich, zum Betrieb des Pumpwerks herangezogen worden.
Die Steigkraft auf der rotierenden Schiefen Ebene entsprach der Zugkraft, die ein Ochse zum Ziehen eines Wagens oder Pflugs aufzubringen hatte. Eine im Brunnenhaus anwesende Hüteperson hat dafür gesorgt, daß der Ochse immer gleichmäßig lief.
Auch soll eine einfache, hebelbetätigte Schlingseilbremse um das obere blechbeschlagene Ende des Wellbaums vorhanden gewesen sein. Das Tier bekam einen Strick um den Hals gelegt, dessen Ende an einem festen Punkt außerhalb angebunden war.
Verzögerte das Tier den Lauf, so zog die Schlinge an und es lernte rasch, den gleichmäßigen Gang einzuhalten.

Lehrpfade

Dank der Initiative vieler Forst- und Landwirtschaftsämter sowie Wandervereine, aber auch Schulen, gibt es inzwischen in fast allen Bundesländern eine Vielzahl an Lehrpfaden. Die Palette der Lehrpfade reicht von Waldlehrpfaden, Naturlehrpfaden, Weinlehrpfaden, Moorlehrpfaden bis zum Käselehrpfad.
Die Lehrpfade führen meist durch abwechslungsreiche Landschaften und sind in der Regel gut erreichbar. An den Ausgangspunkten stehen gewöhnlich ausreichend Parkplätze zur Verfügung.
Zahlenmäßig spielen die Wald- und Naturlehrpfade die größte Rolle. Es gibt kaum ein Forstamt, das nicht einen solchen Lehrpfadtyp aufzuweisen hat. Sie sind in dieser Zusammenstellung nicht berücksichtigt worden. Hier gilt es, Lehrpfadtypen vorzustellen, die nicht so bekannt sind.

2120 Lüneburg
Botanischer und Ornithologischer Lehrpfad

2392 Glücksburg
Archäologischer Wanderweg

2852 Bederkesa
Vorgeschichtslehrpfad Flögeln
30 vorgeschichtliche und mittelalterliche Baudenkmäler; u.a. Großsteingräber, Hügelgräbergruppen, Einzelhügel

3000 Hannover
Schulbiologiezentrum u.a. mit Schulgarten und Zooschule

3045 Bispingen-Behringen
Zwei urgeschichtliche Lehrpfade

3046 Wietzendorf
Fischerei-Lehrpfad

3050 Wunstorf-Steinhude
Forst- und Landwirtschaftlicher Lehrpfad

3051 Hagenburg
Forst- und Fischereilehrpfad im Schloßpark

3071 Stöckse
Archäologischer Lehrpfad

3260 Rinteln
Geologische Wanderpfade

3360 Osterode
Fischereilehrpfad, Forstlehrpfad

3362 Bad Grund/Harz
Waldquizpfad

3380 Goslar
Geologischer Lehrpfad

3388 Bad Harzburg
Vogelschutzlehrpfad

3450 Holzminden-Neuhaus
Waldmuseum

3451 Golmbach-Grünenplan
Landeskultureller Lehrpfad

3500 Kassel-Harleshausen
Vogellehrpfad, Blinden-Lehrpfad

3510 Hann. Münden
Forstlehrpfad mit Waldmuseum

3512 Reinhardshagen
Vogelschutzlehrpfad

4000 Düsseldorf
Wald- und Wildlehrpfad (zum Wildpark „Grafenberger Wald" gehörig)

4047 Dormagen
Geologischer und Forstbotanischer Lehrpfad (und großes Wildgatter)

4176 Sonsbeck
Geologischer Wanderweg

4232 Xanten
Archäologischer Park

4500 Osnabrück
Ökologischer Lehrgarten

4515 Bad Essen-Hüsede
Waldlehrpfad

4554 Ankum-Westerholte
Prähistorischer Lehrpfad (Steingräberweg)

4570 Quakenbrück
Fisch- und Gewässerlehrpfad

4630 Bochum
Geologischer Garten

4773 Möhnesee-Günne
Landwirtschaftlicher Lehrpfad

4788 Warstein-Allagen
Gesteinslehrpfad

4800 Bielefeld
Historische Lehrpfade

5106 Roetgen
Wasser- und Waldlehrpfad

5144 Wegberg-Erkelenz
Naturlehrpfad Wildenrath (Altrheinaue, Niederrhein)

5160 Düren
Wanderpfad für Blinde
Erläuterungen zu den einzelnen Standorten in Blindenschrift

5169 Heimbach
Jagd-, Natur- und geologischer Lehrpfad

5300 Bonn
Geologischer Lehrpfad (Rödderberg: Vulkankrater)
Zu sehen sind freigelegte Profile von Tuff, Lava, Schlackenmaterial und Basaltfelsgruppe.

5358 Bad Münstereifel
Geologischer Lehrpfad und Forstlehrpfad (dieser u. a. mit einem Kohlenmeiler)

5376 Nettersheim
Geologischer und Archäologischer Lehrpfad; Vogel- und Naturlehrpfad

5406 Winningen
Weinlehrpfad

5407 Boppard
Weinlehrpfade

5421 Bornich
Weinlehrpfad

5450 Neuwied
Waldlehrpfad

5500 Trier
Weinlehrpfad

5504 Zepf
Biologischer und Geologischer Lehrpfad

5521 Ernzen/Eifel
Naturlehrpfad mit Lehrhütte

5521 Holsthum/Eifel
Archäologischer Lehrpfad

5529 Ensch
Weinlehrpfad, Vogelschutzlehrpfad

5563 Kröv
Weinlehrpfad

5600 Wuppertal
Industrie-Geschichtslehrpfad „Historisches Gelpetal"

5657 Gruiten
Historischer Lehrpfad

5788 Winterberg-Altastenberg
Geologischer Lehrpfad

5810 Witten
Bergbaulehrpfad (im Muttental) u. a. Reste der ehemaligen Zeche „Nachtigall", Steinbruch mit schmalen Kohlenflözen, die nach Süden

zur Erdoberfläche hin auslaufen, Bethaus, in dem sich die Bergleute vor der Schicht zur Andacht versammelten; alte Stolleneingänge

6147 Lautertal/Odenw.
Felsenmeer; Felsbergmuseum
Stein- und Vogellehrpfad

6290 Weilburg
Geologischer Lehrpfad

6340 Dillenburg
Historischer Weg durch die Altstadt

6400 Fulda
Lehrpfad Wasserkuppe

6443 Sontra
Vogellehrpfad

6505 Nierstein
Weinlehrpfad

6531 Laubenstein
Weinlehrpfad

6541 Gemünden
Geologischer Lehrpfad

6580 Idar-Oberstein
Geologisches Freimuseum (Rundweg)
Neben mannshohen Quadern, die am Rande des Rundwegs aufgestellt sind, finden Besucher Erläuterungstafeln mit Hinweisen auf Fundstellen und Alter der Steine.

6600 Saarbrücken
Felsenweg

6654 Kirkel
Geologischer Lehrpfad
(als Teil des bekannten Kirkeler Felsenpfades)

6686 Eppelborn-Dirmingen
Naturschutz-Informationszentrum „Finkenrech"
Schulungs-, Versuchs- und Freizeitzentrum
(Musterfelder, Schaugärten, Natur- und Vogellehrpfad, Feuchtbiotope, Bienen-Schauvolk, Muster-Kleintierhof für Kaninchen und Geflügel)

6696 Nonnweiler/Saar
Wasserlehrpfad

6701 Kallstadt
Weinlehrpfad

6702 Bad Dürkheim
Weinwanderpfade

6705 Deidesheim
Weinlehrpfad

6731 St. Martin
Weinlehrpfad

6732 Edenkoben
Weinlehrpfad

6749 Schweigen-Rechtenbach
Weinlehrpfad

6786 Lemberg
Vogelschutzlehrpfad

6791 Herschberg
Wasserschaulehrpfad

6930 Eberbach (Baden)
Vogellehrpfad, Rotwildlehrpfad, Lehrpfad „Waldsterben", Kräuterlehrpfad

6990 Bad Mergentheim
Weinlehrpfad

6990 Markelsheim
Weinlehrpfad

7032 Sindelfingen
Stadtgeschichtlicher Lehrpfad,
Vogelschutzlehrweg

7035 Waldenbuch
Stadtlehrpfad

7053 Kernen
Weinlehrpfad

7057 Winnenden
Geologischer Lehrpfad

7063 Welzheim
— Mühlenwanderweg
26 Mahl- und Sägemühlen standen einst im Bereich des Welzheimer Waldes. Noch heute prägen sie das Landschafts- und Kulturbild dieses Raumes und sind in ihrer Vielzahl einzigartig

in Baden-Württemberg (Rundwanderweg).

— Limeswanderweg
In der Römerzeit bildete der Limes eine bedeutende Grenze mit Erdwall, Graben und Palisadenzaun. Zahlreiche Orts- und Flurbezeichnungen (Grab, Pfahlbronn) erinnern noch an die römische Vorherrschaft.
Entlang des Limes können Wanderer im Schwäbischen Wald im Bereich des Rems-Murr-Kreises den Spuren der Römer folgen, vorbei an Kastellen und Wachtürmen. 70 römische Anlagen standen einst entlang des obergermanisch-rätischen Limes auf dem Gebiet des Rems-Murr-Kreises. Einer von vielen Überresten ist der restaurierte Wachturm 116 an der Landesstraße 1120. Mit 560 m ü. d. M. markiert er gleichzeitig den höchsten Punkt des obergermanischen Limes. Auch ein Limesturm, der begehbar ist, wurde in der Nähe von Grab vollständig wiederhergestellt. Es ist der erste Turm des römischen Grenzwalls in Süddeutschland, der in Steinbauweise errichtet wurde.

7064 Remshalden
Obst-, Weinbau- und Waldlehrpfad

7070 Schwäbisch Gmünd
Geologischer Lehrpfad

7080 Aalen
Bergbaupfad, Geologischer Lehrpfad, Limeswanderweg

7118 Ingelfingen
Weinlehrpfad

7137 Sternenfels
Wildobstarten- und Wildgehölzelehrpfad

7200 Tuttlingen
Geologischer Lehrpfad, Wildkräuter-Lehrpfad

7209 Denkingen, Württ.
Obstlehrpfad (im Aufbau)

7321 Gammelshausen
Obstlehrpfad

7400 Tübingen
Geologischer Lehrpfad

7430 Metzingen
Geologischer Lehrpfad

7431 Grabenstetten
Archäologischer Wanderweg „Heidengraben"
Es handelt sich um die bislang größte bekannte keltische Ansiedlung in Mitteleuropa, mit zahlreichen Befestigungen aus dem 1. Jhdt. v. Chr.

7484 Veringenstadt
Heimatgeschichtlicher Rundweg (Lehrpfad)

7500 Karlsruhe
Vogelschutzlehrpfad

7518 Bretten
Heimatkundlicher Lehrpfad

7519 Kürnbach
Weinlehrpfad

7547 Wildbad-Calmbach
Vogelschutz- und Gewässerlehrpfad

7593 Ottenhöfen
Felsenweg und Geologischer Wanderweg

7611 Steinach
Heilkräuter-Lehrpfad

7633 Seelbach
Waldlehrpfad mit Informationsstand über das Waldsterben

7746 Hornberg
Pilzlehrschau
Die Schwarzwälder Pilzlehrschau ist die einzige Ausbildungsstätte für volkstümliche Pilzkunde. Rund 160 naturgetreue Pilzmodelle stehen zur Verfügung. Während der Saison werden die Modelle durch Frischpilze ergänzt. Im Pilzgarten können

dann viele Pilzarten besichtigt und kennengelernt werden. In einem Archiv stehen darüber hinaus rund 600 Farbdias mit besonderen Raritäten zur Verfügung. Hier finden auch regelmäßig Seminare statt.

7762 Bodman
Obstwanderweg

7767 Sipplingen/Bodensee
Geologischer Lehrpfad

7801 Oberried/Schwarzwald
Weide-Lehrpfad

7801 Merdingen
Geschichtslehrpfad

7808 Waldkirch
Waldsterben-Mahnpfad

7811 Sulzburg/Schwarzwald
Bergbaugeschichtlicher Wanderweg

7816 Münstertal/Schwarzwald
Lehrpfad „Waldsterben"

7818 Vogtsburg-Bickensohl
Weinlehrpfad

7824 Hinterzarten
Heimatpfad
Dieser führt u. a. durch ein Hochmoor und durch die bekannte Ravennaschlucht. Am Weg liegt auch eine Glasbläserei.

7831 Sasbach/Rhein
Wissenschaftlicher Lehrpfad

7924 Steinheim a. A.
Geologischer Lehrpfad

7952 Bad Buchau/Federsee
Moorlehrpfad, Vogelschutzlehrpfad, Baumlehrpfad, Oggelshausener Skulpturenfeld

7983 Wilhelmsdorf
Riedlehrpfad

7987 Weingarten
Geologischer Lehrpfad
Neben Zeugen der Erdgeschichte (Gesteine des Voralpenlandes) gibt es eine Präzisions-Sonnenuhr und eine „Vermessungsecke" mit einem trigonometrischen Punkt zu sehen.

8022 Grünwald
Waldlehrschau

8100 Garmisch-Partenkirchen
Alpenpflanzengarten (Jagdhaus Schachen); erreichbar über die Partnachklamm

8217 Grassau
Moorlehrpfad

8221 Teisendorf
Geologischer Lehrgarten

8221 Inzell
Gletschergarten

8222 Ruhpolding
Alpenlehrpfad (auf dem Rauschberg)

8262 Altötting
Ökologie-Lehrpfad

8391 Tittling
Flußlehrpfad

8395 Hauzenberg
Geologischer Lehrpfad in Zusammenhang mit dem Graphitwerk Kropfmühl

8481 Tännesberg
Geologischer Lehrpfad

8500 Nürnberg
Botanischer Schulgarten
Der 20000 m^2 große Garten ist vor allem auf Gift-, Heil-, Küchenkräuter, Kletternde Heckenpflanzen ausgelegt.

8520 Erlangen
Waldmoor-Lehrpfad

8574 Neuhaus a. d. Pegnitz
Karstkundlicher Wanderweg (schließt die Maximiliansgrotte ein)

8700 Würzburg
Weinlehrpfad

8733 Bad Bocklet
Vogelkunde-Lehrpfad

8741 Fladungen
Moorlehrpfad

8745 Ostheim v. d. Rhön
Geologischer Wanderpfad „Bauersberg"
Einige Aufschlüsse sind einmalig. Interessierte kommen von weit her, um Beweise für das unterirdische Eindringen des Basalts in die Braunkohle – mit einer Fülle von Nebenerscheinungen – zu besichtigen.

8782 Karlstadt
Vogelkunde-Lehrpfad

8801 Herrieden
Kräuterlehrgarten

8867 Oettingen
Geologischer Lehrpfad

8921 Prem
Moorlehrpfad

8958 Füssen
Alpenlehrpfad

8961 Wiggensbach
Käselehrpfad

Landwirtschaftliche Lehrpfade

Die landwirtschaftlichen Lehrpfade, u. a. Weinlehrpfade, Obstlehrpfade und Schaufelder) wollen über die Landwirtschaft informieren und Wissen anschaulich vermitteln. Der Anbau alter Feldfrüchte wird auf vielen Lehrpfaden ebenso vor Augen geführt wie die heute gängigen Getreidearten. Weiter erhält der Lehrpfadwanderer Informationen über das Beziehungsgeflecht Boden-Klima-Pflanze sowie auch über die Verwendung der einzelnen Anbauprodukte.
Die Getreidearten gehören zur botanischen Familie der Gräser. Von den etwa 4000 Arten hat der Mensch einige wenige als Nutzpflanzen über Jahrtausende kultiviert und in neuerer Zeit systematisch für seine Zwecke gezüchtet.

Der Wein- und Obstbau unterscheidet sich gegenüber dem Getreideanbau vor allem durch den meist mehrjährigen Anbau, besondere Wachstumsansprüche, intensive Pflegemaßnahmen, einen hohen Ertrag pro Flächeneinheit und durch eigene Erntetechniken. Insbesondere die Reben stellen hohe Ansprüche. Der Weinbau beschränkt sich deshalb auf die für ihn geeigneten Regionen, die sich meist aufgrund besonderer geologischer, klimatischer und topographischer Verhältnisse durch große Eigenständigkeit auszeichnen. Die jährlichen Hektarerträge sind vor allem abhängig vom Witterungsverlauf, der Rebsorte und dem Standort; sie sind damit erheblichen jährlichen Schwankungen unterworfen. Im Durchschnitt werden pro Hektar in Baden-Württemberg beispielsweise 90 Hektoliter geerntet.
Auf einem Spaziergang durch die Rebflächen, d. h. auf den Weinlehrpfaden, kann man sich über Herkunft, Wuchs, Farben, Geschmacksrichtung, Traubensorten u. a. m. informieren. Es ist zu beachten, daß das Betreten der Rebflächen in der Regel vom Reifebeginn bis zum Ende der Lese nicht gestattet ist; die einzelnen Gemeinden sind jedoch zu Ausnahmeregelungen berechtigt.
Der Wein- und Obstanbau hat sich für den Betrachter stark gewandelt. Wer durch den Kaiserstuhl streift, sieht die – recht unterschiedlich beurteilten – Ergebnisse der Rebflurbereinigung. In Obstbaugebieten ist die Veränderung durch die Umstellung vom (unwirtschaftlichen) Hochstammbau auf geschlossene Niederstammanlagen sowie auf Sorten, die heute auf dem Markt verlangt werden, augenfällig. Mit der jetzt besseren Wettbewerbsfähigkeit bei beiden Anbauformen hat sich aber auch das Landschaftsbild verändert.

(W. Schmid: Naturlehrpfade in Süddeutschland, Ravensburg 1984, S. 36ff.)

Der Heimatgeschichtliche Rundweg von Veringenstadt

Der Lehrpfad gliedert sich in drei Stationen:
Erzgruben, Schwammriff, Frühgeschichtliche Siedlung.

„Lehrpfadstation ‚Erzgruben'

Der Text auf den Schildern lautet:

① Das südliche Lauchertgebiet gehörte vor 100 Jahren zu den wichtigsten Bohnerzabbaugebieten Süddeutschlands. Die Bohnerze bildeten sich im subtropischen Savannenklima während der Kreidezeit vor 65 bis 135 Millionen Jahren in wechselfeuchten Senken durch Eisenmobilisation heraus. Sie sind Verwitterungsprodukte einer ursprünglich über 50 m mächtigen Kalkgebirgsdecke des Weißjura Epsilon und Zeta, die vor etwa 50 Millionen Jahren und damit schon vor Beginn der Tertiärzeit weitgehend abgetragen wurde.

② Schon zur Römerzeit wurden in dieser Gegend Bohnerze gewonnen. Ein Schwerpunkt der Bohnerzfunde bildeten die Markungen Hochberg, Inneringen, Veringendorf und Veringenstadt (Übersicht der Bohnerzgewinnung als Tafel).

③ Die Erzgewinnung erfolgte auf verschiedene Art. Im Tagebau wurden Flächen durchschürft, längere Gräben in Felsspalten gezogen oder der Boden trichterförmig ausgehoben. Oftmals hatten die Trichter die Tiefe eines größeren Bauernhauses. Für den Untertagebau wurden Schächte und Stollen mit Seitengängen geschaffen.
a) Längsgraben (in Felsspalten) für den Tageabbau
b) Trichterförmiger Tageabbau
c) Schacht- und Stollenanlage für den Untertageabbau

④ Die Bohnerzgewinnung im Untertageabbau war lohnend aber gefährlich. 10 bis 15 m tiefe Schächte und abzweigende Stollen bis zu 60 m waren keine Seltenheit (Stollenprofil).

⑤ Bohnerze im Lehmgemisch haben ein hohes Gewicht. Über eine Welle mußten mit zwei Kurbeln die Erzkübel hochgezogen werden. Öfters wurde auch ein Tier (Ochse) als Zugkraft verwendet, vielfach wurden die Eimer nur von Hand hochgezogen.

⑥ Die besondere Eisenqualität war der Buchenkohle zu verdanken (25 bis 30% besser als Steinkohle). Zahlreiche Köhler in den Buchenwäldern der Umgebung stellten die Holzkohle her. Das Bohnerz enthält etwa 30 bis 33% Eisen. Im Hochofen wurden für die Herstellung von 100 Tonnen Roheisen über 500 cbm Holzkohle verbraucht.

⑦ Der Standplatz des Meilers wird Kohlplatte genannt. Der Meiler wird mit aufrecht gestellten Hölzern um den Quandel-Schacht geschichtet. Der Schacht wird dann mit leicht brennbarem Holz oder Reisig gefüllt. Anschließend muß das Rauhdach mit grünem Nadelholzreisig oder Moos hergestellt und darüber mit einer 10 bis 15 cm starken Erdschicht abgedeckt werden. Nach der Entzündung wird durch Einstoßen von Zuglöchern das Holz von oben nach unten langsam in Brand gesetzt. Der Luftzutritt muß gering gehalten werden. Am letzten Tag wird durch erneutes Abdecken mit feuchter Erde die Gare erreicht. Die gute Kohle soll glänzend schwarz sein. Von der ursprünglichen Holzmenge werden etwa 45 bis 50% nach dem Volumen und etwa 18 bis 20% nach dem Gewicht bei harten Hölzern als Holzkohle gewonnen. Die Größe der Meiler schwankt zwischen 20 und 150 rm und die Brenndauer je nach Größe von 4 bis 14 Tage.

⑧ Das Bohnerz wurde in Erzbennen transportiert, an der Lauchert gewaschen und in den Schmelz- und Hammerwerken von Thiergarten (1671) und Lauchertthal (1707) verhüttet. 1877 wurden in Veringenstadt die Grabarbeiten eingestellt. Die Hochöfen erloschen im Jahr 1879. Erzgraben, Erzwaschen, Holzfällen und die Arbeit auf Kohlplatten und für Transporte gab vielen Bewohnern Verdienst."

(E. Zillenbiller: Bohnerzgewinnung auf der Schwäbischen Alb, S. 44 ff. Gammertingen 1975)

Moore

Immer wieder kann man in der Presse von der Bedrohung unserer letzten Moorflächen lesen. Wirtschaftlichen Interessen steht der Schutz der Moore (Pflanzen- und Tierwelt) gegenüber. Ein Moorbesuch wird also neben der Entstehung der Moore, ihrer typischen Tier- und Pflanzenwelt auch diesen Bereich erfassen müssen.
Wenn hier mehrfach Hochmoore als Exkursionsziel genannt werden, so sollte auch Laien klar sein, daß der Name „Hochmoor" nichts mit der topographischen Höhenlage zu tun hat; er ist mit Rücksicht auf die Wölbung der Oberfläche gewählt.

2150 Buxtehude
Hohen- und Harzmoor, Niedungsmoor, Mecklmoor

2241 Weddingstedt
- Weißes Moor (das einzige Hochmoor in der Marsch)
- Bourtanger Moor

2848 Vechta
Großes Moor

2862 Worpswede
Teufelsmoor

2903 Bad Zwischenahn
Zwischenahner Moor

2919 Barßel
- Kleinstmoor Drakamp
  Beispiel für die Entwicklung der großen Hochmoorflächen auf dem Geestboden
- „Ewiges Meer"
  Größter Hochmoorsee in Deutschland mit 80 ha großer Wasserfläche. Entstanden ist er in der Zeit von 7000–5000 v. Chr., als es zu einem Stillstand des Torfmoorwachstums kam. Damals senkte sich der Boden, die Senkungen füllten sich durch Eisgang und Wellenschlag, und da ringsum das Torfmoorpolster weiter wuchs, stieg der Wasserspiegel des „Meeres".

2960 Aurich-Brockzetel
Herrenmoor, Weiberhemdmoor

3046 Wietzendorf
Großes Moor

3050 Wunstorf
Rehburger Moor (Nähe Steinhuder Meer)

4018 Langenfeld
Further Moor

4282 Velen
Weiße und Schwarze Venn – Moorlandschaften

4401 Senden
Venner Moor

4426 Vreden
Zwillbrocker Venn – Hochmoorgebiet

4532 Mettingen
Mettinger und Vinter Moor (Töddenweg)

4446 Hörstel
Torfmoorsee

4534 Recke
Heiliges Moor und Recker Moor

Es handelt sich hier um sogenannte Erdfallseen, d. h., sie sind durch Erdrutsche entstanden.

4950 Minden
Hiller Moor

4955 Hille
Großes Torfmoor
Größtes Hochmoorgebiet Westfalens, Führungen

4995 Stemwede
Oppenweher Moor
ausgedehntes Hochmoor; geführte Moorwanderungen

6147 Lautertal
Schannenbacher Moor

6232 Bad Soden
„Weiberhemdmoor"
(beherbergt botanische Kostbarkeiten wie das in Mitteleuropa einzigartige Purpurreihergras)

6650 Homburg/Saar
Jägersburger Moor
(auch Teufelsmoor genannt)
Es entstand, als hier 1906 eine Torfgrube in Brand geriet und nur durch einen umgeleiteten Bach gelöscht werden konnte.

7822 Ibach
Hochmoor

7824 Hinterzarten
Hochmoor

7967 Bad Waldsee

- Waldseer Ried mit Urwald
  Ausgedehntes Moor mit einem forstwirtschaftlich nicht genutzten, als „Urwald" belassenen Teil. Er ist insbesondere wegen der vielen Arten von Moospflanzen interessant, die bis zu 80 cm übereinanderlagern und den Fichten-Hochmoorwald absterben lassen.
- Federsee, Federseemuseum

7982 Argenbühl-Eisenharz
Eisenharzer Moore

7983 Wilhelmsdorf
Pfrunger Ried
Im Pfrunger Ried bei Wilhelmsdorf, dem nach dem Federseeried größten Moor in Südwestdeutschland, arbeitet die Torfindustrie mit dem Naturschutz Hand in Hand. Sie schafft im streng geschützten Gebiet neue Biotope, Lebensräume für heimische Brutvögel und Rastplätze für eine große Zahl nordischer Zugvögel. Es handelt sich hier um eine in Deutschland einmalige Allianz zwischen der Torfindustrie und dem Naturschutz.

8110 Murnau am Staffelsee
Murnauer Moor
(größtes zusammenhängendes Moorgebiet Bayerns)

8177 Bichl bei Bad Tölz
Loisach- und Kochelsee-Moor
(Blumen- und Vogelparadies)

8351 Lalling
„Tote Au"
Hochmoor und Heidegebiet mit seltener Pflanzenwelt

8371 Bischofsmais
Hochmoorfläche Oberbreitenau

8591 Fichtelberg
Fichtelsee – Hochmoorwaldgebiet

8703 Ochsenfurt
Zeubelrieder Moor

8741 Fladungen
Unweit von Fladungen dehnt sich das größte Hochmoor der Rhön aus: das Schwarze Moor. Auf einem Knüppeldamm kann man das Moorgebiet durchqueren.

8743 Bischofsheim
Rotes Moor
Torfmächtigkeit 6 m (40 ha)

Über Moore

Als Moor wird ein Gebiet definiert, in dem im Untergrund eine Torfschicht von mindestens 30 cm Dicke liegt.
In Abhängigkeit von klimatischen, topographischen und hydrologischen Bedingungen sind unterschiedliche Torfarten, -schichten und -mächtigkeiten und damit verschiedene Moortypen entstanden. Man unterscheidet zwei Hauptformen, nämlich Hochmoore und Niedermoore, auch Flachmoore genannt.
Niedermoore sind dadurch charakterisiert, daß sie nicht nur im Einflußbereich des Oberflächen-, sondern auch des Grundwassers liegen. Sie sind meist aus verlandeten Seen oder feuchten Senken entstanden.
Die Bedingungen für einen individuen- und artenreichen Pflanzen- und Tierbestand sind wegen des besonderen Nährstoffhaushalts dieser Lebensräume günstig, das Pflanzenwachstum meist üppig.
Hochmoore hingegen können nur dort entstehen, wo die Niederschlagsmenge größer als der Wasserverlust durch Verdunstung und Abflüsse ist. Bei uns sind daher Hochmoore an Gebiete gebunden, die etwa 700 mm und mehr durchschnittlichen Jahresniederschlag aufweisen. Außerdem müssen sich die Niederschläge annähernd gleichmäßig über das Jahr verteilen. Entsprechende Voraussetzungen finden sich bevorzugt in Schleswig-Holstein, Niedersachsen, im nördlichen Teil Nordrhein-Westfalens und natürlich im Voralpengebiet, sowie den Alpen und in den Hochlagen der Mittelgebirge wie Harz, Solling, Rhön, Eifel, Schwarzwald und Bayerischer Wald.
Die Entwicklung zu einem Hochmoor kann von einem Niedermoor ausgehen: Die Oberfläche des Nieder- oder Flachmoores wächst durch die Erhöhung der Torfmächtigkeit allmählich über den Grundwasserspiegel hinaus. Der Wasserhaushalt des Moores wird hierdurch in zunehmendem Maße vom Regenwasser abhängig. Sind die jährlichen Niederschläge größer als der Wasserverlust, so kann ein Hochmoor entstehen.
Im nährstoffarmen Niederschlagswasser wachsen Torfmoosarten, die allmählich einen eigenen Moorkörper bilden. Die Pflanzendecke entwickelt sich im Laufe der Zeit so mächtig, daß das Moor sich uhrglasförmig über die Umgebung erhebt. Damit ist es dem Einflußbereich des nährstoffreichen Grund- und Oberflächenwassers entzogen und wird nur noch von den nährstoffarmen Niederschlägen gespeist. Dieser Vorgang erfolgt sehr langsam, da das Hochmoor im Durchschnitt nur um 1 mm pro Jahr wächst. Während das Niedermoor (Grundwassermoor) durch einen gewissen Nährstoffreichtum und eine artenreiche Flora gekennzeichnet ist, können im nährstoffarmen Hochmoor (Regenwassermoor) nur wenige spezialisierte Pflanzen leben. Intakte Hochmoore sind extrem arm an wichtigen Pflanzendüngern wie Phosphate und Stickstoff. Um diese geringe Nährstoffversorgung aus dem Boden auszugleichen, haben verschiedene Pflanzen sehr seltene Eigenschaften entwickelt. Sie werden Fleischfresser und sichern sich durch das Fangen und Einverleiben von Insekten z. B. ihren Stickstoffbedarf.
Um das Jahr 1700 hatte Deutschland etwa 1,1 Mill. ha Moorfläche. Es existieren hiervon nur noch rund 10%, und auch diese sind durch Torfabbau, Entwässerungsmaßnahmen und Schadstoffbelastung bedroht. Von den Hochmooren, die in Niedersachsen ursprünglich rund 3300 km^2 bedeckten, sind heute noch kümmerliche 80 km^2 in naturnahem Zustand. Erst 1981 stellte Niedersachsen ein Moorschutzprogramm auf, mit dem

300 km^2 wertvolles Hochmoor erhalten werden sollen. Der Löwenanteil am Torfabbau mit insgesamt rund 11 Mill. m^3 geht heute in den Gartenbau (8,6 Millionen m^3). Zwei Millionen gehen in die Industrie und 400000 m^3 wandern in die Moorbäder.
Der Torf aus Niedermooren ist für den Abbau ungeeignet. Die obere, stärkere Schicht eines Hochmoores bezeichnet man als Weißtorf, weil diese Schicht heller ist, die darunterliegende als Schwarztorf, der durch mehr Huminstoffe dunkler gefärbt ist.
Wie ein Schwamm saugt sich eine Moorlandschaft voll Wasser. Wer hier siedeln wollte, mußte das Land, dessen Untergrund zu 96% aus Wasser besteht, buchstäblich zur Ader lassen. Jahrhundertelang erschlossen sich die Menschen durch Entwässerungsmaßnahmen das Land. Tiere und Pflanzen jedoch, die sich auf das Leben im Moor spezialisiert hatten, wurden in immer kleinere Refugien zurückgedrängt.
98% der ursprünglich vorhandenen Niedermoore sind heute landwirtschaftlich genutzte Gebiete.
Zur Erhaltung der Moore kann jeder Mensch einen Beitrag leisten. Wenn alle auf den Torf verzichten und auf viel besser geeignete Produkte wie Kompost oder Rindenhumus zurückgreifen würden, könnte der Torfabbau endlich gestoppt werden.

Moorleichen

„Bernuthsfeld, 27. Mai. Torfgräber entdeckten am Sonnabend einige Fuß tief im Boden ein in einen Frauenunterrock, Decken und Binden eingewikkeltes menschliches Gerippe. Daß der geheimnisvolle Fund viel besprochen wird und daß die Gerichtsbehörde sich mit ihm beschäftigt, ist erklärlich. Die Knochen waren, wie man hört, schon recht morsch, und Jahre mögen wohl hingegangen sein seit der Zeit, als vielleicht eine wandernde Zigeunerbande einen Toten ihres Stammes ins stille Moor zur Ruhe bestattete."

Die Bernuthsfelder Moorleiche ist nur eine von 62, die in Ostfriesland gefunden wurden; in Europa sind bisher über 1400 bekannt geworden; nicht immer waren es vollständige und bekleidete Körper.
Nicht alle Rätsel um die Moorleiche können gelöst werden. Aber auf die wichtigsten Fragen haben die Forscher nach langer Untersuchungsarbeit auf verblüffende Weise eine Antwort gefunden, nämlich auf die Fragen:

- War dieser Mensch ein Mann oder eine Frau?
- Wann hat er gelebt?
- Wie alt war er?
- Warum war er im Moor?
- War er allein?
- Woran starb er? Ist er ermordet oder hingerichtet worden? Oder ist er verunglückt?
- Ist er bestattet worden oder ist er im Moor versackt?
- Was für Kleidung trug er?
- Was hatte er sonst noch bei sich?
- Wie sah es zu seiner Lebenszeit hier im Moor aus?

Jahrhundertelang gehörten die Moorleichen mit ihren Lebensschicksalen in den Bereich der Gruselgeschichten und Legenden. Das lag daran, daß man nicht wußte, wie man die Funde wissenschaftlich genau untersuchen kann.
Fragen wie z. B. „Wie alt ist der im Moor umgekommene Mensch überhaupt geworden?", „Wann passierte es?", „Wie ist es geschehen?" blieben in den meisten Fällen ungeklärt.
Man begnügte sich damit, die Moorleichen als ehemalige kultische Men-

schenopfer oder als Fälle von Rechtstötung anzusehen, denn darüber hatte man schon in alten Überlieferungen gelesen.
Man weiß jetzt: neben Menschenopfern und Rechtstötungen sind ebenso häufig Morde und Unglücksfälle vorgekommen. Auch Fälle von Krankentötung hat es gegeben. Oft sind aber auch Menschen nach einem natürlichen Tod im Moor bestattet worden.

Daß der Mann von Bernuthsfeld ermordet wurde, ließ sich an den Kopfverletzungen feststellen.
Schnittwunden am Körper, Messerstiche im Herzen, Pfeile im Rücken sind andere Beweise für Mordtaten, die bei Moorleichen zu erkennen waren.

(Auszüge aus: M. Claudi, 2000 Jahre im Moor. Aurich 1980)

Mühlen

Wenn heute von Mühlen die Rede ist, dann geht es meist weniger um das fröhliche Leben an der Mühle am rauschenden Bach, das es gewiß nicht gab, sondern vielmehr um den Erhalt verbliebener Mühlen. Trotz der geringen Zahl an erhaltenen/restaurierten Mühlen ist es erfreulich, daß noch so eine breite Typenvielfalt anzutreffen ist.

2077 Grande
Wassermühle

2270 Wyk auf Föhr
Bockmühle (Museum)

2278 Nebel/Amrum
Holländer-Mühle (Mühlenmuseum)

2300 Kiel-Rammsee
Bockmühle, Galerie-Holländer-Mühle, Wassermühle, Spinnkopfmühle im Schleswig-Holsteinischen Freilichtmuseum

2303 Gettorf
Zwickstellholländer Mühle

2340 Kappeln
Holländer Windmühle
Die größte Windmühle Schleswig-Holsteins; man kann sich in ihr auch standesamtlich trauen lassen.

2356 Aukrug-Bünzen
Wassermühle

2449 Lemkenhafen/Fehmarn
- Zwickstellholländer Mühle (Mühlenmuseum)
- Segelmühle (letzte deutsche Segelmühle von 1787)

2930 Varel/Jadebusen
Holländer Windmühle
(eine der größten im Bundesgebiet - mit heimatkundlicher Sammlung)

2955 Bunde/Ostfriesland
Wind-Wasser-Schöpfmühle Wynham

2960 Aurich
Windmühle

2962 Großefehn
Großefehner Mühlenstraße (25 Mühlen)

2975 Greetsiel
Zwei Windmühlen

3062 Bückeburg-Bergedorf
Holländer Mühle und Schöpfmühle

4055 Leuth
Wassermühle

4057 Brüggen
Brüggener Mühle

4171 Walbeck
Koker Windmühle

4190 Kleve
Holländer Mühle

4220 Dinslaken
Wasser- und Windmühle Hiesfeld

4904 Enger
Liesberg-Mühle
Eine Windmühle aus dem Jahre 1756. Sie gehört zu den wenigen noch erhaltenen Mühlen, die Friedrich der Große als sogenannte „Zwangsmühlen" zur Versorgung der Bevölkerung mit Mehl errichten ließ.

4920 Lemgo
Ölmühle (Modell für die Mühle im Deutschen Museum München)

4925 Kalletal
Wasser- und Windmühlen

4950 Minden
Westfälische Mühlenstraße (Kreis Minden-Lübbecke)

4993 Rahden, Westf.
Roßmühle Rahden

4995 Stemwede
Bockwindmühle Oppenwehe

5133 Gangelt
Windmühle (Museum)

5510 Saarburg/Saar
Wassermühle

5561 Hupperath
Wassermühlen im Salmtal

6987 Külsheim
Größtes Mühlrad Süddeutschlands

7063 Welzheim
Mühlenwanderweg

7244 Waldachtal-Lützenhardt
Schwarzwald-Sägemühle

7290 Freudenstadt
Waldmühle

7506 Bad Herrenalb
Plotzsägemühle
Der Name kommt vom „Herunterplotzenlassen" („plotzen" *schwäb.* = fallen) des Sägerahmens. Das oberschlächtige Wasserrad treibt über Holzzähne den Hochgang an. Hunderte solcher Klopf- oder Plotzsägemühlen hat es im Schwarzwald gegeben. Diese aber ist die einzige, die noch erhalten ist und vorgeführt werden kann.

7593 Ottenhöfen
„Mühlendorf" mit alten Schwarzwald-Mühlen

7741 Tennenbronn
Schwarzwald-Sägemühle

7743 Furtwangen-Neukirch
Hexenlochmühle

7902 Blaubeuren
Mühle am Blautopf

8240 Berchtesgaden
Kugelmühle
(am Eingang zur Almbachklamm)

8451 Hohenburg-Allersburg
Hammermühle

8647 Stockheim-Burggrub
Herolds-Mühle mit riesigem Mühlrad

Die Westfälische Mühlenstraße

Der Kreis Münden-Lübbecke ist heute der mühlenreichste Kreis in Nordrhein-Westfalen. Größer als in den meisten anderen deutschen Landschaften ist hier die Zahl der Mühlenbauten, die das „große Mühlensterben" in den zwanziger Jahren und in der Zeit nach dem Zweiten Weltkrieg überstanden haben. Über hundert Wasser-, Wind- und Roßmühlen sind hier in unterschiedlichem Zustand zu sehen.
Die Wassermühlen stehen dort, wo es immer genug Wasser gab: In den Sieks, den kleinen bachdurchflossenen Taleinschnitten an den Hängen des Weser-Wiehen-Gebirges und an den größeren Flüssen in der Ebene, an der Werre, der Aue, der Gehle und am großen Diekfluß, deren Wasser man stauen konnte.
Von der Wassermenge und dem Gefälle hing es ab, welcher Mühlentyp gebaut werden konnte. So gibt es Wassermühlen mit oberschlächtigen Rädern, bei denen das Wasser von oben auf die Schaufeln fällt, Wassermühlen mit mittelschlächtigen Rädern, die das Wasser in halber Höhe trifft und dreht, und Mühlen mit unter-

schlächtigen Rädern, die nur wenig in das unten fließende Wasser eintauchen und durch den Druck der Strömung auf die Schaufeln bewegt werden.
Wo das Wasser fehlte oder nicht jederzeit mit ausreichender Kraft verfügbar war, dafür aber der Wind von allen Seiten ungehindert blasen konnte, dort baute man Windmühlen. Sie stehen vor allem im weiten, ebenen oder leicht hügeligen Gelände.
Mühlen sind nicht nur bedeutungsvolle Zeugen einer vergangenen Zeit, technische Kulturdenkmäler, sie prägen auch das Bild der Landschaft. Während die Wassermühlen, dem tiefliegenden Bett des fließenden Gewässers angepaßt, sich in die Täler einfügen, erheben sich die Windmühlen weithin sichtbar über die Landschaft. Als Wahrzeichen alten Bauernlandes geben sie ihr in allen Jahreszeiten eine besondere, eigene Stimmung.

Die Kugelmühle bei der Almbachklamm

Am Eingang zur Klamm steht die letzte Kugelmühle Deutschlands. Sie stammt aus dem Jahre 1683 und ist Überbleibsel eines einst blühenden Gewerbezweiges, der Marmorkugeln herstellte und bis nach Asien und Amerika vertrieb. Die Kugelmühle gehört zu den ältesten bayerischen Handwerksbetrieben.
Die Marmorkugeln dienten nicht nur als Kinderspielzeug, als das sie in erster Linie exportiert wurden, sondern auch manch anderem Zweck. Mit Marmorkugeln wurden sogar Kanonen geladen, sie dienten aber auch als Ballast bei der Segelschiffahrt. Die Kugeln boten gegenüber dem Sandballast den Vorteil, daß man sie nach beendigter Reise verkaufen konnte.
Im 17. Jahrhundert hatten die Berchtesgadener Bergbauern, die sich allein von der Landwirtschaft und Holznutzung nicht ernähren konnten, nach Salzburger Vorbild die erste Kugelmühle eingerichtet. Der Marmor stammte vom nahen Untersberg, und die zahlreichen Wildbäche dienten als Antriebskräfte für die Mühlen. Alte Leute und Kinder klopften die Marmorstückchen oder Marmorkiesel in die notwendige Würfelform. 1000 Stück waren die Tagesleistung und nur erreichbar für besonders Geschickte. Dafür gab es dann 20 Kreuzer. Bis 1871 entsprach ein Kreuzer 2,85 Pfennig.
Wie arbeitet eine Kugelmühle? In der groben Reißmühle werden die Marmorwürfel in Kugelform gebracht, was zwei bis drei Stunden dauert. Danach kommen die „groben" Kugeln für sechs Stunden in die feine Reißmühle. Nach 12–14stündiger Arbeit liefert die Ausmahl- oder Feinmühle die glatten Marmorkugeln, die erbsen- bis faustgroß sein können. Die Größe wird durch den Hohlraum der Rillenkreise des Mühlsteins bestimmt.
Die heute noch betriebene Anlage besteht aus sechs Mühlen, gedreht werden vor allem größere Kugeln bis 12 cm Durchmesser.

Wasserräder

Wasserräder gehören zu den ältesten technischen Errungenschaften der Menschheit. Sie haben durch viele Jahrhunderte gute Arbeit geleistet, und ihre Bedeutung reicht bis an die Schwelle der Neuzeit.
Die Anlage eines Wasserrades war keine billige Sache. Das Rad selbst kostete eine Menge Geld. Die Herstellung des Zuleitungsgrabens, des Radschachtes und die Aufhängung

verursachten weitere Ausgaben. Neben obligatorischen Renovierungskosten legte schließlich noch der Landesherr seine Steuer auf die Benutzung des Bachs: man bezahlte den sogenannten „Wasserfall".
Ein Wasserrad brachte Leben und Betriebsamkeit in die betreffende Gegend. Gab es doch für ein Wasserrad die verschiedensten Verwendungsmöglichkeiten. Die älteste war wohl die zum Betrieb einer Mahlmühle. Als „Mühlrad" dreht es die Mühlsteine, die das Korn zerrieben und zu Mehl verarbeiteten. Darüber hinaus gab es mancherlei zu reiben und zu mahlen, angefangen von den Ölfrüchten bis hin zum Tabak, wenn er zu Schnupftabak verarbeitet werden sollte. Für einen solchen Betrieb mußte die Vertikalbewegung des Rads in eine Horizontalbewegung umgewandelt werden, was mit Hilfe des „Wendelbaumes" bewerkstelligt wurde. Dies galt auch für die Hanfreibe, deren Walze ebenfalls durch den Wendelbaum in die gewünschte Drehung versetzt wurde.
Wenn es galt, Hämmer oder Kolben zu heben und fallen zu lassen, arbeitete der Mechanismus anders. Ein solcher Bewegungsablauf war notwendig in Pochen, Hammerschmieden und Stampfen. Die Pochen waren eine Vorrichtung zum Zerkleinern des Erzes, in den Hammerschmieden gab der vom Wasserrad betriebene Hammer dem untergeschobenen glühenden Eisenstück die gewünschte Form. Zu einer Hammerschmiede gehörte oft auch noch eine Schleife, in der eisernes Gerät die notwendige Schärfe erhielt. In Stampfmühlen wurde das Korn, vor allem Gerste, nicht zerrieben, sondern gestampft, so daß sich bei dieser Bearbeitung die Hülse vom Korn löste. Das Ergebnis war die „gerellte Gerste", die einmal eine große Rolle im Haushalt unserer Vorfahren spielte.
Mühle, Stampfe, Hanfreibe, Poche, Hammerschmiede, Schleife: alle hingen sie einmal vom Wasserrad ab. Heutzutage hat das Wasserrad seine Bedeutung verloren, es ist zu einem Museumsstück geworden.

Museen

Allein im Jahre 1987 haben rund 51 Millionen Menschen in der Bundesrepublik ein Museum besucht. Davon waren die Hälfte Kinder. Ein Großteil der Kinder kam im Rahmen eines Klassenbesuchs in ein Museum.
Soll ein Museumsbesuch etwas bringen, dann muß er geplant und vorbereitet sein. Auf keinen Fall sollte man, weil gerade ein wenig Zeit zur Verfügung steht, noch rasch ein Museum durchrennen. „Leider findet der Museumsbesuch als geplanter Bestandteil des Unterrichts noch wenig Beachtung. Was aber im Kunstunterricht schon relativ häufig praktiziert wird, nämlich die Verlegung einzelner Unterrichtsabschnitte ins Museum, sollte auch im Geschichts-, Geographie-, Arbeitslehre-, Gemeinschaftskunde-, Biologie- und Sachkundeunterricht möglich sein.“ (Schmid, W., S. 97)
Realisiert werden kann ein solches Vorhaben in einem der zahlreichen hier vorgestellten Museen; der Verfasser hofft, daß sowohl Lehrer als auch Schülerinnen und Schüler von einem solchen Museumsbesuch profitieren mögen.

1000 Berlin
- Museum für Verkehr und Technik
  Besucher dieses Museums können sich u. a. auf ein Motorrad setzen, Gas geben, schalten, bremsen. Eine kurze Drehung am Griff beschleunigt in knapp 5 Sekunden auf 100 km/h. In Kurven fällt es schwer, Gleichgewicht und Spur zu halten. Die Fahrt endet dann an der Leitplanke, doch der Fahrer bleibt unverletzt, denn er sitzt nur, vor sich auf dem Bildschirm den Nürburgring, auf einem Simulator.
  Im ersten Stockwerk ist ein Versuchsfeld aufgebaut, auf dem man viele physikalische Grundgesetze experimentell nachvollziehen kann.
- Ägyptisches Museum
- Kriminalmuseum
- Völkerkundemuseum
- Berliner Juniormuseum im Völkerkundemuseum
- Zucker-Museum (museumspäd. Angebot)

2000 Hamburg
- Museum für Kunst und Gewerbe
- Zoologisches Museum
- Museum für Hamburgische Geschichte (Stadtgeschichte, Schiffahrt, Hafen, historisches Auswanderungsbüro, Münzkabinett, Kaufmannsdiele)

2055 Aumühle-Friedrichsruh
Bismarck-Museum

2058 Lauenburg/Elbe
Elbschiffahrtsmuseum (u. a. Binnenschiffahrtsgeschichte)

2071 Tremsbüttel
Auto-Museum Hillers

2161 Deinste
Deutsches Feld- und Kleinbahn-Museum

2190 Cuxhaven
Puppenmuseum, Wrackmuseum

2211 Moordorf
Moormuseum Moordorf
Die Geschichte Moordorfs begann vor etwas mehr als 200 Jahren. Bauern aus der Nachbarschaft gruben wahllos Torf und hinterließen große Wasserkuhlen.
Die ersten Siedler kamen aus den Nachbargebieten. Später waren es Menschen aus dem ganzen ostfriesischen Raum und auch darüber hinaus. Nach 100 Jahren waren über 130 Familien in Moordorf ansässig.
Entstehung und Entwicklung Moordorfs vollzogen sich unter unsagbaren Schwierigkeiten. Als Ursachen hierfür sind einerseits fehlende Entwässerungsanlagen zu nennen (die Besiedlung begann 1767, aber erst rund 100 Jahre später wurde ein Kanal gebaut), andererseits waren staatliche Stellen bei der Auswahl der Siedler mehr als nachlässig. Viele Kolonisten hatten völlig unzureichende Kenntnisse von der Moorkultivierung. So fielen die meisten Moordorfer mit ihrer unergiebigen und unsicheren Moorbrandkultur bald in bitterste Armut, während sich in den Fehndörfern blühendes Leben und wachsender Wohlstand einstellten.

2223 Meldorf
Landwirtschaftsmuseum

2242 Burg/Dithmarschen
Waldmuseum mit Lehrpfad

2250 Husum
- Nissenhaus (museumspäd. Angebot)
- Theodor-Storm-Haus

2300 Kiel
- Zoologisches Museum der Universität (museumspäd. Angebot)
- Wanderndes Museum in Altenholz (museumspäd. Angebot)

2304 Laboe
Marine-Ehrenmal und U-Boot-Museum (Geschichte der Marine, Schiffsmodelle, historisches U-Boot „995")

2380 Schleswig
Schleswig-Holsteinisches Landesmuseum für Vor- und Frühgeschichte (Schloß Gottorf)

Rentierjäger der Eiszeit, Zeit der Großsteingräber, Eisenverhüttung, Bronzezeit mit zahlreichen Goldfunden, Haithabu (eine Handelsstadt der Wikinger), Moorfund der Eisenzeit, Nydam-Schiff sowie Moorleichen

2400 Lübeck
- Naturhistorisches Museum (museumspäd. Angebot)
- Museum für Puppentheater

2449 Lemkenhafen/Insel Fehmarn
Mühlenmuseum

2800 Bremen
- Bremer Landesmuseum für Kunst- und Kulturgeschichte (museumspäd. Angebot)
- Bremer Leichenmuseum
- Übersee-Museum (museumspäd. Angebot)

2850 Bremerhaven
Deutsches Schiffahrtsmuseum

2940 Wilhelmshaven
Küstenmuseum

Siedlungsarchäologie und Geologie des Küstengebiets; Stadt- und Schiffahrtsgeschichte

2943 Neuharlingersiel
— Museum für alte Seenotrettungsgeräte

— Buddelschiffmuseum

2946 Wangerooge
Inselmuseum im alten Leuchtturm

2963 Südbrookmerland
Moormuseum Moordorf (Ausstellungsgebäude und Freilichtmuseum)

2970 Emden
Museum Feuerschiff „Amrumbank"

2974 Krummhörn-Pewsum
Ostfriesisches Freilicht-, Mühlen- und Burgenmuseum (Wasserburg)

2982 Norderney
Meeresmuseum

2983 Juist
Küstenmuseum

2987 Groß-Heide
Waldmuseum mit Forstlehrpfad im Ortsteil Berumerfehn (museumspäd. Angebot)

3000 Hannover
— Wilhelm-Busch-Museum

— Niedersächsiches Landesmuseum (museumspäd. Angebot)

3040 Soltau
Spielzeugmuseum

3050 Wunstorf (Steinhude)
Militärhistorisches Museum auf der Insel Wilhelmstein

3057 Neustadt a. Rbge.
Europäisches Torfmuseum

3061 Wiedensahl
Wilhelm-Busch-Museum

3062 Bückeburg
Hubschraubermuseum

3101 Wietze
Erdölmuseum

3111 Suhlendorf
Mühlenmuseum

3113 Suderburn-Hösseringen
Landwirtschaftsmuseum

3127 Brome
Mechanisches Musik-Museum

3170 Gifhorn
Internationales Mühlenmuseum

3307 Schöppenstedt
Till-Eulenspiegel-Museum

3362 Bad Grund
Bergbaumuseum
Bad Grund hat ein heute noch förderndes Bergwerk. Aus der Grube „Hilfe Gottes" wird die Hälfte der bundesdeutschen Silberförderung zutage gebracht.

3392 Clausthal-Zellerfeld
Oberharzer Bergwerks- und Heimatmuseum (mit Schaubergwerk)

3400 Göttingen
Geologisch-Paläontologisches Museum der Universität

3403 Friedland-Mollenfelde
Europäisches Brotmuseum

3424 St. Andreasberg
Heimat- und Bergwerksmuseum (mit ehem. Silberbergwerk „Grube Samson")

3437 Bad Sooden
Salzmuseum

3452 Bodenwerder
Münchhausen-Museum

3470 Höxter
Museum Corvey/Kloster Corvey

3500 Kassel
Brüder-Grimm-Museum

3504 Kaufungen
Bergwerksmuseum

3520 Hofgeismar
Waldmuseum

3522 Bad Karlshafen
Hugenottenmuseum

3542 Willingen
Waldmuseum

4000 Düsseldorf
- „Malhaus" im Düsseldorfer Kunstmuseum
- Lobbecke-Museum und Aquarium (museumspäd. Angebot)

4020 Mettmann bei Düsseldorf
Neandertal-Museum
Urgeschichtliches Museum mit großem „eiszeitlichem" Wildgehege

4047 Dormagen
Missionsmuseum

4048 Grevenbroich
Geologisches Museum

4060 Viersen
- Narrenmuseum in der Narrenmühle (Dulken)
- Kirchenmuseum

4100 Duisburg
- Museum der deutschen Binnenschiffahrt
- Niederrheinisches Museum (museumspäd. Angebot)

4232 Xanten
Regionalmuseum
(museumspäd. Angebot)

4240 Emmerich
Rheinmuseum mit Schiffs- und Werftmodellen

4250 Bottrop
Museum für Ur- und Frühgeschichte
(Werkstattnachmittage)

4390 Gladbeck
Museum der Stadt
(museumspäd. Angebot)

4400 Münster
Westfälisches Landesmuseum

4478 Geeste/Groß Hesepe
Emsland Moormuseum
Museumshalle und Freilichtmuseum: Moorkultivierung und Torfgewinnung, Torfverarbeitung, Lehrpfade durch ein 23 ha großes Moorgelände

4500 Osnabrück
Naturwissenschaftliches Museum
u. a. Singvögelvitrine mit akustischer Demonstration

4502 Bad Rothenfelde
Automuseum

4530 Ibbenbüren
Motorrad- und Automuseum

4532 Mettingen/Westfalen
Tüöttenmuseum

4542 Tecklenburg
Puppenmuseum

4571 Menslage
Moormuseum
Sammlung alter Arbeitsgeräte der Moorkultur; 1,5 km langer Moorlehrpfad durchs Hahnenmoor

4600 Dortmund
- Museum für Naturkunde (museumspäd. Angebot)
- Brauereimuseum, Westfälisches Schulmuseum

4630 Bochum
- Deutsches Bergbaumuseum (mit Förderturm und unterirdischem Anschauungsbergwerk)
- Eisenbahnmuseum

4902 Bad Salzuflen
Museum für Bädergeschichte

4904 Enger
Widukundmuseum

5000 Köln
Römisch-Germanisches Museum

5100 Aachen
Internationales Zeitungsmuseum

5165 Hürtgenwald
Friedensmuseum in Kleinau

5300 Bonn
Zool. Forschungsinstitut und Museum Alexander (museumspäd. Angebot)

5340 Bad Honnef-Rhöndorf
Adenauer-Haus

Rhöndorf – das war ein Begriff, da wohnte der „Alte", wie der erste Kanzler der Bundesrepublik Deutschland von Bürgern, Parteifreunden und politischen Gegnern genannt wurde. In Rhöndorf starb er am 19. April 1967 im Alter von 91 Jahren.
Grundstück, Wohnhaus und der Pavillon, in dem der 1963 als Kanzler zurückgetretene Adenauer seine „Erinnerungen" niederschrieb, sind seit 1970 öffentliche Gedenkstätte und wurden seither von vielen Gästen aus aller Welt besucht.
In einem weiteren, 1975 errichteten Bau, befindet sich eine Dauerausstellung mit Dokumenten, die Persönlichkeit und Wirken Adenauers während fünf Epochen deutscher Geschichte widerspiegeln: Kaiserzeit, Weimarer Republik, Nationalsozialismus, Nachkriegszeit und Bundesrepublik. Zu den Exponaten gehören Fotos mit Widmungen von gekrönten und ungekrönten Häuptern aus aller Welt, dazu eine Auswahl der 54 Orden, die Adenauer verliehen bekam, sowie Geschenke von Bürgern und Staatsmännern. Natürlich fehlt auch der Pepita-Hut nicht und sogar die Boccia-Kugeln, mit denen Adenauer zu spielen pflegte, sind ausgestellt.

5400 Koblenz
— Landesmuseum
— Rheinmuseum (museumspäd. Angebot)
— Beethoven-Gedenkstätte

5423 Braubach
Burgmuseum
Einrichtung einer mittelalterlichen Burg mit Waffensammlung, Rüstungen usw.

5424 Kamp-Bornhofen
— Schiffahrts- und Flößereimuseum
— Blüchermuseum

5440 Mayen
Eifeler Landschaftsmuseum
u.a. Geologie der Eifel, Schiefer-, Bims- und Basaltabbau

5500 Trier
Rheinisches Landesmuseum
Ausgrabungsfunde und Kunstwerke vorgeschichtlicher und frühchristlicher Zeit

5521 Gondorf
Waldmuseum und Waldlehrpfad

5521 Irrel
Westwall-Museum

5600 Wuppertal
Uhrenmuseum und Fuhlrott-Museum (museumspäd. Angebot)

5680 Iserlohn-Letmathe
Museum der Studiengemeinschaft für Vorgeschichte und Höhlenkunde (Höhlenmuseum – Deckenhöhle)

5779 Eslohe/Sauerland
Maschinen- und Heimatmuseum

5780 Betswig-Ramsbeck
Bergwerksmuseum mit Besucherbergwerk

5970 Plettenberg-Holthausen
Schiefermuseum

6702 Bad Dürkheim
Pfalzmuseum für Naturkunde

6730 Neustadt/Weinstraße
Eisenbahnmuseum – Verkehrsgeschichtliches Museum

6380 Bad Homburg
Limesmuseum auf der Saalburg

6000 Frankfurt/Main
- Kindermuseum (im Historischen Museum) Hier können sich Kinder im Alter von 6–12 Jahren in kostenlosen Kursen z. B. als Seefahrer anheuern lassen oder gemeinsam ein Robinson-Buch erfinden und drucken.
  Der Sonntagvormittag ist Eltern-Kind-Kursen vorbehalten.
- Architekturmuseum (größte Sammlung zur Dokumentation der Gegenwartsarchitektur der westlichen Welt)
- Oldtimer-Flugzeugausstellung (Flughafen)
- Senckenberg-Museum (museumspäd. Angebot)

6100 Darmstadt
Eisenbahnmuseum

6200 Wiesbaden
Museum Wiesbaden (museumspäd. Angebot)

6290 Weilburg
Heimat- und Bergbaumuseum (mit Schaustollen)

6330 Wetzlar
Industriemuseum

6350 Bad Nauheim
Salzmuseum

6413 Taun
Rhöner Museumsdorf

6500 Mainz
- Gutenberg-Museum
- Goethe-Museum, Goethe-Haus
- Römisch-Germanisches Zentralmuseum
- Naturhistorisches Museum (museumspäd. Angebot)

6504 Oppenheim
Deutsches Weinbaumuseum

6580 Idar-Oberstein
Deutsches Edelsteinmuseum (Diamant- und Edelsteinbörse)

6652 Bexbach
Grubenmuseum (unterirdische Bergwerksanlage)

6660 Zweibrücken
Fossilienmuseum

6832 Hockenheim
Tabakmuseum

6900 Heidelberg
- Apothekenmuseum (vollständigstes Museum dieser Art auf der Welt)
- Bonsaimuseum (Bonsaizentrum)

6920 Sinsheim
Auto- und Technikmuseum

6954 Haßmersheim
Burgmuseum (Burg Guttenberg)

6960 Osterburken
Römermuseum

6969 Hardheim
Heimat- und Landschaftsmuseum mit ständiger Walter-Hohmann-Raumfahrtausstellung

6980 Wertheim
Wertheimer Glasmuseum

6992 Weikersheim
Tauberländer Dorfmuseum (museumspäd. Angebot)

7000 Stuttgart
- Staatliches Museum für Naturkunde: Schloß Rosenstein (museumspäd. Angebot)
- Landwirtschaftsmuseum Hohenheim:
  Das Museum demonstriert die Geschichte des Ackerbaus. Abdrücke von Früchten und Pflanzenresten, unter Hügelgräbern und Aufschüttungen gefundene fossile Haken- und Pflugspuren zeugen von der lange zurückreichenden Verbreitung des Ackerbaus und seiner Intensitätsstufe.

Geräte und Maschinen unterm Dach oder unter freiem Himmel sowie Modelle in einer rund 100 m langen Vitrine zeigen den Kampf des Menschen gegen die Natur und für's Leben und Überleben. Aber auch die Gegenwartsprobleme hat das Museum nicht ausgeklammert: Überbevölkerung, Überproduktion, Hungersnöte in Dürregebieten und Maßnahmen, eine gesunde Umwelt zu schaffen.

7056 Weinstadt-Beutelsbach
Bauernkriegsmuseum

7080 Aalen

- Limesmuseum
  Darstellung des gesamten römischen Militär- und Zivillebens am Limes
- Geologisch-Paläontologisches Museum mit bedeutender Fossilien- und Mineraliensammlung

7107 Neckarsulm
Deutsches Zweiradmuseum

7109 Jagsthausen
Götzenmuseum (in der „Götzenburg")

7129 Güglingen
Dampflokmuseum

7133 Maulbronn
Klostermuseum

7134 Knittlingen
Faust-Museum

7141 Steinheim a. d. Murr
Urmensch-Museum

7740 Triberg/Schwarzwald
Heimatmuseum
Das Museum informiert über den Schwarzwald und seine Menschen. Die alten Holzgewerbe sind vertreten mit einer Original-Schnefler-Werkstätte, mit dem Schnitzersepp-Raum, mit Abbildungen, Gegenständen, Informationen von Köhlern, Flößern, Holzfällern, Sägemühlen. Ferner kann man eine Uhrmacherwerkstatt, eine Strohflechtstube u. a. m. betrachten. Auch ein Modell der Schwarzwaldbahn ist ausgestellt. Die Nachbildung eines Bergwerkstollens mit lebensgroßen „Bergleuten" und echten Mineralien demonstriert den einstigen Bergbau. Mehrere Orchestrions, von denen das größte ein Orchester von fünfzig Musikern ersetzt, können gegen eine geringe Gebühr in Gang gesetzt werden.

7142 Marbach/Neckar

- Schiller-Nationalmuseum
- Deutsches Literaturarchiv

7143 Vaihingen a. d. Enz
Weinbaumuseum in Horrheim

7157 Murrhardt
Carl-Schweizer-Museum

7183 Langenburg
Deutsches Automuseum – Grabungsmuseum (Schloß Langenburg)

7311 Holzmaden
Museum Hauff
(Urweltmuseum/Sauriermuseum)

In Holzmaden werden in Steinbrüchen des Schwarzen Jura Schieferplatten abgebaut. Aus ihnen stellt man Wandverkleidungen und Bodenbeläge her. Die im Gestein eingeschlossenen Fossilien sind nur Nebenprodukte beim Abbau.
Seit dem ersten Saurierfund – ein Ichthyosaurier – im Jahre 1749 kamen in Holzmaden immer neue Stücke zu Tage. Inzwischen sollen mehr als 1000 Fossilien aus Holzmadener Schieferbrüchen geborgen worden sein. Ein Teil davon ist im Urwelt-Museum von Holzmaden zu sehen. Ein Teil ist heute in Museen über die ganze Welt verstreut.
In Holzmaden sind u. a. Fischsaurier, schildkrötenähnliche Saurier,

Flugsaurier und Meereskrokodile zu sehen.
Neben dem Museum befindet sich ein Klopfplatz, wo Besucher selbst nach Versteinerungen suchen können. Die Gemeinde Holzmaden sorgt dafür, daß immer einige Lastwagenladungen Schiefer bereitliegen, damit die Hobbysammler auf ihre Kosten kommen.
Wer in einem Steinbruch nach Versteinerungen suchen/graben will, der muß dieses Vorhaben unbedingt mit dem betreffenden Steinbruchbesitzer abklären.

7320 Göppingen
- Märklin-Museum
- Segelflugzeug-Oldtimer-Sammlung

7400 Tübingen
Museum für Paläontologie und Geologie

7414 Lichtenstein-Honau
Wilhelm-Hauff-Museum

7425 Haigerloch
Atomkellermuseum

7480 Sigmaringen
Schloß Sigmaringen mit berühmten Sammlungen (größte private Waffensammlung des Kontinents)

7500 Karlsruhe
- Badisches Landesmuseum (Landessammlungen für Naturkunde)
- Kindermuseum (in der staatl. Kunsthalle)
- Verkehrsmuseum

7501 Marxzell
Fahrzeugmuseum

7506 Bad Herrenalb
Spielzeugmuseum

7530 Pforzheim
Schmuckmuseum
(das einzige seiner Art weltweit)

7546 Enzklösterle
Flößermuseum

7550 Rastatt
Wehrgeschichtliches Museum

7601 Hohberg
Imkermuseum/Weinmuseum

7710 Donaueschingen
- Brauereimuseum
- Naturkunde-Museum

7743 Furtwangen
Uhrenmuseum (größte historische Uhrensammlung)

7777 Salem
Feuerwehrmuseum

7778 Markdorf-Gnadenau
Deutsches-Raumfahrt-Dokumentationszentrum

7811 Sulzburg
Landesbergbaumuseum

7816 Münstertal
Bienenkundemuseum; Waldmuseum

7818 Vogtsburg-Achkarren
Kaiserstühler Weinbaumuseum

7843 Heitersheim
Johanniter- und Maltesermuseum
Die Sammlung ist in drei Komplexe gegliedert:
- Geschichte und Aufbau des Ordens
- Die Johanniter und Malteser im Breisgau
- Der Orden und seine heutigen Aufgaben

7900 Ulm
Brotmuseum

7903 Laichingen
Museum für Höhlenkunde

7918 Illertissen
Bienenmuseum

7924 Steinheim a. Albuch
Meteorkratermuseum mit geologischen und paläontologischen Raritäten des Steinheimer Beckens

7952 Bad Buchau
Federsee-Museum

7958 Laupheim
Museum für Amateur-Astronomie (einmalig in Deutschland)

7962 Wolfegg
Automuseum
(Autos, Motorräder und Traktoren)

7988 Wangen/Allgäu
Käserei-Museum (Deutschlands erstes Museum dieser Art)

7990 Friedrichshafen/Bodensee
- Zeppelin-Museum
- Schulmuseum in Schnetzenhausen.
  Hier sind u. a. drei vollständig eingerichtete Klassenzimmer aus der Zeit um 1840, um 1800 und 1930 zu sehen. An den Wänden hängt das Alphabet: Sütterlin, Kurrentschrift und gotische Schrift.
  Griffel und Schiefertafel kann der Besucher aus dem Schränkchen unter der brüchigen Weltkarte holen. Auswendiglernen, Strafstehen, Karzerarrest, Eselskappe und Knien auf rohen Erbsen: solchermaßen wurde den Kindern um die Jahrhundertwende Schönschrift und Gehorsam eingebleut. Der blecherne Spucknapf für den Herrn Lehrer steht griffbereit hinter dem erhöhten Pult.
  Lichtbilder, alte Projektoren, russische Rechenmaschinen und ein mager bestückter Chemiekasten, ausgestopfte Vögel und Wandbilder zeigen die Vorläufer der modernen Medieninvasion in den Schulen der Gegenwart.
  Auch die Schule zur Zeit des Nationalsozialismus ist in diesem Schulmuseum dokumentiert. Der Druck auf die Lehrer, die ungenierte Erziehung zu Haß und Gewalt, der systematische Aufbau von Feindbildern lassen die Schrecken dieser Zeit ahnen.

8000 München
- Deutsches Museum (museumspäd. Angebot)
- Museum für Vor- und Frühgeschichte (museumspäd. Angebot)
- BMW-Werksmuseum; Siemens-Museum
- Fischerei-Museum (das erste in Europa)
- Jagd-Museum
- Schaustellermuseum (Sammelsurium an interessanten, lustigen, gruseligen Figuren; dazu alte Fotos, Plakate, Fassadenteile u. v. a. m. aus der Glitzerwelt des Jahrmarkts)
- Nachttopfmuseum

8070 Ingolstadt
- Bayerisches Armeemuseum
- Deutsches medizinhistorisches Museum

8078 Eichstätt
Jura-Museum

8221 Seebruck
Römermuseum

8200 Rosenheim/Obb.
Holztechnisches Museum (einmalig)

8230 Bad Reichenhall
- Quellenbau der Saline Reichenhall
- Museum alter bergmännischer Ingenieurskunst
- Justizmuseum auf Burg Staufeneck (einzig in Deutschland)

8371 Frauenau
Glasmuseum

8372 Zwiesel
Waldmuseum

8390 Passau
Glasmuseum

8391 Breitenberg
Webereimuseum

8400 Regensburg
Schiffahrtsmuseum

8420 Kelheim/Donau
Archäologisches Museum

8458 Sulzbach-Rosenberg
Erstes Bayerisches Schulmuseum

8500 Nürnberg
— Naturhistorisches Museum (museumspäd. Angebot)
— Rot-Kreuz-Museum
— Germanisches Nationalmuseum
— Spielzeugmuseum
— Verkehrsmuseum

8520 Erlangen
Freiland-Waldmuseum

8562 Hersbruck
Deutsches Hirtenmuseum

8573 Pottenstein
Prähistorisches-Geologisches Museum

8600 Bamberg
Karl-May-Museum

8630 Coburg
Naturmuseum mit 8000 präparierten Vögeln (größte Sammlung Europas)

8632 Neustadt bei Coburg
Trachtenpuppen-Museum

8641 Marktrodach
Flößermuseum Unterrodach

8650 Kulmbach
Deutsches Zinnfiguren-Museum

8651 Neuenmarkt-Wirsberg
Deutsches Dampflokomotiven-Museum

8700 Würzburg
Mainfränkisches Museum

8803 Rothenburg o. d. Tauber
Mittelalterliches Kriminalmuseum

8831 Solnhofen
Fossilienmuseum

8832 Weißenburg
Römermuseum

8850 Donauwörth
Archäologisches Museum

8853 Wemding
Reitermuseum

8860 Nördlingen
Vor- und frühgeschichtliches Museum (u. a. Darstellung der Entstehung des Rieskraters)

8872 Burgau
Auto-Motorrad Museum

8900 Augsburg
Mozart-Haus

8917 St. Ottilien
Missionsmuseum

8939 Bad Wörishofen
Sebastian-Kneipp-Museum

8959 Zell-Eisenberg
Burgenmuseum

8990 Lindau/Bodensee
Friedensmuseum

Das Deutsche Bergbaumuseum in Bochum

Bochum, einst Zentrum des Steinkohlenbergbaus, besitzt heute keine aktive Schachtanlage mehr. Doch mit dem Deutschen Bergbaumuseum, dem größten bergbaulichen Fachmuseum der Welt, setzte die Stadt diesem Wirtschaftszweig ein Denkmal. Hauptattraktion des Museums ist freilich das Anschauungsbergwerk mit ei-

nem 2,5 km langen Streckennetz, weshalb man den stündlichen Ruf des Museumsführers zur Grubenfahrt keineswegs versäumen sollte. Ein komfortabler Aufzug führt in die 20 m tief gelegenen Stollen hinunter. Hier erwartet dann die Besucher die perfekte Illusion eines Steinkohlenbergwerks: halbdunkle Schächte, in denen Schienen laufen, Versorgungsleitungen, Fördergeräte, der Geruch nach Moder in der Luft. Und an den einzelnen Betriebspunkten glänzt das „schwarze Gold" im trüben Licht der Lampen, 10 bis 30 cm dick, eingemauert in mühsamer Arbeit.
Auf dem 30minütigen Rundgang erhält man kurze, aber durchaus profunde Einblicke in die Abbautechnologien der vergangenen 50 Jahre. Der Museumsführer in schwarzer Knappentracht bedient Preßlufthämmer und Bohrmaschinen, erklärt die Arbeitsweise eines Tunnelfräsers und setzt auch jene Riesenmaschine in Gang, die in den letzten beiden Jahrzehnten die Förderleistung je Mann und Schicht erheblich steigerte: Kohlenhobel und Walzenschrämmlader. Die modernsten dieser Maschinen arbeiten soviel in einer Stunde wie 300 Bergleute vor der technischen Revolution innerhalb von 24 Stunden.

Das Limes-Museum auf der Saalburg

Es gibt an verschiedenen Orten Überbleibsel des Limes, die man besichtigen kann. Die exemplarischste und größte Anlage dieser Art aber ist die Saalburg bei Bad Homburg im Taunus. Dort wurde schon zu Beginn des Jahrhunderts an der Stelle eines großen ehemaligen Limes-Kastells – viele Fundamente sind bis heute in Originalzustand erhalten – ein Teil der Gebäude originalgetreu restauriert und als Museum eingerichtet. Es ist dokumentiert, wie die Soldaten der 22. Römischen Legion und der 22. Reiterkohorte, deren Hauptgarnison in Mainz lag, zu jener Zeit – zwischen dem 1. und 3. Jahrhundert – ausgerüstet waren und lebten – bis hin zur Heizungsanlage.
Der Limes bestand aus einem Palisadenzaun, streckenweise sogar nur einem Postenweg, zwischen den 300 bis 1000 m auseinanderliegenden Wachtürmen, deren Besatzung jeweils nur wenige Mann umfaßte. Die Türme waren einfache Holztürme. Die größeren Stationen bekamen später auch Steintürme. Den ganzen Limes entlang gab es etwa 100 Kastelle. Der Hauptzweck des Limes war der Schutz gegen kleinere räuberische Überfälle der Germanen und die Kontrolle des Waren- und Personenverkehrs. Ab etwa 260, als der Druck der Germanen nach Westen und Süden mit der beginnenden Völkerwanderungszeit und dem heraufdämmernden Untergang Roms stärker und stärker wurde, war auch der Limes nicht mehr zu halten, und die Römer mußten ihn endgültig aufgeben.

(„Museen, die nicht jeder kennt"; in: Magazin für Sparkassenkunden „freie Stunde", S. 4)

Das Deutsche Nachttopfmuseum München

Der maßgeschneiderte Topf war ein Privileg der Reichen. Die armen Leute gingen hinter die Büsche oder teilten sich einen sogenannten Familientopf. Gleich war dagegen bei Arm und Reich die Geselligkeit, die das Geschäft begleitete. Ludwig XIV. hat, auf

seinem Leibstuhl sitzend, mit Lieselotte von der Pfalz angeregte Gespräche geführt und sogar den Ministerrat empfangen. Wenn damals eine Dame im Ballsaal mußte, winkte sie einem Diener, der ihr sogleich einen Topf brachte und setzte sich mitten unter den Leuten darauf.
Die Töpfe wurden grundsätzlich zum Fenster hinaus entleert. Die Straßen sahen dementsprechend aus. Einfach machte es sich vor allem der französische Hof. Im riesigen Schloß von Versailles war keine einzige Toilette eingebaut. Wenn man nicht in den Park ging, benutzte man ein kleines Zimmer. War der Raum voll, wurde er einfach zugemauert.
Was früher in aller Öffentlichkeit und ohne Scham verrichtet wurde, entwickelte sich im letzten Jahrhundert allmählich zum Tabu. Die englische Königin Victoria ließ 1860 auf Schloß Ehrenburg das erste Wasserklosett Deutschlands einbauen. Plötzlich sperrten sich die Menschen in kleinen Räumen ein, statt sich in Gesellschaft zu erleichtern. Und die Kunst am Topf mußte immer mehr schmucklosem Plastik weichen.

Museumseisenbahnen

Wie schnellebig unsere Zeit ist, zeigt sich auch am Beispiel Eisenbahn. Viele Kinder und Erwachsene bestaunen die dampfenden Lokomotiven der Museumseisenbahnzüge. Dabei liegt die aktive Zeit der Dampflokomotiven oft noch keine 20 Jahre zurück. Für so manches Kind wird eine Museumseisenbahnfahrt überhaupt die erste Eisenbahnfahrt in seinem bisherigen Leben sein.

2340 Kappeln
Angelner Dampfeisenbahn
(von Kappeln nach Süderbrarup)
Zwei Museumszüge mit historischen Fahrzeugen

3216 Salzhemmendorf
Dampfzugsonderfahrten

4320 Hattingen
Oldtimerzug
(von Hattingen nach Wetter)

4530 Ibbenbüren
— Museumseisenbahn

— Teutoburger-Wald-Eisenbahn (von Ibbenbüren nach Bad Laer)

4543 Lienen
Dampfzugsonderfahrten

4700 Hamm
Ruhr-Lippe-Eisenbahn
(von Hamm nach Lippetal)

4780 Lippstadt-Warstein
Dampfzug
(von Münster nach Warstein)

4793 Büren
— Museumseisenbahn

— Almetalbahn (von Büren nach Alme)

4800 Bielefeld
Oldtimer-Straßenbahn

4830 Gütersloh
Dampfkleinbahn am Postdamm

4950 Minden
Oldtimerzugfahrten
(von Minden nach Hille)

4994 Preußisch-Oldendorf
— Oldtimerzugfahrten

— Wittlager Kreisbahn (von Holzhausen nach Schwegermoor)

5130 Geilenkirchen
Dampfbetriebene Ruhr-Schmalspureisenbahn (von Schierwaldenrath nach Gillrath)

5780 Bestwig
— Grubeneisenbahn (innerhalb des Besucherbergwerks Ramsbeck)

— Original nachgebaute Western-Eisenbahn im Freizeitzentrum *Fort Fun*

6640 Merzig/Saar
Saar-Hochwald-Dampfbahn
(von Merzig nach Losheim)

7108 Möckmühl
Dampf-Museumseisenbahn
(750-mm-Schmalspurbahn von Möckmühl nach Dörzbach)

7111 Zweiflingen
Miniatur-Dampfeisenbahn mit Mitfahrgelegenheit für Besucher

7460 Balingen
Historischer Dampfzug auf der Strecke Kleinengstingen-Gammertingen

7593 Ottenhöfen
Achertalbahn
Dampfzug aus dem Jahre 1900
(von Achern nach Ottenhöfen)

7712 Blumberg
Sauschwänzelebahn/Strategische Bahn (von Blumberg nach Weizen)

7814 Breisach
Regenbummler im Kaiserstuhl
(von Riegel nach Breisach)

7842 Kandern
Kanderntalbahn
(von Kandern nach Haltringen)

8210 Prien
Historische Dampfzugfahrten
(Chiemseebahn)

8491 Blaibach
Museumseisenbahn
(von Blaibach nach Gotteszell)

Nationalparks/Naturparks

Von den drei bundesdeutschen Nationalparks ist die Anlage „Schleswig-Holsteinisches Wattenmeer“ erst 1985 gegründet worden.
Die rund 60 Naturparks befinden sich vorwiegend im Raum der Deutschen Mittelgebirge. Sie werden hier nicht als Exkursionsziele aufgelistet. Die Adressen sind im Anhang veröffentlicht.

2253 Tönning
Nationalpark Wattenmeer

8240 Berchtesgaden
Nationalpark Berchtesgaden

8356 Spiegelau/Bayer. Wald
Nationalpark Bayerischer Wald

Nationalparks

Ein Nationalpark soll
- großräumig sein,
- durch Menschen wenig oder nicht verändert sein und auch in Zukunft möglichst wenig von Menschen beeinflußt werden,
- Lebensraum für viele heimische Pflanzen- und Tierarten in ihren typischen Lebensgemeinschaften bieten,
- von besonderem Wert für die Wissenschaft sein,
- unter einer eigenen staatlichen Verwaltung stehen, die den Bestand dieser Ökosysteme vor dem menschlichen Zugriff schützt und die das Gebiet unter gewissen Einschränkungen der Allgemeinheit zugänglich macht.

Ein Nationalpark dient also zusammengefaßt dem Naturschutz, der Forschung, der Bildung und der Erholung.

Nationalparks verkörpern somit das Gegenstück zur Kulturlandschaft, die ständig von Menschen beansprucht, genutzt und verändert wird. Der Mensch tauscht hier die Rolle des Nutznießers mit der des Beobachters. Werden und Vergehen soll sich nach den Gesetzen der Natur vollziehen.

Forschung in naturbelassenen Lebensgemeinschaften ist unentbehrlich, da ihre Kenntnis wichtige Entscheidungshilfen, nicht nur für den Naturschutz allein, sondern mehr noch zur Sicherung der natürlichen Lebensgrundlage als Voraussetzung für eine gesunde Umwelt liefert.

Intensive Forschung liefert eine Fülle an Informationen für interessierte Besucher. Wie in einem großen Freilichtmuseum kann das Wirken der Natur vor Ort von Kundigen studiert und von Laien unter fachgerechter Anleitung (z. B. Lehrpfade) beobachtet werden.

Immer mehr Menschen wollen sich in naturnahen Landschaften erholen. Nationalparke können vielen Menschen diesen Wunsch erfüllen. Mit seinen Angeboten, Einrichtungen und Veranstaltungen für Besucher stützt ein Nationalpark aber auch den Fremdenverkehr und leistet somit einen Beitrag zur wirtschaftlichen Verbesserung des betreffenden Raumes.

Ein Nationalpark unterscheidet sich sehr von einem Naturpark, der der Erholung dient, in dem aber Landwirtschaft, Forstwirtschaft, Jagd und Fischerei grundsätzlich ausgeübt werden dürfen.

Nationalpark Berchtesgaden

Der Nationalpark Berchtesgaden hat eine Fläche von 210 km². Er erstreckt sich vom Gebirgsstock der Reiteralm hin zum Hochkalter, von dort zum Watzmann, Steinernen Meer, Königssee, Jenner bis zum hohen Göll. Die Grenze des Nationalparks ist an seinen Eingängen durch Hinweistafeln gekennzeichnet.

Die Nationalparkverwaltung bittet die Bergwanderer, folgende Punkte zu beachten:

1. Kleiden Sie sich wetterfest!
   Auch bei schönem Wetter sollten Sie eine vor Regen und Kälte schützende Kleidung mit sich führen. Ein Wettersturz im Gebirge kommt oft innerhalb von Minuten buchstäblich aus heiterem Himmel. Für den Unvorbereiteten und schlecht Ausgerüsteten kann dies verheerende Folgen haben.
2. Tragen Sie grundsätzlich feste Schuhe mit Profilsohle!
   Die Unfallgefahr wird dadurch herabgesetzt und Ihre Füße werden nur halb so müde.
3. Beachten Sie unbedingt den Rat bergerfahrener Leute!
   Hüttenwirte, Bergführer, Bergwachtmänner und die Polizei werden Sie beraten.
4. Hinterlassen Sie immer, auch bei kleinen Wanderungen, in Ihrem Quartier das geplante Ziel und die voraussichtliche Rückkehrzeit!
   Weichen Sie davon nicht ab.
5. Verlassen Sie niemals die markierten und ausgebauten Wege!
   Abkürzungen kosten viel Kraft, enden oft mit einer Katastrophe und schaden der Natur.
6. Überschätzen Sie nicht Ihre Leistungsfähigkeit!
   Ihr Körper muß sich erst im Gebirge akklimatisieren.
7. Tragen Sie Ankunftszeit und Weg des Abstiegs in das Gipfelbuch ein!
   Eine eventuelle Suche wird dadurch wesentlich erleichtert.
8. Rutschen Sie nicht über Schneefelder!
   Eine scheinbar lustige Rutschpartie endet oft mit einem tödlichen Absturz.
9. Sollten Sie dennoch in Bergnot geraten, dann geben Sie das alpine Notsignal:
   In regelmäßigen Abständen sechsmal in der Minute ein hörbares oder sichtbares Zeichen.
   Nach einer Pause von je einer Minute wird das Zeichen so lange wiederholt, bis die Antwort der Rettungsmannschaft (ein sicht- oder hörbares Signal dreimal in der Minute) gegeben wird.
10. Belassen Sie Verletzte/Kranke immer an der angegebenen Unfallstelle, bis die Bergwacht eintrifft!
    Ein behelfsmäßiger Transport nützt weder der Bergwacht noch den Verletzten.
11. Halten Sie wichtige Telefon-Nummern bereit!
    (Bergwacht, Rettungsleitstelle)

(Faltblatt der Nationalparkverwaltung Berchtesgaden)

Nationalpark Bayerischer Wald

Der 120 km² große – zu 99% bewaldete – Nationalpark wurde 1970 gegründet und ist Eigentum des Freistaates Bayern.

Er wird von einer Nationalparkverwaltung betreut, die dem Bayerischen Staatsministerium für Ernährung, Landwirtschaft und Forsten direkt untersteht.

Anschrift: Nationalparkverwaltung
Bayerischer Wald
Freyungstraße 2
8352 Grafenau

Im Nationalparkhaus gibt es Filmvorführungen, Ton-Bild-Schauen, einen Erlebnisraum für Kinder, eine umfangreiche Bücherei; Informationen und Karten stehen zur Verfügung.
Ein „Waldgeschichtliches Wandergebiet" und ein „Felswandergebiet" gehören ebenso zum Angebot des Nationalparks, wie die zwei Lehrpfade am Rachelsee „Urwald" und „Eiszeit", ein „Bergbach"-Lehrpfad und ein Waldlehrpfad („Tanzboden").

Nationalpark Wattenmeer

Im Jahre 1985 wurde die Einrichtung eines Nationalparks „Schleswigholsteinisches Wattenmeer" beschlossen.

Anschrift:
Landesamt für den Nationalpark
Schleswigholsteinisches Wattenmeer
Am Hafen 40A
2253 Tönning

Mit 285000 ha bildet es etwa 40% des Wattenmeeres in der Deutschen Bucht, welches sich als Übergangszone zwischen Land und Meer von Den Helder in den Niederlanden bis nach Esbjerg in Dänemark erstreckt.

Gefährdungen des Wattenmeeres

Die großen Gefahren drohen dem Wattenmeer von außen. Sie können nur dann überwunden werden, wenn national und international strengere Bestimmungen zum Schutz des Meeres durchgesetzt werden.
Neben Störungen durch Tiefflüge und Schießübungen sind besonders bedrohlich:
- der Eintrag über die Flüsse: Düngesalze aus der Landwirtschaft, Schadstoffe der Haushalte und Industrie;
- der Eintrag über die Luft: Verbrennungsrückstände von Industrie, Autos, Heizungen und der Müllverbrennung auf See;
- der Eintrag über den Schiffsverkehr: fester Müll, Brennstoffrückstände, Tankerunfälle – alles geht in die See und endet zum Teil im Wattenmeer.

Die Pflanzen

Im Verhältnis zum Binnenland kommen nur recht wenige Pflanzenarten mit den extremen Standortbedingungen am Meer zurecht. Neben den großen Schwankungen in allen Temperatur- und Lichtverhältnissen sowie dem starken Wind ist es vor allem die Zeit der Wasserbedeckung, die es vielen Pflanzen schwermacht, hier zu existieren.
So kommt im Watt selbst nur das Seegras vor. Erst weiter landeinwärts, etwa ab der Hochwasserlinie, siedeln Queller und Englisches Schlickgras. Mit zunehmender Entfernung vom Meer folgen dann geschlossene Pflanzenbestände. Andel, Rotschwingel, Strandwermut und Strandflieder

bilden neben zahlreichen anderen Arten den Salzwiesenbewuchs.
Die Algen kommen nur unter Wasser vor. Da ist einmal der braune Blasentang, der häufig auf Muschelbänken zu finden ist. Daneben sind besonders die Mikroalgen zu nennen. Sie bilden, teils als Plankton, teils auch als bräunlicher Bodenbelag, die eigentliche Nahrungsgrundlage allen Lebens im Watt. Das pflanzliche Plankton im Watt ist so zahlreich wie fast nirgendwo sonst in den Weltmeeren.

Die Tiere

Der ungeheure Reichtum an Nahrung hält eine unvorstellbar große Zahl von Tieren am Leben.
Am Boden leben weit über 1000 Tierarten. Die kleinsten von ihnen sind nur mit dem Mikroskop richtig zu sehen. Zu dieser Tiergruppe gehört über die Hälfte aller Arten, die im Watt vorkommen.
Bekannter sind die größeren Tiere. Am auffallendsten sind die zahllosen Vögel, die hier zu Tausenden brüten. Viele fressen sich auch ein Fettpolster an für ihren Zug ins Sommer- oder Winterquartier.
Der Pierwurm könnte beinahe das Wappentier für das gesamte Watt sein! Fast überall findet man seine gekringelten Kothäufchen. Aber auch die Sandklaffmuschel, die tief im Boden lebt, die Herzmuschel in der obersten Sandschicht oder die Miesmuschel, die in Bänken auf dem Watt lebt, ist vielen bekannt. Nimmt man noch die Watt- und die Strandschnecke hinzu sowie die Nordseegarnele und die Strandkrabbe, so hat man die Arten der Bodentiere beisammen, die die Hauptmasse im Wattenmeer ausmachen.
Alle diese Tiere bilden wieder die Nahrungsgrundlage für Millionen andere – von den Fischen bis hin zu den Vögeln oder Seehunden. Auch der Mensch lebt auf dem Umweg über Nordseegarnelen oder Heringe von diesem Reichtum.
Viele Fische verbringen im Wattenmeer ihre Jugendzeit. Deshalb wird es auch als „Kinderstube" für Nordseefische bezeichnet.

Verhalten im Nationalpark

— Beachten Sie bitte die Betretungsverbote für die Schutzzonen und die Brutgebiete.
— Unterlassen Sie bitte unnötige Störungen der Tiere.
— Bitte pflücken Sie keine Blumen oder andere Pflanzen.
— Bitte betreten Sie keine Salzwiesen, denn dort brüten und rasten viele Vögel.
— Halten Sie bitte mindestens 300 m Abstand von Vogelansammlungen. Jedes Aufscheuchen bedeutet für die Tiere eine Kraftvergeudung und behindert sie bei der Nahrungsaufnahme.
— Wandern Sie entlang der Wasserlinie, um am Strand brütende Vögel nicht zu stören.
— Halten Sie bitte als Sportbootfahrer mindestens 500 m Abstand von den Liegeplätzen der Seehunde.
— Gehen Sie nie allein ins Watt, und schließen Sie sich möglichst einem kundigen Wattführer an – zu Ihrer Sicherheit und um unnötige Störungen zu vermeiden.

(Quelle: Faltblatt der Nationalparkverwaltung)

Quellen

Bei Quellen tritt das Wasser an einer Stelle aus, wo der Grundwasserhorizont die Oberfläche erreicht.
Der Grundwasserstau wird erzeugt durch undurchlässige Gesteine, in erster Linie durch kristalline Eruptiva, durch Tone und Mergel. Humoser Boden saugt zwar viel Wasser auf, hat aber eine geringe Leitfähigkeit. Löß, Lehm, poröse Kalke, Dolomite können zwar erhebliche Wassermengen aufnehmen, aber die Leitfähigkeit ist ebenfalls sehr gering. Die besten Grundwasserspeicher sind lockere Sande, Kiese, Schotter, Breccien, Konglomerate und poröse Sandsteine, da sie alle ein großes Porenvolumen haben.

3252 Bad Münster am Deister
Hamelquelle in Hamelspringe

3428 Duderstadt
Rhumequelle
5000 l Sekundenschüttung; damit zählt die Quelle zu den stärksten Europas.

3542 Willingen
Diemelquelle

4788 Warstein-Belecke
Kochsalzquellen – mit historischem Heilbad

4790 Paderborn
Paderquellen
200 Quellen inmitten der Stadt. Sie schütten 5000–6000 l je Sekunde. Selbst in strengen Wintern gefriert das Wasser nicht. An manchen Stellen liegt die Wassertemperatur nie unter 15°C.
(Die Pader ist Deutschlands kürzester Fluß mit 4 km Länge; sie mündet in die Lippe.)

4970 Bad Oeynhausen
Jordansprudel
Die größte kohlensäurehaltige Thermalsolequelle der Erde. Sprudelhöhe 52 m; täglicher Ausstoß 8 Mill. l Solwasser mit einer Abflußtemperatur von 35°C.

5378 Blankenheim
Ahrquelle

5788 Winterberg-Niedersfeld
Ruhr- und Lennequelle

5790 Brilon
Almequellen (im Mühlental)

5963 Wenden-Römershagen
Biggequelle

6200 Wiesbaden
Rheuma-Kurort mit 27 Quellen

6209 Heidenrod
Wisperquelle

6251 Fachingen
Mineralquellen

6458 Rodenbach-Oberrodenbach
Barbarossaquelle

7080 Aalen
Kocherursprung

7157 Murrhardt
Murrquelle

7417 Bad Urach
Thermalquellen

7423 Gomadingen
Lauterquelle

7440 Nürtingen
Glaubersalzquelle
(eine der stärksten Europas)

7452 Bad Imnau
Mineralquelle

7570 Baden-Baden
Thermalquellen

7701 Aach
Aachquelle
Die Aachquelle (Aachtopf) ist mit 10000 l/sec. die ergiebigste Quelle Deutschlands. Wasser der Donau versickert bei Immendingen und durchfließt ein 12 km langes Höhlensystem.
Schon kurz hinter der Aachquelle fanden sich früher viele Wasserräder. Heute treibt die Aach ein kleines Elektrizitätswerk an.

7710 Donaueschingen
„Donauquelle"

7730 Villingen-Schwenningen
Neckarursprung im Schwenninger Moos

7737 Bad Dürheim
Mineralquelle

7902 Blaubeuren
Blautopf

7967 Bad Waldsee
Rißquelle

8230 Bad Reichenhall
22 Solequellen

8397 Bad Füssing
Bad im Inntal mit der stärksten Schwefelquelle Europas. 3 Quellen mit 56°C, 3000 l Schüttung je Minute aus 1000 m Tiefe.

8425 Neustadt a. d. Donau
Schwefelquellen Bad Gögging

8570 Pegnitz
Pegnitzquelle
Unterhalb des Böheimsteins entspringt die Pegnitz, verschwindet aber nach kurzem Lauf im Berg und kommt nach 320 m auf der anderen Seite wieder heraus (verkarstetes Gebiet).

8975 Fischen i. Allgäu
Illerursprung
(Die Iller entsteht hier durch den Zusammenfluß von Stillach, Breitach und Trettach.)

Mineralquellen

Was ist Mineralwasser?

Wasser, das in den tieferen Untergrund versickert, ist bei einem langen Filterungsprozeß von Verunreinigungen befreit und somit von besonderer Reinheit. Dabei kann dieses Tiefenwasser jedoch noch angereichert sein mit – für den menschlichen Organismus wertvollen – Mineralstoffen und Spurenelementen sowie mit Kohlensäure. Die Mineralien (Kalzium, Eisen, Schwefel u. a.) nimmt das Wasser auf seinem langen Weg durch die unterschiedlichen Gesteinsschichten auf. An bestimmten Stellen der Erdoberfläche (an tektonischen Störungslinien, im Bereich von Spalt- und Kluftsystemen) kann das Tiefenwasser spontan oder durch Anbohrung wieder zutage treten. Hat es sich mit einer bestimmten Mindestmenge von Mineralien (1000 mg/l) bzw. hinreichend mit Kohlensäure angereichert, so nennt man es „Mineralwasser". Mineralwasser ist also ein natürliches Tiefenwasser, das mindestens 1 g mineralische Bestandteile oder wenigstens 250 mg freie Kohlensäure in 1 l Wasser enthält.

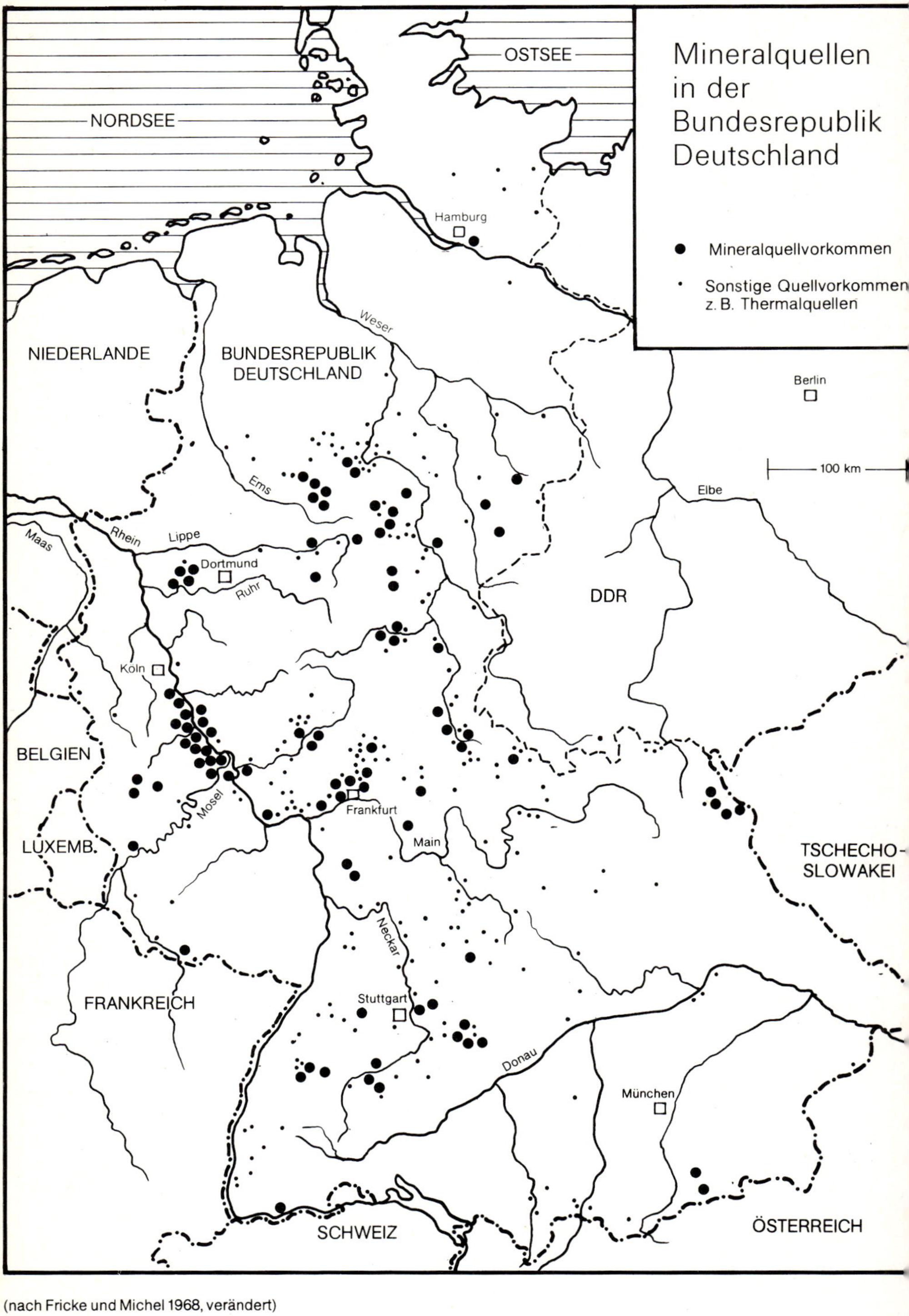

(nach Fricke und Michel 1968, verändert)

Wo kommt Mineralwasser vor?

Wie die Übersichtskarte der Vorkommen von Mineralquellen in der Bundesrepublik Deutschland zeigt, sind diese Quellen auf ganz bestimmte Gebiete beschränkt. Es sind solche Räume, in denen in erdgeschichtlich relativ junger Zeit vulkanische Erscheinungen auftraten: Eifel, Mittelrheintal, Südwestdeutsche Schichtstufenlandschaft u. a. Es sind Ausläufer von Schwächezonen der Erde, die morphologisch etwa durch Grabenbrüche und Vulkankegel gekennzeichnet sind. Deutschland gehört zu den Gebieten Mittel- und Westeuropas, in denen eine große Zahl von Mineralwasservorkommen wirtschaftlich genutzt werden.

(Quelle: Unterrichtsthema Mineralwasser. Hrsg.: Verband Deutscher Mineralbrunnen, Bonn-Bad Godesberg)

Raffinerien

Aus den Kohlenwasserstoffmolekülen des Erdöls lassen sich heute etwa 3000 Erzeugnisse herstellen. Lippenstifte und Schallplatten, Reifen und Kunststoffe, Dünger und Pflanzenschutzmittel, Baustoffe und Waschmittel haben ebenso ihren Ursprung im Erdöl wie die Energieträger Flüssiggas, Motorenbenzin, Dieselkraftstoff, leichtes und schweres Heizöl.
Mit dem Eintreffen des Rohöls in der Raffinerie beginnt der weite Aufgabenbereich der Mineralölverarbeitung.
Die Beschäftigung mit dem Thema „Raffinerie“ wird aber nicht nur die Frage beinhalten, wie aus Erdöl die verschiedenen Produkte gewonnen werden, sondern auch Aufgaben, Stellung der Raffinerien in unserem sich wandelnden Energiemarkt, sowie Standortfaktoren bzw. Standortveränderungen von Raffinerien miteinbeziehen müssen.

2000 Hamburg
- Deutsche BP AG
- Oelwerke Schindler GmbH
- ESSO AG
- Deutsche Shell AG

2212 Brunsbüttel
ELF-Bitumenwerke GmbH & Co

2240 Heide/Holstein
Deutsche Texaco AG

2940 Wilhelmshaven
Mobil Oil AG Deutschland

3000 Hannover (Misburg)
Gew. E. R. Deurag-Nerag

4100 Duisburg
Erdöl-Raff. Duisburg GmbH

4220 Dinslaken
Deutsche BP AG

4442 Salzbergen
Wintershall AG

4450 Lingen/Ems
Wintershall AG

4650 Gelsenkirchen
Ruhr Oel GmbH

5000 Kön 50 (Godorf)
Deutsche Shell AG

5047 Wesseling
Union Rhein. Braunkohlen-Kraftstoff AG

6620 Völklingen
Saarland Raff. GmbH

6729 Wörth/Rhein
Mobil Oil Raff. Wörth GmbH & Co OHG

6800 Mannheim
E. R. Mannheim GmbH

7500 Karlsruhe
ESSO AG

8075 Vohburg
Deutsche BP AG

8070 Ingolstadt
- ESSO AG
- E. R. Ingolstadt AG

8425 Neustadt/Donau
E. R. Neustadt GmbH & Co OHG

8801 Windelsbach (Burghausen)
Deutsche Marthon Petr. GmbH

Raffinerie-Standorte

Neben der technischen Ausrüstung einer Raffinerie ist der Standort von entscheidender Bedeutung. Denn auf dem Weg von der Rohölquelle zum Verbraucher stellt die Raffinerie den Punkt dar, wo der breite Rohölstrom in eine Vielzahl kleinerer Produktenströme aufgefächert wird. Grundsätzlich gibt es bei der Wahl eines Raffineriestandortes zwei Möglichkeiten:

— Man errichtet die Raffinerie in der Nähe der Rohölvorkommen, wodurch man den Rohölweg verkürzt, andererseits aber einen längeren Transport von einer Vielzahl von Fertigprodukten zu den Verbrauchsschwerpunkten in Kauf nehmen muß. Ein Beispiel hierfür wären Exportraffinerien in Rohölförderländern. Zu diesen sogenannten rohstofforientierten Raffinerien zählen aber auch Anlagen, die in den Einfuhrhäfen der Verbraucherländer importiertes Rohöl verarbeiten. Hierunter fallen die Anlagen an den Küsten Westeuropas, wie z. B. in Hamburg, Rotterdam, Marseille, Triest oder Genua.

— Die Raffinerien werden in der Nähe von Verbrauchszentren gebaut, was den Antransport des Rohöls wesentlich verlängert zugunsten einer Verkürzung der vielfältigen Produktenwege. Derartige Anlagen bezeichnet man als verbrauchs-, absatz- oder marktorientiert.

Die Auslastung eines Transportmittels wie auch die Höhe der Transportkosten beeinflussen somit entscheidend die Wahl eines Raffineriestandortes. Von Raffinerien, die in der Nähe der Rohölquellen bzw. in den Einfuhrhäfen arbeiten, muß die Verteilung der Fertigprodukte wegen der Vielzahl der Erzeugnisse und der Konsumpunkte durch zahlreiche kleinvolumige Transporte über größere Entfernungen erfolgen. Die Bündelung solcher Transporte ist nur in wenigen Fällen etwa durch Fertigprodukten-Pipelines möglich.
Liegt eine Raffinerie dagegen in einem Verbrauchszentrum, dann reduzieren sich die Transportwege für Fertigprodukte, und auf der anderen Seite ist es möglich, den mengenmäßig umfangreichen aber homogenen Rohöltransport durch den Einsatz von Tankern und Pipeline zu bündeln.

(Quelle: Mineralölwirtschaftsverband e. V. [Hrsg.]: Mineralöl und Raffinerien [Broschüre], Hamburg 1985, S. 8, 13)

Schaubergwerke

Deutschland zählte im Mittelalter zu den bedeutendsten Bergbauländern der Welt. Bergbau auf Silber, Blei, Kupfer, Eisen, Salz und andere Mineralien wurde in vielen Gegenden Deutschlands betrieben. Fast alle alten Gruben sind seit langem geschlossen. Vielfach waren der frühe Bergbau, seine Geschichte bei der ansässigen Bevölkerung in Vergessenheit geraten.
In den letzten Jahren wurden – oft in mühevoller Arbeit – eine große Anzahl an Schaubergwerken für Besucher hergerichtet und begehbar gemacht. Neben den originalen Schaubergwerken gibt es Besucherstollen und Besucherbergwerke, die im Rahmen von Bergbaumuseen angelegt worden sind.

3216 Salzhemmendorf-Osterwald
Hüttenstollen und Informationsstand
Bergwerksmuseum

3362 Bad Grund (Harz)
Erzbergwerk „Hilfe Gottes"
Älteste Oberharzer Bergwerksstadt; heute noch Gangerzbau

3391 Wildemann (Harz)
Besucherbergwerk „Lachter-Stollen" (Wasserlösungsstollen)
400 m sind heute wieder zur Besichtigung hergerichtet.

3392 Clausthal-Zellerfeld
Bergwerksanlage des Heimatmuseums

3447 Meißner-Abterode
Museumsbergwerk „Grube Gustav", ehemalige Kupfermine und Schwerspatgrube

3540 Korbach-Goldhausen
Ehemaliges Goldbergwerk

3542 Willingen
Besucherbergwerk

3543 Diemelsee-Adorf
Besucherbergwerk (im Bau)

3590 Bad Wildungen-Bergfreiheit
Kupferbergwerk

4630 Bochum
Anschauungsbergwerk im Deutschen Bergbaumuseum
17 m unter Tage; 2,5 km Stollenlänge, Förderturm der ehemaligen Zeche Germania

5010 Bergheim/Erft
Informationszentrum des rheinischen Braunkohlenbergbaus im Schloß Paffendorf
Braunkohlenabbau und Kraftwerke in Frimmersdorf

5450 Neuwied
Bimsabbau – Bimssteinverarbeitung

5780 Bestwig/Sauerland
Schaubergwerk Ramsbeck mit Bergbaumuseum (ehemaliger Zink- und Bleierzabbau)

Die Besucher fahren nach Erhalt von Helm und Schutzkleidung mit der alten Grubenbahn 1,5 km tief in den Dörnberg. Vom Untertagebahnhof aus führen ehemalige Bergleute durch die Originalstollen des Erzbergwerks. Sie erklären vor Ort,

300 m unter Tage, die mühselige Arbeit des Bergmanns, der unter schwierigsten Bedingungen das Blei- und Zinkerz abbauen mußte, welches sich in oft dünnen Schichten durch das Gestein zieht. Die Bohr- und Sprengarbeiten werden erklärt, wie auch die Funktion der Maschinen, die im Ramsbecker Erzbergbau Verwendung fanden. Vor oder nach der über eine Stunde dauernden Führung sollte das Erzbergbaumuseum, das in den Räumen der ehemaligen Waschkaue eingerichtet ist, besucht werden. Es informiert die Besucher über den Erzbergbau des Sauerlandes vom Mittelalter bis zur heutigen Zeit. Schautafeln und Originale zeigen die Geschichte des Ramsbecker Bergbaus.

5920 Bad Berleburg
Schieferschaubergwerk

6531 Waldalgesheim
Besucherbergwerk
Manganerz- und Dolomitgrube

6551 Niederhausen/Nahe
Quecksilberbergwerk Schmittenstollen (Lemberg)

6571 Bundenbach/Hunsrück
Dachschiefergrube Herrenberg
Die Grube Herrenberg kann mit Sicherheit als Lieferant der Dachbedeckung und der Mauersteine für ein 1981 freigelegtes römisches Gebäude bei Kirn an der Nahe angesehen werden. Die Grube liegt an der Straße des Hunsrückschiefers, die das Kernstück des ehemaligen sehr weitläufigen Dachschieferbergbaus des Hunsrücks mit ca. 350 Gruben erschließt. Handgepickelte Stollen und riesige Abbauhohlräume zeugen von der mittelalterlichen Abbaumethode.
Hobbypaläontologen haben die Möglichkeit, die Präparation derartiger Fossilien zu erlernen.

6580 Idar-Oberstein
Edelsteinminen Steinkaulenberg (und Edelsteinmuseum)
In seinem Stollen können Hobbyschürfer mit etwas Glück und gegen eine geringe Gebühr noch heute auf Achate, Jaspise und Amethystdrusen stoßen.

6634 Wallerfangen
Römisches Bergwerk St. Barbara (Blauerz- und Azuritabbau)

6652 Bexbach
Bexbacher Grubenmuseum

6748 Nothweiler
Schaubergwerk „Erzgrube"
St. Anna-Stollen

6759 Wolfstein
Kalkbergwerk am Königsberg
Dieses Bergwerk ist in seinen technischen Anlagen von der Kalkgewinnung bis zum Enderzeugnis erhalten geblieben.
Eine Ausstellung von Schaubildern, Mineralien und Arbeitsgeräten veranschaulicht den früheren Abbau. Die Besichtigung wird durch einen Farbtonfilm abgerundet, in dem alle Arbeitsvorgänge von der Kalkgewinnung unter Tage bis zur Vermahlung des Löschkalks und dessen Verpackung gezeigt werden.

6761 Imsbach/Pfalz
Weiße Grube Imsbach
Historischer Eisen- und Kupfererzbau (Donnersberg)

7080 Wasseralfingen bei Aalen
Ehemaliges Erzbergwerk „Wilhelm" mit Bergwerksmuseum
Das Hüttenwerk in Wasseralfingen war im 19. Jhdt. der führende Betrieb in Württemberg und einer der größten deutschen Eisenproduzenten. Bis 1924 wurden aus dem „Tiefen Stollen" eisenhaltige Erze gefördert, danach wurde der Abbau unrentabel und das Bergwerk stillgelegt.

7107 Bad Friedrichshall-Kochendorf
Steinsalzbergwerk
180 m tief, 25 m hoher Kuppelsaal

7156 Wüstenrot
Silberstollen
Zwei stillgelegte Silberstollen mit den klangvollen Namen „Unverhofftes Glück" und „Soldatenglück". Zu sehen sind (mit Taschenlampe) lange, in die Erde getriebene Gänge. Silber gab es dort wohl nie! Das ganze Bergwerk war – am Ende des 18. Jhdts. – ein Schwindel, um den Leuten das Geld aus den Taschen zu ziehen.

7210 Rottweil
Ehemalige Saline
Solebad (Freizeitbad)

7265 Neubulach/Schwarzwald
Historisches Silberbergwerk
Unverändert erhaltenes Bergwerk aus dem Mittelalter, ca. 400 m begehbar. Demonstrationen alter Abbaumethoden, historisches Werkzeug.
Asthma-Therapie-Station im „Hella-Glücksstollen" (mit Mineralienmuseum)

7484 Veringenstadt
Erzgruben

7816 Münstertal
Schaubergwerk – Grube Teufelsgrund; bergbaugeschichtlicher Wanderweg

7861 Wieden
Besucherbergwerk/Bergwerksstollen

7869 Schönau-Utzenfeld
Schaubergwerk Finstergrund

7920 Heidenheim
Aufgegebene Bohnerzgruben

8000 München
Bergwerksanlage im Deutschen Museum

8122 Penzberg
1796–1966 wurde hier Kohle abgebaut.

8240 Berchtesgaden
Salzbergwerk mit Salzmuseum

8373 Bodenmais/Bayer. Wald
Historisches Erzbergwerk im Silberberg
Das Erzvorkommen ist in der geologischen Urzeit als flüssiger, stark schwefelhaltiger Magmaausbruch aus dem Erdinnern auf dem damaligen Meeresboden abgelagert worden. Mehrere Umwandlungsphasen, von denen die letzte über 335 Millionen Jahre dauerte, und bei denen Temperaturen bis zu 600°C und Drucke bis zu 5000 Atmosphären herrschten, führten zu der heutigen mineralogischen Zusammensetzung.
In früheren Zeiten wurde das Erz mühsam durch „Feuersetzen" an den Erzwänden gewonnen. Dadurch entstanden gewaltige Höhlen im Berginnern und außen am Berg, dem sogenannten „Ausbiß". Zuletzt wurde der Abbau nur noch mit Bohrhämmern und Sprengungen betrieben.
Die Erzeugnisse im Silberberg waren Silber und Kupfer aus der sog. Zementationszone, Eisenerz aus dem „Eisernen Hut", Eisenvitriol und Kupfervitriol sowie Eisenoxyd für Polierzwecke und zur Herstellung von Farben.

8395 Hauzenberg bei Passau
Graphitwerk „Kropfmühle" mit Grubenfahrt und Museum

8451 Theuern
Bergbau- und Industriemuseum Ostbayerns
Außenstelle des Museums: Schachtanlage Bayerland – Förderturm, Fördermaschine (zu Fuß vom Museum aus erreichbar)

8472 Schwarzenfeld
Besucherbergwerk (Flußspat)

8591 Fichtelberg
Besucherbergwerk

8752 Schöllkrippen-Sommerkahl
Mehrere stillgelegte Kupferbergwerke

8756 Kahl a. Main
Aufgelassene Braunkohlen-, Kies- und Sandgruben
Rekultiviertes Gelände; heute Badeseen

Silberbergwerk Neubulach

Für die einen ist das ehemalige Silberbergwerk von Neubulach im Nordschwarzwald eine interessante Ausflugsmöglichkeit, für die anderen bedeutet dieser Stollen wesentlich mehr: Asthma-Leidende können hier eine Therapie absolvieren, die ihnen Linderung verspricht. Was in dem 55 m langen Seitengang des „Hella-Glück-Stollens" Heilung verheißt, kommt aus dem Felsen: eine staubfreie Luftströmung, die sich auf Erkrankungen der Atemwege und der Bronchien lindernd auswirkt.
Bis zum Hals in dicke Decken gehüllt, ruhen die Kurpatienten nebeneinander in Liegestühlen im Stollen. Hier herrscht eine konstante Lufttemperatur von 8,6°C. Zwei Stunden verbringen die Patienten hier je Therapietag. Und das sind die wichtigen therapeutischen Prinzipien, die im Neubulacher Stollen so glücklich zusammentreffen: Die Luft ist kernfrei, was bedeutet, daß in der Atemluft Staubpartikel und Krankheitserreger genauso fehlen wie die als Allergene bekannten Pollen. Die Senkrechtspalten in der Tiefe des Bergwerks bewirken das Eindringen eines fein gefilterten Luftstroms, der für einen stetigen Abtransport jeglicher in den Stollen getragener Partikel sorgt. Auf dem Weg durch das feuchte Gestein reichert sich die Luft bis zur Sättigung mit Wasserdampf an, eine Hauptvoraussetzung zur Reinhaltung der Luft, da jedes Partikel zum Kondensationskern für ein winziges Nebeltröpfchen wird, das nun mit der sogenannten laminären Luftströmung zum Stollenausgang getragen wird.
Diese Gegebenheiten bilden die Basis für die Wirksamkeit der Kur im Neubulacher Silberstollen.

Salzbergwerk Berchtesgaden

Im Berchtesgadener Salzbergwerk wird sei 1517 Sole im sogenannten Sinkwerksbau gewonnen. Bei diesem Verfahren werden im Berg Räume ausgesprengt und mit Süßwasser aufgefüllt. Das Wasser laugt langsam das Salz aus dem Gestein und erreicht schließlich einen Sättigungsgrad von rund 27% (Sole). Die unlöslichen Bestandteile des salzführenden Gesteins aber sinken zu Boden, daher die Bezeichnung „Sinkwerk". Die Sole wird durch Rohrleitungen aus dem Berg zu den Salinen geleitet. Die Saline des Berchtesgadener Salzbergwerks steht in Bad Reichenhall.
Die Besucher erhalten vor der Einfahrt die traditionelle Schutzkleidung. In einem untertägigen Kino werden sie über die Entstehung der Salzlagerstätte und die einzelnen Phasen der Salzgewinnung informiert. Ein Höhepunkt der Grubenfahrt ist eine Floßfahrt über den 100 m langen und 30 m breiten „Salzsee", eines der größten Sinkwerke der Welt. Über eine Rutsche geht es zur Grubenbahn zurück, die die Besucher wieder ans Tageslicht bringt.

Flußspat in der Oberpfalz

Lage der Vorkommen:
Das Oberpfälzer Flußspatrevier umfaßt den Raum Nabburg-Schwandorf. Die Vorkommen liegen bei den Orten Lissenthan, Stulln, Wölsendorf, Wundsheim. Die Nordwest-Südost verlaufende schmale Zone von rund 15 km Länge besitzt eine Breite von 4 km. Von den einst zahlreichen Gruben, die hier Flußspat, teilweise auch Schwerspat abbauten, blieben lediglich drei erhalten. Zusammen mit einer weiteren Grube, die sich im wesentlich kleineren Regensburg-Donaustaufer Revier befindet, wird heute die Flußspatförderung in Bayern bestritten.

Verwendung:
Flußspat (= Fluorit, CaF_2) wird bereits seit mehreren Jahrhunderten in metallurgischen Prozessen als „Flußmittel" zur Herabsetzung des Schmelzpunktes verwendet. Als Lösungsmittel bei der Schmelzflußelektrolyse zur Aluminiumgewinnung besitzt Fluorit als Ausgangspunkt für den künstlich hergestellten Kryolith und Aluminiumfluorid ein zweites Verwendungsgebiet. Mit der Fluorchemie (anorganische und organische Chemie) erlangte der Rohstoff Fluor nach dem 2. Weltkrieg sein vielseitigstes Einsatzgebiet. Die bedeutenden Produkte sind hier Raketentreibstoff, Kältemittel und Kunststoffe. Als Treibgas für die Aerosolindustrie (Spray) fand Fluor zunehmend Eingang in jeden Haushalt.
Der wichtige Rohstoff Fluorit kann vorerst nur schwer durch andere Stoffe substituiert werden. Ungeachtet der ausreichenden Vorräte wäre eine drastische Reduzierung von Fluor zwingend notwendig, da die Verwendung von Fluorverbindungen große Umweltbelastungen schafft. Fluorkohlenwasserstoffe zerstören allmählich den Ozonschutzschild der Atmosphäre, so daß Langzeitschäden vorprogrammiert werden.

Schiffahrt: Schleusen, Häfen, Leuchttürme

Aus den vielen Möglichkeiten, die das Stichwort „Schiffahrt“ bietet, wurden hier im wesentlichen wichtige Häfen, Schleusen und Leuchttürme ausgewählt. Im allgemeinen sind Schüler für einen Hafenbesuch oder für eine Fahrt durch eine Schleuse leicht zu motivieren.
Natürlich stellen auch weitere, nicht genannte See- und Binnenhafenstandorte interessante Exkursionsziele dar.

2000 Hamburg
Hamburger Hafen

2051 Hamburg-Tatenberg
Schleuse

2057 Geesthacht
Stauwerk an der Elbe
Es macht die Elbe tidenunabhängig. Schiffe passieren Geesthacht durch die Schleusenanlagen eines 5 km langen Umgehungskanals.
Der Elbstau schuf gleichzeitig die Voraussetzung für den Bau eines großen Pumpspeicherwerks. Mit billigem Nachtstrom wird Elbwasser in das 80 m oberhalb liegende Speicherbecken gepumpt.

2058 Lauenburg
Älteste Schleuse Europas
1726 entstand die Palmschleuse im Stechnitzkanal, der als erste künstliche Wasserstraße Europas bereits 1398 eröffnet wurde. Um 1900 wurde er durch den Elbe-Lübeck-Kanal ersetzt.
Ein Modell der Schleuse kann im Elbschiffahrtsmuseum in Lauenburg besichtigt werden.

2191 Insel Neuwerk
Ältester Leuchtturm an der Deutschen Bucht

2212 Brunsbüttel
Nord-Ostsee-Kanal
Die Schleusenanlagen gehören zu den größten, der Kanal gehört zu den meistbefahrenen der Welt (80000 Schiffe jährlich).

2246 Heide
Eidersperrwerk
Die Eider ist mit fast 200 km der längste Fluß in Schleswig-Holstein. Sie entspringt südlich von Kiel und mündet bei Tönning auf der Halbinsel Eiderstedt in die Nordsee. Ursprünglich reichte der Einfluß von Ebbe und Flut über 100 km flußaufwärts, fast bis nach Rendsburg. Darunter litten die Uferregionen. Deshalb baute man 1937 südlich von Friedrichstadt ein erstes Sperrwerk. Nach fünfjähriger Bauzeit wurde 1972 das große Eidersperrwerk vollendet. Ein 4,8 km langer Damm verkürzt jetzt praktisch die Deichlinie um 62 km. Der 8,5 m hohe Deich hat fünf je 40 m breite Durchflußöffnungen, die bei Sturmflut mit 250 t schweren Sieltoren verschlossen werden. Dabei wird das Flußwasser gestaut und erst bei Niedrigwasser abgelassen. Ein 336 m langer Autotunnel bringt zusätzlich eine wesentliche Verkürzung des Wegs von Süden nach St. Peter Ording.
Die Besichtigung des Sperrwerks wird durch einen Rad- und Fußweg auf der Innenseite des Damms er-

möglicht. Sperrwerk, Sielbauwerk, Schiffahrtsschleuse und Schutzhafen können auf diese Weise gut überblickt werden.

2251 Westerhever
Leuchtturm
Rot-weiß gestreift, 37 m hoch, steht er dort sei 1907.
Der Ringellook diente der Tageserkennung für die Schiffe draußen auf der See. Die Nachterkennung besorgten rhythmische Lichtsignale. In klaren Nächten leuchteten sie immerhin 26 Seemeilen (48 km) weit. Einen Leuchtturmwärter trifft man nicht mehr an. Auch dieses Leuchtfeuer wird, wie die anderen an der deutschen Küste, ferngesteuert.

2278 Wittdün
Leuchtturm
Der Leuchtturm ist mit 68 m ü. d. M. der höchste Leuchtturm an der Nordseeküste.

2300 Kiel
Schleusenanlagen des Nord-Ostsee-Kanals

2850 Bremerhaven
- Die großen Hafenanlagen sind durch Schleusenanlagen miteinander verbunden.
- Leuchtturm (Feuerblüse)
  Auf ihm wurde von Blüsenwärtern ein Holzkohlefeuer entfacht, das für die Schiffe weithin sichtbar war. Er stammt aus dem 17. Jahrhundert.
- Bremerhavener Radarturm
  Leitet die Schiffe mittels Richtfunk sicher in den Hafen.

2940 Wilhelmshaven
Tiefwasserhafen; Ölhafen (größter Ölimporthafen der Bundesrepublik)

2970 Emden
Großer Automobilverladehafen; Erzhafen

2974 Campen
Leuchtturm (Aussichtsplattform in 60 m Höhe)

3141 Scharnebeck bei Lüneburg
Doppelschiffshebewerk am Elbe-Seiten-Kanal

4100 Duisburg-Ruhrort
Größter Binnenhafen Europas

4172 Straelen
Reste der „Fossa Eugeniana" (Spanischer Rhein-Maas-Kanal) und des napoleonischen Nordkanals („Grand Canal du Nord") mit Schleusenanlage

4320 Hattingen (Ruhr)
Ruhrschleuse

4350 Recklinghausen
Schiffshebewerk Henrichenburg (am Rhein-Herne-Kanal)

4446 Bevergern-Hörstel
- Schleusenanlagen (Abzweigung des Mittellandkanals)
- Schleuse am Dortmund-Ems-Kanal

4751 Uelzen
Schleuse am Elbe-Seiten-Kanal

4950 Minden
Mindener Wasserstraßenkreuz
Im Norden der Stadt wird der Mittellandkanal über die Weser geführt. Die 375 m lange Kanalbrücke ist das größte Brückenbauwerk der Binnenschiffahrt in Europa. Der Wasserspiegel liegt ca. 13 m über dem der Weser. Verbunden sind die beiden Wasserstraßen durch eine Schleuse.

6290 Weilburg
Schiffstunnel

6932 Hirschhorn
Schleuse

7121 Hessigheim
Neckarstaustufe mit Schleuse

Die bremischen Häfen: Bremen und Bremerhaven

Die bremischen Häfen Bremen und Bremerhaven, deren Verwaltung und Management in einer Hand liegen, sind nach ihrem Umschlag in Millionen Tonnen gemessen die drittgrößten in der Bundesrepublik hinter Hamburg und Wilhelmshaven.
Diese drei größten bundesdeutschen Häfen haben jedoch eine völlig unterschiedliche Struktur: *Hamburg*, die Nummer eins, hat einen Gesamtumschlag von über 60 Mill. t. Davon entfällt je ein gutes Drittel auf Massengüter (Kohle, Erz, Getreide) einerseits und Erdöl andererseits; das restliche knappe Drittel von 18,5 Mill. t ist Stückgut. *Wilhelmshaven* wiederum ist ein reiner Erdölhafen: Hier werden jährlich knapp 30 Mill. t Erdöl vom Schiff in die Pipelines gepumpt. *Bremen und Bremerhaven* schließlich schlagen im Jahr rund 26 Mill. t um, davon 9 Mill. t im Massengut-Verkehr und 17 Mill. t im Stückgut-Verkehr, der wiederum zu gut 40% per Container abgewickelt wird.
1971 fertigte Transfracht den ersten Container in Bremerhaven ab; knapp 12 Jahre später war es schon der millionste. Heute erreichen pro Jahr rund 750000 Container über Bremerhaven ihr Ziel. Der Container-Terminal „Wilhelm Kaisen" in Bremerhaven ist seit der offiziellen Norderweiterung die zur Zeit größte geschlossene Container-Umschlagsanlage Europas. 1,6 Mill m^2 Verkehrs- und Stellfläche (350 Fußballplätze) stehen jetzt für den Containerumschlag zur Verfügung. 19 Containerbrücken, kanpp 60 Van-Carrier (orangefarbene Spezialfahrzeuge mit hohen Stelzenbeinen und hydraulischen Greifarmen) und eine Vielzahl weiterer Spezialmaschinen ermöglichen eine schnelle Abfertigung der großen Containerschiffe, die bis zu 4500 „Blechkisten" an Bord haben können. Steht man heute am Kai des Container-Terminals und sieht den Spezialfahrzeugen bei ihrer Arbeit zu, wird auch dem letzten Träumer klar, daß es mit der alten Hafenromantik lang, lang vorbei ist.
Auf dem Gelände des Container-Terminals am Nordhafen gibt es eine Aussichtsplattform. Von hier aus hat man einen herrlichen Rundblick über den Überseehafen und den Container-Terminal.
Sehenswert ist aber auch die Bananenumschlaganlage. Seit 1926 erreichen die gelben Früchte aus Süd- und Mittelamerika hier Europa. Moderne Förderanlagen schaffen hier jährlich bis zu 400000 Tonnen Bananen aus den Laderäumen der weißen Spezialfrachter. Sonderfahrpläne der Deutschen Bundesbahn sorgen dafür, daß die reifenden Bananen innerhalb kürzester Zeit ihre Bestimmungsorte erreichen.
Der neugeschaffene Autoterminal Bremerhavens hat sich zur internationalen Automobildrehscheibe entwikkelt.
Der Fischereihafen Bremerhavens steht flächenmäßig gesehen dem Überseehafen nur wenig nach. Auf dem 737 ha großen Gelände arbeiten ca. 7000 Menschen. 1985 betrug der Seeumschlag von Fischen und Fischereierzeugnissen etwa 82000 t. Der Fischereihafen hat für Tiefkühlfisch eine Lagerkapazität von 200000 m^3.
Die Zahl der ansässigen Betriebe, Seefischgroßhandlungen und Fischindustriebetriebe beläuft sich auf ca. 50. Die Fischauktionshallen haben eine Länge von 550 m. Zwei Fischversandbahnhöfe sorgen für den Abtransport der Ware in das Binnenland.

Der Hamburger Hafen

Deutschlands größter Seehafen steht weltweit gesehen an 7. Stelle (Gesamtgüterumschlag).
Rund 170000 Schiffe laufen jährlich den Hafen an. Hier werden ca. 60 Mill. t Seegüter umgeschlagen. Davon entfallen je ein gutes Drittel auf Massengüter (Kohle, Erze, Getreide...) einerseits und Erdöl andererseits; das restliche Drittel von 18,5 Millionen Tonnen ist Stückgut.
Hamburg hat jedoch seinen Ruf als Fischereihafen eingebüßt.
Pro Jahr werden in den Hallen der „Fischmarkt Hamburg-Altona GmbH" 4000 t frischer Fisch verarbeitet. Verglichen mit früheren Jahren ist diese Menge an Fisch geradezu kläglich.
Bis Mitte der 50er Jahre löschten Angestellte des Fischmarkts jährlich etwa 100000 t Fisch. Dann mußte Hamburg seine Spitzenstellung an die meeresnahen Städte Cuxhaven und Bremerhaven abtreten. Heute wählt kein größerer Fischereidampfer den teuren und langen Weg elbaufwärts in die Hansestadt. Als die traditionellen Fischereistaaten über die ursprüngliche Drei-Meilen-Zone hinausdrangen, um ihre Fanggründe zu sichern, rückten meeresnahe Standorte in den Vordergrund. Abgefischte, küstennahe Gewässer verloren zudem für die deutsche Fischerei an Bedeutung.
Heute geht die Fahrt bis an die südamerikanische Küste. Mit modernen Fangfabrik-Schiffen war diese Ausdehnung kein Problem mehr. Auf den Fangfabrik-Schiffen wird der Fang sofort verarbeitet, filetiert und tiefgefroren. Von da an war die Aufenthaltszeit für die Fischer auf dem Meer zeitlich nicht mehr begrenzt, zumal „Mutterschiffe" tiefgefrorenen Fisch auf hoher See übernehmen, so daß das Fangfabrik-Schiff wieder neu auf Fangkurs gehen kann.
Dem Hamburger Fischereihafen blieb nur die Flucht nach vorn: die Edelfischverarbeitung. Fünf oder sechs Kleinkutter tuckern pro Woche elbaufwärts, im Laderaum Schollen, Seeteufel, Seezungen und Steinbutt, also kein gewöhnlicher Massenfisch wie er in Cuxhaven oder Bremerhaven angeboten wird. In den Kühlräumen des Hamburger Fischereihafens lagern daneben Meeresfrüchte wie Hummer, Prawns und Shrimps, die weit entfernt von Hamburg gefangen werden.
Unter den typischen Fischereinationen ist die Bundesrepublik in den vergangenen Jahrzehnten auf einen der letzten Plätze abgerutscht. Hunderte von Schiffen zählte einst die deutsche Fischereiflotte, gerade zehn sind übriggeblieben. Der deutsche Fischverbrauch wird weitgehend mit ausländischer Ware gedeckt. Marktführer sind skandinavische Länder, allen voran Dänemark. Dänische Fischer bringen ihren Tagesfang an die dänische Küste, lassen ihn dort versteigern, bevor er per Lastwagen nach Cuxhaven und Bremerhaven transportiert wird. Britische Fischer steuern direkt die deutschen Seestädte an, die Franzosen wählen für ihre Importe den Landweg.

Der Duisburger Hafen

Der Duisburger Hafen Ruhrort ist mit jährlich 50 Mill. t Gesamtumschlag der größte Binnenhafen der Welt.
Durch seine verkehrsgünstige Lage an Ruhr und Rhein hatte sich Duisburg schon im frühen Mittelalter zu einem regen Handelsplatz entwickelt.
Die Erschließung der großen Kohlevorkommen führte 1716 zum Bau des ersten Hafens in Ruhrort. Mit der wachsenden Bedeutung des Ruhrgebiets und der Anbindung an das Eisenbahnnetz Europas begann die Entwicklung zum größten Binnenhafen der Welt.

1210 ha umfaßt das gesamte Hafengebiet. 20 Hafenbecken und rund 300 Kräne sind vorhanden.
Industrie und Wirtschaft wählten Duisburg als Standort, weil sie hier an den leistungsfähigen Verkehrsträger, den Rhein, angeschlossen waren. Auf ihm konnten die benötigten Rohstoffe und produzierten Güter transportiert werden.
Heute werden vor allem Erze, Mineralöle, Schrott, Rohstoffe, Getreide, Nahrungsmittel angefahren. Kohle, Eisen, Stahl, Raffinerieprodukte und Industrieerzeugnisse aller Art werden abtransportiert.
Über 150000 Menschen erleben jährlich die interessanten Hafenrundfahrten.
Duisburg ist das Zentrum der Stahlindustrie. Fast jede zweite Tonne Rohstahl, die in Deutschland produziert wird, kommt aus Duisburg, deren Hüttenwerke zu den modernsten und leistungsfähigsten der Welt zählen.
Die Kohle- und Stahlkrise darf dabei aber nicht übersehen werden. Durch die Ansiedlung von Ergänzungsindustrien (Chemie, Elektrotechnik) versucht man, dem Problem beizukommen.

Der Nord-Ostsee-Kanal

Der 99 km lange Nord-Ostsee-Kanal (früher auch „Kaiser-Wilhelm-Kanal") heißt in der internationalen Schiffahrt „Ciel-Kanal".
Die alte Idee, die Wasserscheide zwischen Nordsee und Ostsee durch einen Kanal zu überwinden, wurde zuerst 1398 durch den Stechnitzkanal, 1529 dann durch den Alster-Beste-Kanal verwirklicht; beide Kanäle waren jedoch nur für flache Flußkähne befahrbar.
Zwischen 1777 und 1784 waren 3000 Arbeiter unter oft schwierigsten Bedingungen mit Hacken, Schaufeln und Pferdefuhrwerken im Einsatz, um den „Schleswig-Holsteinschen-Kanal", heute meist „Alter Eider-Kanal" genannt, zu bauen.
Von diesem Vorgänger des Nord-Ostsee-Kanals sind interessante Reste erhalten: die Packhäuser in Holtenau, Rendsburg und Tönning, alte Streckenstücke bei Holtenau (die Rathmannsdorfer Schleuse), Klein-Königsförde (Schleuse) und Kluvensiek (Schleuse, Zugbrückenportale, Treidelpfad). Über 100 Jahre diente die seinerzeit als technisches Wunderwerk gepriesene Wasserstraße dem europäischen Handel, bis sie den wachsenden Ansprüchen nicht mehr genügte.
Nach achtjähriger Bauzeit wurde am 21. 6. 1895 im Beisein des Kaisers der neue „Kaiser-Wilhelm-Kanal" eingeweiht. Mehr noch als sein Vorgänger galt er als technische Meisterleistung, denn der Kanal durchschneidet das Land auf Meeresniveau und benötigt nur noch an seinen Ausgängen Schleusen; in Holtenau weniger wegen des Tidenhubs, als wegen windbedingter Wasserstandsschwankungen.
Der Nord-Ostsee-Kanal verbindet die Elbe bei Brunsbüttel mit der Kieler Förde. Er durchquert zunächst die bis zu 3 m tiefer liegende Marsch und durchschneidet dann den bis zu 25 m hohen Geestrücken. Bis Rendsburg folgt der Kanal der Eiderniederung, erreicht dann das holsteinische Hügelland, in dem streckenweise die Reste früherer Eiderseen durchquert werden und mündet nach rund 100 km bei Kiel-Holtenau in die Förde.
Eine Fahrt durch den Kanal dauert je nach Verkehrsdichte und Schiffsgröße 6,5 bis 8,5 Stunden.
Waren für seinen Bau noch strategische Gründe maßgebend, so steht der Kanal heute ausschließlich im Dienst des Warenaustauschs der Länder des Ostseeraumes mit der übri-

gen Welt. Ein Transport auf dem Kanal erspart im Mittel einen Seeweg von 250 Seemeilen.
Rund 70000 Schiffe pro Jahr, das heißt alle zehn Minuten eines, befahren den Nord-Ostsee-Kanal. Das zehrt natürlich an der baulichen Substanz. Um den Kanal gegen den Sog der ständig größer werdenden Schiffe zu sichern, läuft derzeit ein umfangreiches Sanierungsprogramm. Der Kanal soll auf einer Strecke von 62 km von 102 auf 162 m verbreitert werden, dennoch wird die Größe der Schiffe, die den Kanal in Zukunft befahren können, im Vergleich zu den beiden großen Kanälen, dem Suez-Kanal und dem Panama-Kanal, recht bescheiden bleiben. Doch mit durchschnittlich 135 Schiffen pro Tag gehört der Nord-Ostsee-Kanal zu den meistbefahrenen Kanälen der Welt.
Die von dem Kanal zerschnittenen wichtigen Landverkehrswege Schleswig-Holsteins mußten wieder zusammengefügt werden. 14 Fähren, 7 Brücken und 2 Tunnel wurden zu diesem Zwecke eingerichtet bzw. gebaut. Die Bedeutung des Querverkehrs (Verkehr über den Kanal) soll mit zwei Beispielen belegt werden: 1985 benutzten rund 7 Millionen Passagiere die 14 Fähren und rund 11 Millionen PKW-Einheiten den Straßentunnel Rendsburg.

(Faltblatt „Der Nord-Ostsee-Kanal", Hrsg.: Wasser- u. Schiffahrtsdirektion Nord, Kiel)

Senkrechtschiffshebewerk Scharnebeck

„Der Elbe-Seitenkanal hat auf einer Gesamtlänge von 115 km ein Gefälle von 61 m, das durch die Schleuse bei Uelzen und durch das Schiffshebewerk Lüneburg-Scharnebeck überwunden wird.
Der Kanal beginnt bei Artlenburg an der Elbe und mündet in der Nähe von Edelsbüttel bei Wolfsburg in den Mittellandkanal.
Der Höhenunterschied von Geest und Marsch erforderte eine Hubhöhe von 38 Metern und bedingte das gewaltige Bauwerk, jenes Doppelsenkrechthebewerk, das größte in Europa.
So wenig der Kanalbau die Schönheit der Landschaft zerstört, so wenig auch dieser Bau trotz seines gigantischen Ausmaßes.
Der aufgeschüttete begrünte Deich erinnert an die Deiche der Meeresküsten. Auf ihm entlang führen weite Spazier- und Fahrradwege. Gerne hält man an, um auf dem Kanal die Schiffe oder Segelboote vorübergleiten zu sehen. Interessant sind die Überkreuzungen von Gewässern und Verkehrswegen, wo Autos und Eisenbahnzüge unter dem Kanal hindurchfahren – eine eigenartige neue Welt, die sich fast utopisch ausnimmt gegenüber dem mittelalterlichen Charakter der umliegenden Orte. Das aber ist der besondere Reiz dieser Landschaft. Man muß sich das Schiffshebewerk ansehen und erklären lassen. Man muß zusehen, wie es funktioniert! Man muß am besten selbst mit einem Schiff in einen der Tröge einfahren und sich dann wie in einem Riesenfahrstuhl an den 38 m höher gelegenen oberen Vorhafen des Kanals heben lassen!
Da sind zwei riesige Tröge, unabhängig voneinander, in denen die Schiffe schwimmen. Jeder Trog ist 100 m lang und 12 m breit und kann ein auf 85 m verlängertes Europaschiff oder einen geteilten Schubverband mit 9,5 m bis 11,4 m breiten Leichtern aufnehmen. Interessant ist auch, wie sich die Tore der Tröge öffnen und schließen, wie sich bei der Einfahrt des Schiffes das verdrängte Wasser in die Vorhäfen ergießt, wodurch das Gewicht des wassergefüllten Troges mit und ohne Schiff gleich bleibt. Die

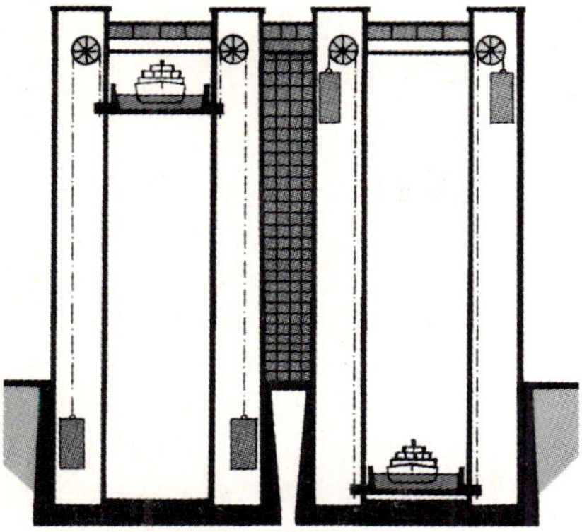

Querschnitt

Schiffslast und das Gewicht des Wassers betragen zusammen 5700 t je Trog, der sich in einer Fahrzeit von etwa 3 Minuten hebt und senkt. Die max. Fahrgeschwindigkeit beträgt 14,4 m/min. Erstaunlich, daß hier pro Tag bis zu 43000 Gütertonnen bewältigt werden, im Jahr rund 8,4 Millionen t! In den vier Führungs- und Gegengewichtstürmen wird das Gewicht des mit Wasser gefüllten Troges durch acht Gegengewichte (Schwerbetonscheiben) von jeweils 26,5 t ausgeglichen. Jedes Gewicht hängt an einem Seil von 54 mm Durchmesser. Die Türme haben nicht nur die Aufgabe, die Gesamtlast der Tröge und ihrer Gegengewichte von rund 11 400 t auf den Baugrund zu übertragen, sondern sie dienen auch der Führung der Tröge. Die Fundamente liegen bis zu 19 m tief im Sandboden. In den Türmen befinden sich die Zahnstangen für den Antrieb und die Spindeln zur Katastrophensicherung. Die Bewegung der Tröge erfolgt durch 4 Elektromotoren mit einer Leistung von je 160 kW.
Von einem zentralen Steuerstand aus kann das gesamte Hebewerk betätigt werden. Alle Bedienungsvorgänge einschließlich Öffnen und Schließen der Tore laufen vollautomatisch ab."
Eine Besucherplattform und ein Informationspavillon stehen Interessierten zur Verfügung.

(Faltblatt der Gemeinde Scharnebeck)

Siedlungen

Amtlich wird zwischen Städten und ländlichen Gemeinden unterschieden. Bei den ländlichen Siedlungen war vor der neuzeitlichen Industrialisierung der bäuerliche Lebenserwerb ausschlaggebend, ihre Bewohnerzahl also vom zur Verfügung stehenden Boden abhängig.
Die Städte haben dagegen als Sitze der Verwaltung, des Handels und Gewerbes übergeordnete Funktionen (zentrale Orte).
Die klassischen ländlichen Siedlungsgemeinschaften waren in Form und Aufbau abhängig von Bodenart, Wirtschaftsform und Stammeseigenschaften. Ein besonders interessanter Dorftyp ist dabei der Rundling.
Aufgelassene Siedlungen bezeichnet man als „Wüstungen".
Stellvertretend für die historischen Städte ist in folgender Auflistung Trier genannt.

2178 Otterndorf
Wurtensiedlung

2254 Friedrichsstadt/Eider
Holländische Siedlung mit Grachten

2862 Worpswede
Waldhufensiedlung
Das Dorf entstand im 18. Jahrhundert im Rahmen der Moorkolonisation (Teufelsmoor).

2974 Krummhörn
Warftendörfer Campen und Rysum

3017 Pattensen-Schulenburg
Wüstung

3130 Lüchow
Rundlingsdorf im Hannoverischen Wendland

3131 Küsten
Rundlingsdörfer Lückau, Lübeln, Satemin

3132 Clenze-Bussau
Rundlingsdorf

3139 Hitzacker
Rundlingsdorf

3206 Lamspringe
Wüstung Regenshausen

3522 Bad Karlshafen
Hugenottensiedlung
1699 im Schachbrettmuster angelegt

3549 Volkmarsen
Stadtwüstung Landsberg (13. Jhdt.)

4130 Moers-Hochstrass
Bergmannsiedlung „Linker Niederrhein" von 1928

4200 Oberhausen
Älteste Arbeitersiedlung des Reviers

4224 Hünxe
Kruchenburg
Altes Treidelschifferdorf an der Lippe

4370 Marl
Erste Hügelhäuser Europas – historische Zechensiedlungen

4471 Neusustrum + Hebelermeer
Moorhufenkolonien

Tüöttendorf (Tüötten = Leinenhausierer des 17. und 18. Jahrhunderts)

4532 Mettingen
Typische Töddenhäuser
Tüöttenmuseum mit Dokumenten, Inventar und Trachten der Mettinger Leinenkaufleute

4904 Enger
„Wittekindstadt"

4953 Petershagen-Schlüsselburg
Scheunenviertel
In Nordwestdeutschland kultur- und agrargeschichtlich einzigartig eng gebaute Gruppe von 26 noch genutzten Scheunen der im 14. Jahrhundert neben der Schlüsselburg entstandenen Ackerbürgerstadt

5202 Hennef (Sieg)
Titularstadt Blankenberg
Eine der größten erhaltenen Burg- und Stadtanlagen des Mittelalters

5500 Trier
Älteste Stadt Deutschlands
Im Jahre 15 v. Chr. wurde Augusta Treverorum, die Stadt des Kaisers Augustus im Lande der Treverer, gegründet. Dieser Ort, das heutige Trier, war dazu ausersehen, die Hauptstadt und kaiserliche Residenz der römischen Provinz Gallia Belgica zu werden. Die Mosel spielte zu damaliger Zeit nicht nur als Verkehrsweg nach Gallien eine wichtige Rolle, sondern im Gefolge der Legionäre waren Weinbauern mit Wagenladungen voller Rebstöcke über die Alpen an die Ufer von Rhenus (Rhein) und Mosella (Mosel) gezogen, um hier jene Kultur zu gründen, für die ihnen die Deutschen heute noch Dank sagen und die die Namen vieler kleiner Orte dieser Region inzwischen in aller Welt bekannt gemacht hat.

5531 Kopp-Eigelsbach/Eifel
Die Siedlung liegt im Talkessel eines Trockenmaares.

5905 Freudenberg
Alter Flecken, mittelalterlicher Stadtkern
Baudenkmal internationaler Bedeutung, steht unter Denkmalschutz

6320 Alsfeld
Europäische Modellstadt für Denkmalschutz

6419 Rasdorf
Größter Dorfanger Hessens

7420 Münsingen
„Wüstung" Gruorn
Vor rund 50 Jahren ist vom Naziregime die Erweiterung des Truppenübungsplatzes Münsingen verfügt worden. Für die Bewohner des Albdorfes Gruorn bedeutete dies, daß sie ihre Heimat binnen zwei Jahren verlassen mußten. Das Dorf ist inzwischen verfallen, nur Kirche und Schulhaus sind noch erhalten. Einmal im Jahr, zu Pfingsten, dürfen die ehemaligen Gruorner zurück in ihr Dorf.

7892 Albbruck
Landes- und Bundessieger im Wettbewerb „Schönste Altsiedlung der Bundesrepublik Deutschland"

8192 Geretsried
Die Industriestadt an der Isar entstand 1945, als Vertriebenen- und Flüchtlingssiedlung; wurde 1950 Gemeinde und 1970 Stadt (20000 Einw.)

8253 Anger bei Bad Reichenhall
Dorf mit größtem Dorfanger

8573 Tüchersfeld/Franken
Felsendorf
Die Häuser kleben förmlich an den steil aufragenden Dolomitfelsen.

8900 Augsburg
Fuggerei
Älteste Sozialsiedlung der Welt

Siedlungsformen

Rundling

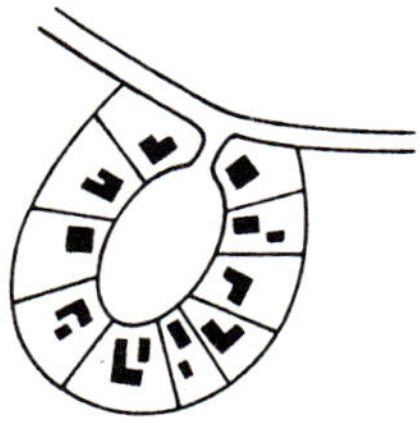

Angerdorf

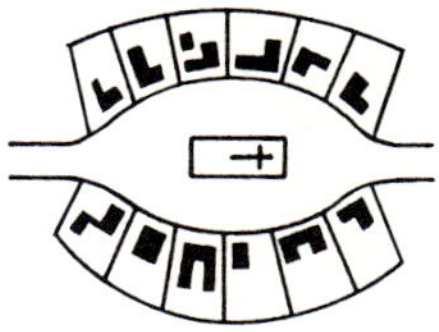

Waldhufendorf

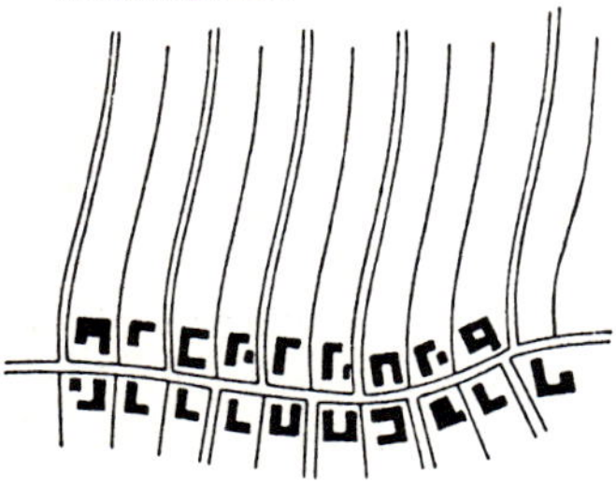

Straßendorf

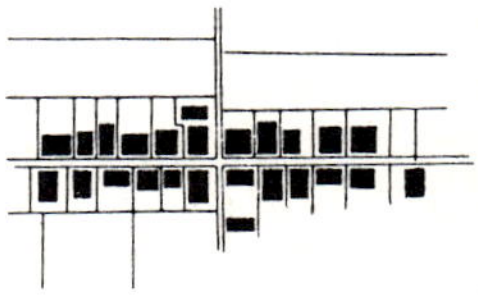

Marschhufendorf

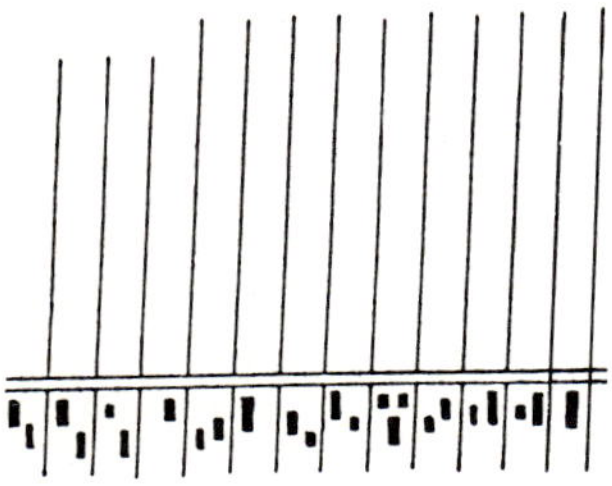

Haufendorf

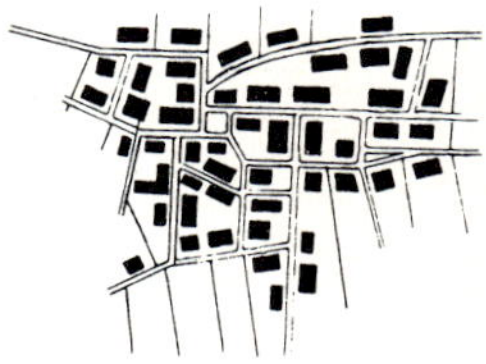

Weiler

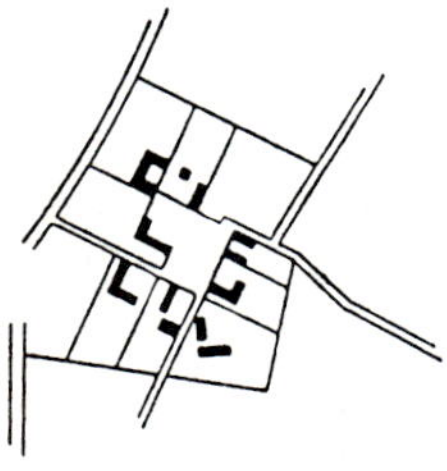

Einzelhöfe

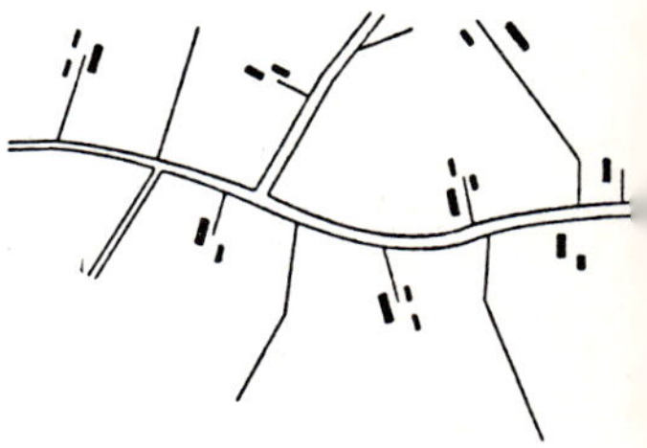

(Quelle: Informationsgemeinschaft für Meinungspflege und Aufklärung e.V. [Hrsg.]: Kalender 86/87 „Landwirtschaft im Unterricht“, Hannover 1986)

Sternwarten, Planetarien, Observatorien

Leider ist die Bedeutung der Astronomie als eine der Grundlagen jeder Hochkultur nur wenigen bewußt. Und gerade die Astronomie hat in den letzten Jahren deutlich gemacht, wie empfindlich das Netz der Lebensbedingungen auf unserem Planeten ist (z. B. Treibhauseffekt, Ozonloch). Die Astronomie lehrt uns in aller Deutlichkeit, daß wir in einer geradezu einmaligen Ökosphäre leben, ohne Aussicht, bei Bedarf einfach in eine andere übersiedeln zu können. Eine feste Verankerung astronomischer Grundkenntnisse in weiten Teilen der Bevölkerung könnte mit dazu beitragen, das Umweltbewußtsein entscheidend zu heben. Leider wird auch allzu häufig verkannt, daß mit diesen Themenbereichen nicht nur die naturwissenschaftlichen Fächer einschließlich der Geographie angesprochen sind, sondern genauso die Fächer Deutsch (Literatur), Philosophie, Religion, Bildende Kunst, usw.
Sternwarten und Observatorien sind noch nicht so gut auf die Besuche von Schulklassen eingestellt, wie das bei den Planetarien der Fall ist. Es gibt kaum ein Planetarium, das nicht spezielle Vorführungen für Schulklassen aller Altersstufen und Schularten entwickelt hat.

1000 Berlin
Sternwarte, Planetarium

2000 Hamburg
Sternwarte der Universität; Planetarium

2190 Cuxhaven
Feriensternwarte

2392 Glücksburg
Sternwarte mit Planetarium

2400 Lübeck
Sternwarte

2800 Bremen
Sternwarte

3500 Kassel
Sternwarte

3950 Wunstorf
Sternwarte

4000 Düsseldorf
Sternwarte

4006 Erkrath
Sternwarte

4300 Essen
Planetarium

4350 Recklinghausen
Sternwarte, Planetarium und Institut für Weltraumforschung

4600 Dortmund
Sternwarte

4630 Bochum
Sternwarte

5100 Aachen
Sternwarte

5270 Gummersbach
Sternwarte

5300 Bonn
Sternwarte

5358 Bad Münstereifel-Effelsberg
Radio-Observatorium des Max-Planck-Instituts für Radioastronomie

5569 Schalkenmehren
Observatorium Hoher List

5630 Remscheid
Sternwarte; Observatorium der Universität Bonn

5650 Solingen-Weger
Sternwarte

5800 Hagen
Planetenmodell Hagen
In Hagen wurde der Versuch unternommen, das Sonnensystem größen- und abstandsgetreu „nachzubilden". Für die Sonne und die zugehörigen Planeten wurden an entsprechenden Stellen im Stadtbereich Plattenanlagen installiert, die die wichtigsten Informationen über die jeweiligen Planeten geben. Das Zentrum (= die Sonne) bildet die Rathaus-Turmkugel.

5800 Hagen
Sternwarte; Planetenmodell

6000 Frankfurt/M.
Sternwarte

6100 Darmstadt
Sternwarte

6148 Heppenheim
Sternwarte

6336 Burgsolms
Sternwarte

6431 Friedewald
Sternwarte

6500 Mainz
Sternwarte

6800 Mannheim
Planetarium

6900 Heidelberg
Astronomisches Lehrzentrum am Heidelberger Helmholtz-Gymnasium (Foucault-Pendel, Weltzeituhr und Planetarium)
Das Foucault-Pendel ist eine der Attraktionen. Es zeigt die Erddrehung an. Ein solch präzises Pendel gibt es nur noch im Deutschen Museum in München, ferner in Paris und in Leningrad.

7000 Stuttgart
Planetarium
Technische Angaben:
Basisdurchmesser der Kugel: 20 m; 277 bequeme Sessel, konzentrisch angeordnet. Planetariumsinstrument: ZEISS-Modell VI A computergesteuert; Höhe: ca. 5 m, Gewicht 2,5 t, auf hydraulischer Hebebühne versenkbar montiert; maximale Zeitraffung: 432 Erdenjahre pro Sekunde (Zukunft und Vergangenheit), Höchstgeschwindigkeit einer Erdumkreisung mit beliebiger Bahnneigung zum Äquator: 667 km/sec.

7080 Aalen
Schul- und Volkssternwarte

7800 Freiburg
Sternwarte/Planetarium

7821 Feldberg
Observatorium

7901 Weidach-Laupheim
Sternwarte

8000 München
Volkssternwarte mit Planetarium

8070 Ingolstadt
Sternwarte

8123 Peißenberg
Observatorium

8390 Passau
Sternwarte

8400 Regensburg
Volkssternwarte

8500 Nürnberg
Sternwarte, Planetarium

8670 Hof
Sternwarte

8900 Augsburg
Volkssternwarte mit Planetarium

8942 Ottobeuren
Sternwarte

8906 Gersthofen
Sternwarte

Das Planetarium

Zweck eines Planetariums ist es, den Himmel mit seinen verwirrenden Bewegungen naturgetreu wiederzugeben. Die nahezu perfekte Illusion, unter einem fremden Sternenhimmel zu sitzen, können moderne Planetarien mit ihrem kuppelförmigen Rundbau mit bis zu 25 m Durchmesser für viele Zuschauer heraufbeschwören.
Der hantelförmige Projektor im Zentrum der Anlage vermag nicht nur Fixsterne, Sonne, Planeten, Kometen und Meteoritenschauer realistisch wiederzugeben, sondern auch ein zum Thema passendes Landschaftsbild.
Heutige Planetarien sind ausgereifte Wunderwerke der Architektur, Feinmechanik und Optik. Moderne Technologien und stets erweiterte Anwendungen haben aus den ersten Prototypen – im Sommer 1923 konnte im Zeiss-Werk ein Prototyp eines Planetariums vorgeführt werden – weltweit anerkannte Einrichtungen werden lassen. Nicht nur der Planetariumsprojektor, sondern auch die Kuppelkonstruktion war eine technische Herausforderung, soll doch die Projektionskuppel möglichst groß sein, damit viele Zuschauer gleichzeitig das Sternenschauspiel erleben können, daneben aber auch freitragend, um den Blick auf den künstlichen Himmel nicht zu beeinträchtigen.
Eine Vielzahl an Projektoren ermöglicht es, die unterschiedlichsten Bewegungen der Himmelskörper nachzuvollziehen. Die Besucher sollten sich vor oder nach der Vorführung den großen hantelförmigen Apparat einmal aus der Nähe betrachten und sich das eine oder andere erklären lassen. Um z. B. die scheinbaren Bewegungen von Fixsternen, Sonne, Mond und Planeten darzustellen, besitzt der Projektor vier Zahnradsysteme, die jeweils von einem eigenen Motor angetrieben werden. Sie steuern die Drehung um insgesamt drei Achsen. Zur Standardausrüstung einer Planetariums-Hantel gehören u. a. 16 Sternfeldprojektoren, Kometenprojektor, Projektoren für Sonne und Mond, Zoom-Doppelprojektor für den Saturn – damit lassen sich Detailstrukturen wie Ringe, roter Fleck und Monde variabel vergrößert darstellen –, Meridianprojektor, Wolkenprojektor.
Der Phantasie einer kreativen Planetariumsmannschaft sind wenig Grenzen gesetzt. Besondere Projektoren werden entweder selbst entwickelt oder von kleinen spezialisierten Firmen angeboten.
Der Übergang von der klassischen Planetariumsvorführung zu einer modernen Multi-Media-Show wird damit fließend. Und gerade für ein jüngeres Publikum, in einem für Wissenschaft empfänglichen Alter, gewinnen Planetarien damit an Attraktivität.
Bei besonderen kosmischen Ereignissen, wie z. B. beim Durchgang des Kometen Halley, steigt das Interesse generell sprunghaft an. Zweifellos ist ein Planetarium mit der Möglichkeit der zeitgerafften Darstellung der Veränderlichkeiten unseres Himmels, die es bietet, und seinen didaktischen Zusatzprojektionen, ein ideales Lehrgerät, mit dem astronomisches Wissen weiten Kreisen der Bevölkerung anschaulich nahegebracht werden kann.

Das Radio-Observatorium Effelsberg

Die Radioastronomie hat sich zu einer bedeutenden Methode für die Erforschung des Universums entwickelt. Mit Hilfe spezieller Antennen, wie beispielsweise des 100-m-Radioteleskops, wird die elektromagnetische Strahlung im Radiowellenbereich, die ständig aus dem Kosmos auf die Erde trifft, empfangen.
Dabei ist die große Fläche der Antenne von 7850 m^2 wichtig für den Nachweis außerordentlich schwacher Radiosignale, während der große Durchmesser von 100 m für das hohe Winkelauflösungsvermögen maßgeblich ist. Dieses beträgt z. B. bei einer Wellenlänge von 1,2 cm 35 Bogensekunden.
Das Radioteleskop wurde auf einem Ringfundament von 64 m Durchmesser errichtet. Das Gesamtgewicht der Stahlkonstruktion beträgt 3200 t. Das Teleskop kann in 9 Minuten horizontal um 360° gedreht und in 4,5 Minuten um 90° gekippt werden und somit den ganzen Himmel bestreichen. Das Instrument ist die größte vollbewegliche Antenne mit Parabolreflektor und wird eingesetzt zum Empfang von Radiowellen im Bereich von 90 cm bis 7 mm Wellenlänge. Die Beobachtungen bei kurzen Wellenlängen werden dadurch möglich, daß trotz elastischer Verformungen der Stahlkonstruktion bis zu 5–10 cm nur eine Abweichung von der idealen Parabolform von höchstens 1 mm entsteht. Eine elektronische Nachsteuerung kompensiert dabei die Verlagerung des Brennpunkts.
Die Arbeitsgebiete des Instituts umfassen nahezu alle für die beobachtende Radioastronomie erschließbaren astronomischen Fragestellungen. Zu den astronomischen Arbeitsgebieten zählen vor allem: Untersuchungen der frühen Entwicklungsphasen des Weltalls, Untersuchung der Kerne von Radiogalaxien und Quasaren unter Anwendung hochauflösender Interferometrie mit großen Basislängen, Beobachtung der Kontinuum- und Linienstrahlung extragalaktischer Systeme, Radiostrahlung von Pulsaren, Beobachtung der Kontinuum- und Linienstrahlung unserer Milchstraße zur Erforschung der Struktur und des physikalischen Zustands der interstellaren Materie, Beobachtungen und theoretische Untersuchungen zur Frage der Sternentstehung und -entwicklung und Fundamentalastronomie.

Talsperren, Stauseen, Seen

Verglichen mit den Mammutanlagen in anderen Erdteilen sind die Talsperren der Bundesrepublik Deutschland die reinsten Naturidyllen. Der größte Stausee unseres Landes ist der Rur-Stausee mit einem Fassungsvermögen von 205 Mill. m^3. Zum Vergleich: Der Itaipu-Stausee an der Grenze zwischen Brasilien und Paraguay (Staudamm 196 m hoch, der See ist 170 km lang) hat ein Fassungsvermögen von 29 Mrd. m^3.
Talsperren dienen allgemein
- der Trinkwasserversorgung,
- dem Hochwasserschutz,
- der Niedrigwasseraufhöhung,
- der Energieerzeugung und
- dem Fremdenverkehr/der Freizeit/Naherholung.

Neben diesen Aufgaben darf der Aspekt der „Raumplanung“ nicht vergessen werden.

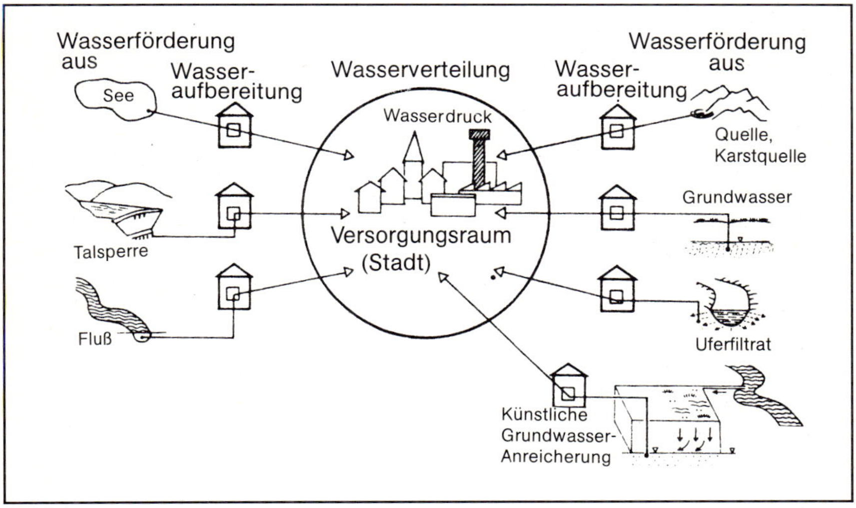

(K.-R. Nippes: „Wasserwirtschaft in der Bundesrepublik Deutschland“, in: Praxis Geographie 6/1985, S. 10)

1000 Berlin
Wannsee; Tegeler-See

2320 Plön
Plöner See

2410 Mölln
Möllner Seen

2418 Ratzeburg
Ratzeburger See

2420 Eutin
Eutiner See

2849 Goldenstedt am See
Thülsfelder Talsperre

2903 Bad Zwischenahn
Zwischenahner Meer

3050 Wunstorf
— Steinhuder Meer
— Toter See „Teufelskuhle" am Vogeldamm
— Großes Meer

3113 Suderburg-Hösseringen
Hardau-Stausee

3136 Gartow
Dümmer See

3172 Isenbüttel
Tankum See

3260 Rinteln
Doktor See

3360 Osterode/Harz
Oderteich
Deutschlands ältester Stausee, von Bergleuten 1714–1721 erbaut

3380 Goslar/Harz
Granetal-Talsperre

3388 Bad Harzburg
Oderstausee, Eckerstausee, Okertalsperre

3394 Langelsheim-Lauthental
Innerste-Talsperre

3396 Schulenberg
Okertalsperre
Der Bau der Okertalsperre führte zur Verlegung des ehemaligen Waldarbeiterstraßendorfes Schulenberg. Der Ort wurde auf einem Hügel am Westufer neu aufgebaut.

3538 Arolsen
Twiste-Talsperre

3543 Diemelsee
Diemel-Talsperre

3593 Edertal
Edertalsperre

4300 Essen
Baldenneysee (Ruhrstausee)

4358 Haltern
Halterner Stausee

4447 Hopsten
Naturschutzgebiet „Heiliges Meer" mit dem großen und kleinen Heiligen Meer (Erdbruchsee)

4534 Recke
Heiliges Meer mit biologischer Station und Recker Moor

4590 Cloppenburg
Thülsfelder Talsperre

4773 Möhnesee
Möhnetalsperre
1943 schlug hier eine britische Torpedo-Bombe in die Staumauer und riß ein 77 m breites und 22 m hohes Loch. Explosionsartig schoß eine 15 m hohe Flutwelle mit 100 Mill. m^3 Wasser durch das Tal, verwüstete auf 50 km Länge das Gebiet, zerstörte Häuser, Kraftwerksanlagen, Kläranlagen, Brücken und Eisenbahnen. 1800 Menschen kamen in den Fluten um.

5106 Roetgen
Dreilägerbach-Talsperre

5107 Einrur
Rur-Stausee

5165 Hürtgenwald
Kaltetalsperre, Wehebachtalsperre

5190 Stolberg
Wehebachtalsperre
Die 25 Mill. m^3 Wasser fassende Wehebach-Talsperre ist nach dem Ruhr-Stausee und dem Urft-See die drittgrößte unter den neuen Eifelstauseen, die zusammen einen Stauraum von 303 Millionen m^3 haben.
Die neue Talsperre im Wehebachtal, die der Wasserversorgung des Aachener-Dürener Raumes und dem Hochwasserschutz dient, ent-

stand in sechsjähriger Bauzeit und hat 70 Millionen DM gekostet.

5202 Hennef/Sieg
Walmbachtalsperre

5270 Gummersbach
Aggertalsperre, Gunkeltalsperre

5350 Euskirchen
Steinbachtalsperre

5374 Hellenthal
Oleftalsperre

5439 Rennerod
Krombachtalsperre

5439 Bad Marienberg
Basalt-See
Rekultivierter ehemaliger Basaltsteinbruch; „Basaltpark" mit Dokumentation

5471 Maria Laach
Laacher See

5520 Bitburg
Stausee Bitburg

5529 Roth a. d. Our/Eifel
Ourstausee

5541 Auw bei Prüm/Eifel
Stausee

5562 Manderscheid
Meerfelder Maar

5568 Daun
Gemünder Maar, Weinfelder Maar, Schalkenmehrer Maar, Holzmaar, Pulvermaar

5609 Hückerswagen
Bevertalsperre

5630 Remscheid
Remscheider Talsperre (älteste Trinkwassersperre Deutschlands)

5632 Wermelskirchen
Dhünntalsperre

5768 Sundern-Amecke
Sorpe-Stausee

5787 Olsberg-Brunskappel
Geplante Negertalsperre
Hier sollte die vom Ruhrtalsperrenverein geplante Negertalsperre gebaut werden. Zehn Jahre lang kämpften Bürger um ihr Dorf – mit Erfolg!

5804 Herdecke
Hengstey-Stausee mit Hochspeicherbecken

5828 Ennepetal
Ennepe-Talsperre, Wupperstausee

5882 Meinerzhagen
Aggertalsperre

5885 Schalksmühle
Glörtalsperre

5883 Kierspe
Jubachtalsperre

5950 Finnetrop
Stausee Ahausen und Biggesee

5960 Olpe
Biggesee
Westfalens größte Talsperre
Mit bis zu 70% ist die Ruhr an der Versorgung des Ruhrgebiets mit seinen rund 5,5 Mill. Menschen beteiligt. Das Trink- und Brauchwasser für Mensch und Industrie wird durch eine Reihe von Talsperren bereitgestellt. Mit der Bigge haben heute alle Talsperren des Ruhrtalsperrenvereins ein Stauvolumen von 471 Mill. m^3. Für den Bigge-Stausee mußten 6,5 Mill. m^3 Erdmassen bewegt, 6 Großbrücken und 3 Tunnels erstellt werden. 2555 Menschen mußten umgesiedelt werden.
Der Hauptdamm hat eine Höhe von 52 m und eine Länge von 640 m. Nach achtjähriger Arbeit wurde der Stausee 1965 fertiggestellt. Heute faßt das Stauwerk einschließlich der angrenzenden Listertalsperre 172 Mill m^3 Wasser. Bedingt durch die Zuflüsse aus Bigge, Olpe,

Brachtpe und Lister werden jährlich 220 Mill m^3 Wasser abgegeben. Mit einer Fallhöhe von 54 m fließt das Wasser durch große Turbinen des Biggekraftwerks in den Fluß Bigge. Über die Lenne gelangt dann das Wasser in die Ruhr.

5974 Herscheid
Versetalsperre, Oestertalsperre

6349 Greifenstein-Beilstein
Bostal-See/Ulmbach-Talsperre
Größter See des Sauerlands; Reservat für selten gewordene Tiere und Pflanzen, aber auch Freizeitlandschaft

6580 Idar-Oberstein
Steinbachtalsperre

6696 Nonnweiler
Nonnweiler See (Trinkwasserspeicher)

6697 Nohfelden
Bostal-See
Größter See des Sauerlands; Reservat für selten gewordene Tiere und Pflanzen

7071 Spraitbach
Reichenbach-Stausee

7095 Rainau
Bucher Stausee

7129 Pfaffenhofen
Katzenbach-Stausee

7291 Seewald
Nagold-Talsperre bei Erzgrube

7292 Baiersbronn
Karseen

7321 Lauterstein
Stausee

7475 Meßstetten
Stausee bei Oberdigisheim

7564 Forbach
Schwarzenbachtalsperre

7591 Seebach
Mummelsee-Karsee

7605 Bad Peterstal
Glaswaldsee

7952 Bad Buchau
Federsee

8059 Finsing
Speichersee

8172 Lenggries
Sylvenstein-Stausee

8221 Waging
Waginger See

8377 Frauenau (Regen)
Talsperre

8471 Trausnitz
Stausee

8645 Steinwiesen/Franken
Ködertalsperre
Mit 60 m Staudammhöhe der höchste Staudamm Bayerns. Der 7 km lange Stausee dient der Trinkwasserversorgung ganz Oberfrankens.

8959 Schwangau
Bannwaldsee, Alpsee, Forggensee

Die Wasserversorgung des Ruhrgebiets

Die Ruhr als Vorfluter des niederschlagsreichen Sauerlandes ist der wichtigste Wasserlieferant. Im Sauerland fallen jährlich zwischen 1000 und 1500 mm Niederschlag. Der Ruhrtalsperrenverein ist der übergeordnete Wasserzweckverband, der die Wasserbereitstellung regelt.
Seit Ende des 19. Jahrhunderts ist der Wasserbedarf des Teils des Ruhrgebiets, der von der Ruhr versorgt wird, von 150 Mill. m^3 pro Jahr auf über 1,3 Mrd. m^3 pro Jahr angestiegen. Die im wesentlichen auf das Ruhrtal beschränkten natürlichen Grundwasservorkommen können nur einen sehr

geringen Anteil des Bedarfs decken. Somit muß Flußwasser für die Wasserversorgung herangezogen werden. Das mittlere jährliche Abflußvolumen der Ruhr an der Mündung beträgt 2,46 Mrd. m^3 – dies entspricht einem mittleren Abfluß von 78 m^3/sec. –, wovon rund 70% auf die Monate November bis April entfallen. Der natürliche Abfluß schwankt zwischen 3,5 m^3/sec. bei Niedrigwasser und mehr als 2000 m^3/sec. bei extremen Hochwässern. Um den jahreszeitlich gleichbleibenden Wasserbedarf des Ruhrgebiets zu decken, sind seit Beginn dieses Jahrhunderts Talsperren am Oberlauf der Ruhr und ihrer Nebenflüsse errichtet worden.
In Zeiten des Wasserüberschusses infolge starker Niederschläge werden diese in Talsperren gespeichert und bei Bedarf der Ruhr über die Nebenflüsse zugeleitet. Das Wasser wird dann jedoch nicht unmittelbar entnommen, sondern als Uferfiltrat (durch Kiese und Sande des Ruhrtals gereinigt) aus dem Grundwasserstrom der Ruhr und über Rohrleitungen von den Wasserwerken an die Verbraucher verteilt.
1980 betrug das gesamte Speichervolumen der 14 Talsperren 471,3 Mill. m^3 oder 19% des mittleren jährlichen Abflußvolumens. Durch Wasserspeicherung in abflußreichen Zeiten und eine gezielte Wasserabgabe in Niedrigwasserzeiten kann die Wasserführung der Ruhr so weit erhöht werden, daß eine Wasserentnahme von 15–18 m^3/sec. gewährleistet ist.
Durch die Wasservorratshaltung mittels der 14 Talsperren ist es zudem möglich, dem Flußgebiet der Ruhr 420 Mill. m^3 Wasser künstlich durch Überleitung in benachbarte Flußgebiete (78% zur Emscher, 20% zur Lippe) zu entziehen.

Steinhuder Meer

„Meer" ist im Niederdeutschen von alters her die Bezeichnung für stehendes, eingeschlossenes Wasser, im Gegensatz dazu die Bezeichnung „See", die im Hochdeutschen „Meer" bedeutet. Darum ist der größte nordwestdeutsche Flachsee eben das Steinhuder „Meer".
Über seine Entstehung streiten sich die Gelehrten: Die Behauptung, die unmittelbar vor einer Endmoräne liegende Wanne sei durch einen verschütteten Toteisblock entstanden, widerlegen andere; in diesem Fall wäre das Meer nämlich vermoort und verschüttet. Der Vermutung, die Senke sei durch einen Erdfall über dem Salzstock, der unter dem Moorbecken verläuft, entstanden, steht die geringe Meerestiefe von durchschnittlich 1,5 m entgegen (Tiefe Minimum 0,5 m, Maximum 3,1 m). Oder ist das Meer in Verbindung mit dem Urstromtal der Leine, Weser, Hase entstanden? Leinekiesfunde im jetzt vermoorten Teil „Totes Moor" im Nordosten des Meeres deuten darauf hin, daß im Frühstadium unserer geologischen Entwicklung die Leine das Steinhuder Meer durchflossen hat und bei Leese in die Weser mündete. Erst die allmähliche Entstehung der Weserterrasse versperrte den Leinewassern den Weg. Seitdem fließen sie zur Aller. Einzig über den Zeitpunkt der Entstehung vor rund 200000 Jahren zur Saale-Eiszeit ist man sich einig.

Umgebung:
Im Osten „Totes Moor", im Norden Endmoränenlandschaft und im Süden Niedermoor.

Der Federsee

In der Eiszeit, als die Gletscher schmolzen und der See entstand, war er wohl hundertmal größer als heute. Schon die Menschen der Steinzeit zog es an seine Ufer. Von ihrer Anwesenheit zeugen viele Fundstellen rund um den See. Ein ganzes Dorf ist im Moor erhalten geblieben: die Buchauer „Wasserburg" (Pfahlbausiedlung). Als man sie ausgrub, standen noch die Palisadenzäune und die Hausgrundrisse. Tongefäße, Scherben, Werkzeuge, ein uraltes Scheibenrad und ein Einbaum wurden entdeckt. Mit all diesen Fundstücken ist im „Federsee-Museum" ein anschauliches Bild vom Leben unserer Vorfahren nachgezeichnet worden. Hier im Museum erfährt der Besucher auch, daß der Federsee zweimal künstlich gefällt wurde und zwar in den Jahren 1787 und 1808. Verbunden mit dem natürlichen Verlandungsprozeß des über keinen nennenswerten Zufluß verfügenden Sees hatten die vom Menschen vorgenommenen Seefällungen zur Folge, daß heute der Federsee auf einen Bruchteil seiner einstigen Größe zurückgegangen ist. Betrug seine Wasserfläche 1808 noch 250 ha, so sind es heute nur noch knapp 135 ha. Es besteht kein Zweifel – der See wird eines Tages ganz verlanden. Der Gürtel des hohen Schilfs, Brutstätte zahlreicher Vogelarten, schnürt ihn von Jahr zu Jahr mehr ein und verringert so seine Ausdehnung. Im Museum daneben wird auch die Vielfalt der Tier- und Pflanzenwelt gezeigt.
Der heute 135 ha große Moorsee bildet zusammen mit dem ihn umgebenden Schilfgürtel Baden-Württembergs größtes Naturschutzgebiet. Es ist über einen 1500 m langen Holzsteg, der auf Pfählen ruht, zugänglich. Am Ende dieses Holzstegs befindet sich eine Aussichtsplattform.
Der Federsee ist ein international anerkanntes Forschungsgebiet für Geologen, Botaniker, Zoologen, Ornithologen, Vor- und Frühgeschichtler sowie Moorkundler. Um den Federsee führt ein reichhaltiges Wandernetz. Darin eingeschlossen sind der „Moorlehrpfad", der „Vogelschutzlehrpfad", der „Baumlehrpfad" und das „Oggelshausener Skulpturenfeld".

Umweltzentren

In einer Zeit, in der durch den wirtschaftenden Menschen die Umwelt mehr und mehr verarmt, werden Stätten der Umweltbegegnung immer wichtiger. Sie sollen den Bürgern den Zugang zur unmittelbaren Wirklichkeit erleichtern, sowie Lehrern und Schülern die Möglichkeit bieten, die Umwelterziehung zu intensivieren. Die engagierten Mitarbeiter der Umweltzentren können und wollen mit ihrer Sachkenntnis und ihren Möglichkeiten die Lehrer bei den Umweltstudien mit den Schülern unterstützen.

1. Umweltzentren mit Schwerpunkt im Erziehungsbereich

Zu dieser Kategorie rechnet man einerseits Schulbiologiezentren. Das sind Einrichtungen der öffentlichen Hand, die Schulen und Schulgärten mit Pflanzen und Tieren versorgen. Sie leihen Geräte aus, halten botanische, zoologische, ökologische Schülerkurse, erarbeiten Unterrichtshilfen und machen Lehrerfortbildung im Bereich Umwelterziehung.
Andererseits gehören hierher mehr oder weniger unabhängige Zentren, die ihre Aufgabe hauptsächlich in der Organisation von unmittelbaren Umwelterfahrungen, von Natur- und Umweltschutzmaßnahmen sehen. Wie auch die Schulbiologiezentren machen sie häufig Lehrgänge für Schulen, konzentrieren sich im übrigen aber stärker auf Erwachsene und Umweltgruppen, auf die allgemeine Öffentlichkeitsarbeit.
Biologische Aspekte stehen in der Regel bei allen diesen Zentren stark im Vordergrund. Laborarbeiten, Feldarbeiten, Führungen in die Natur und Vorträge dienen dazu, die Besucher für Natur- und Umweltschutz aufzuschließen .

2. Umweltzentren mit Schwerpunkt im Informationsbereich

Einrichtungen, die Seminare, Symposien, Kolloquien zu Umweltthemen abhalten und Einzelvorträge anbieten, Lehrgänge, Praktika und Exkursionen durchführen und z. T. wissenschaftliche Untersuchungen zu Umwelt-/Naturschutzproblemen machen. Sie dokumentieren Daten und Materialien, führen berufliche Fortbildung im Bereich Natur- und Umweltschutz durch und beraten die Öffentlichkeit in Umweltfragen.

3. Waldheime

Einrichtungen zu Unterricht und Pflegearbeiten in Forsten für Schulklassen mit Lehrern: ein- bis zweiwöchige Kurse über Wald und Wild.

1. Umweltzentren mit Schwerpunkt im Erziehungsbereich

2000 Hamburg
Förderverein Schulbiologiezentrum

2070 Ahrensburg/Wulfsdorf
Verein Jordsand zum Schutze der Seevögel und Natur

2257 Bredstedt
Naturschutzzentrum Nordfriesland

2820 Bremen
Ökologie-Station

2893 Iffens
Station Umwelterziehung

2906 Wardenburg
Biologische Schutzgemeinschaft Hunte-Weser-Ems

3000 Hannover
Schulbiologiezentrum

3108 Winsen-Meißendorf
DBV-Naturschutzseminar

3300 Braunschweig
Schul- und Bürgergarten

3380 Goslar
Projekt Rucksackschule im Naturpark Harz

3500 Kassel
Biologische Station, Botanischer Garten

4600 Dortmund
Schulbiologisches Zentrum

4901 Hiddenhausen
Biologie-Zentrum Bustedt

5090 Leverkusen
Förderverein Natur- und Schulbiologiezentrum

5600 Wuppertal
Station „Natur und Umwelt"

6330 Wetzlar
Naturschutzzentrum Hessen e.V.

7000 Stuttgart
Neues Gymnasium Stuttgart-Feuerbach

7201 Kolbingen
Jugendlandheim des BUND

8501 Pfeifferhütte
Ökologisches Schullandheim

8580 Bayreuth
Graf-Münster-Gymnasium

2. Umweltzentren mit Schwerpunkt im Informationsbereich

2000 Hamburg
Umweltakademie

2990 Papenburg
Historisch-Ökologische Schulungsstätte

3043 Schneverdingen
Norddeutsche Naturschutzakademie

3414 Hardegsen
Bildungsstätte Umwelt und Gesellschaft

4300 Essen
Haus des Waldes

4350 Recklinghausen
Naturschutzzentrum NRW

4400 Münster
Biologische Station

4439 Metelen
Biologisches Institut

5063 Overath
Biologische Station

5144 Wildenrath
Naturlehrpark

7760 Radolfzell-Möggingen
BUND-Naturschutzzentrum

7800 Freiburg
Ökomedia-Institut

7980 Ravensburg
BUND-Naturschutzzentrum

7990 Friedrichshafen
BUND-Naturschutzzentrum

8221 Lauter bei Traunstein
Forum Ökologie

8229 Laufen/Salzach
Akademie für Naturschutz und Landschaftspflege

8351 Niederalteich
Katholische Landvolkshochschule

8441 Wiesenfelden
Bildungswerk des BUND Naturschutz in Bayern

8602 Ebrach
Forstamt Ebrach

3. Waldheime

2107 Rosengarten
Jugendwaldheim Rosengarten

2831 Schwaförden
Jugendwaldheim „Hahnhorst"

3042 Munster-Oerrel
Jugendwaldheim Oerrel

3043 Schneverdingen
Jugendwaldheim Ehrhorn

3389 Braunlage
Jugendwaldheim Brunnenbachsmühle

3396 Altenau-Schulenberg
Jugendwaldheim im Ahrensburg

3420 Herzberg-Pöhlde
Jugendwaldheim Rotenberg

3421 Zorge
Jugendwaldheim Walther Freist

3457 Stadtoldendorf
Jugendwaldheim 25 Eichen

3510 Hann. Münden
Jugendwaldheim Steinberg

4597 Ahlhorn
Jugendwaldheim Ahlhorn

4793 Bürgen/Harth
Jugendwaldheim Ringelstein

5370 Kall-Urft
Jugendwaldheim Urft

5912 Hilchenbach-Lützel
Jugendwaldheim Gillersberg

6467 Hasselroth-Niedermittlau
Erstes Hessisches Jugendwaldheim

6571 Seesbach
Forsthaus Waldfriede

7272 Altensteig
Waldschulheim „Burg Hornberg"

7427 Hayingen
Waldschulheim Indelhausen

8351 Schönbrunn
Jugendwaldheim Nationalpark Bayerischer Wald

(Quelle: Akademie für Naturschutz und Landschaftspflege, Laufen/Salzach; Institut für die Pädagogik der Naturwissenschaften an der Universität Kiel; Schulbiologiezentrum Hannover; Stiftung für Umwelterziehung in Europa, Den Haag [NL])

Was ist ein „Umweltzentrum"?

„Der Begriff „Umweltzentrum" umfaßt sehr verschiedene Institutionen und läßt sich deshalb nur auf einer allgemeinen Ebene definieren. Sowohl der Vergleich bestehender Einrichtungen als auch die Breite der erforderlichen oder erwünschten Arbeits- und Zielbereiche läßt eine einheitliche, detaillierte Beschreibung nicht zu.
Unter „Umweltzentrum" wird hier eine Einrichtung verstanden, in der das Engagement für eine aktive Auseinandersetzung mit der natürlichen, gebauten und sozialen Umwelt gefördert werden soll. Die Ziele in der Arbeit von Umweltzentren sind

a) die Vertiefung der umweltbezogenen Kenntnisse,

b) die Vermittlung positiver und negativer unmittelbarer Erfahrungen in der natürlichen, gebauten und sozialen Umwelt,
c) die Untersuchung und Reflexion der gegenwärtigen Umweltsituationen und ihrer Geschichte sowie von Trends in den Beziehungen zwischen den Menschen, ihren gesellschaftlichen Einrichtungen (in Produktion, Verteilung, Entsorgung, Gesetzgebung, Verwaltung) und der natürlichen Umwelt,
d) die Entwicklung und Vermittlung von Alternativen zu den als belastend erkannten Wertvorstellungen, Denk- und Handlungsweisen in der Gegenwart.

Grundsätzlich können zwei Typen von Umweltzentren unterschieden werden:
1.) Umweltzentren, deren Aktivitäten sich vor allem auf einen tatsächlich gegebenen Umweltausschnitt beziehen (z. B. Vogelschutzstation, Naturschutzzentrum, Stadtökologiezentrum, Energie- und Umweltzentrum im Ökohaus usw.)
2.) Umweltzentren, deren Aktivitäten sich auf generelle Umweltfragen und nicht schwerpunktmäßig auf einen lokalen Umweltausschnitt richten (z. B. Ökozentrum, Umwelt-Bildungszentrum, Naturschutzakademie)

In einem Umweltzentrum geht es um drei Tätigkeitsaspekte, die miteinander im Zusammenhang stehen:

Zurkenntnisnahme
Wer sich über seine Umwelt Gedanken macht, wer ihren Zustand bewerten und unbefriedigende Situationen durch rationales Handeln verändern will, muß sie als Ganzes zur Kenntnis nehmen. Diese Zurkenntnisnahme darf nicht von vornherein selektiv sein, in eine bestimmte Richtung gehen; sie muß vielmehr sorgfältig alle wichtigen Aspekte einer Situation berücksichtigen. So ist ein Naturgebiet, das für bestimmte Zwecke genutzt werden soll, nicht nur als ein nützlicher Raum für bestimmte Einzelinteressen (z. B. Baumaßnahmen) zu sehen, sondern auch als ein Bereich mit Wohlfahrtswirkungen und mit emotionaler Bedeutung für die betroffenen Menschen, als Bildungsort und als Standort bestimmter Pflanzen- und Tierarten. Die Kenntnis aller wesentlichen Fakten ist Voraussetzung für eine angemessene Bewertung und rationale Handlungsentscheidung.

Bewerten
Menschen haben als Einzellebewesen und in sozialen Zusammenhängen unterschiedliche Bedürfnisse und Interessen, deren Befriedigung sie anstreben. Individuelle und soziale Normen widersprechen sich häufig. Heute wird das Gemeinschaftsinteresse, also die Notwendigkeit, auch an Breiten- und Langzeitwirkungen zu denken und an die Probleme, die unsere Kinder mit deren Bewältigung haben können, in der Regel hinter den unmittelbaren tatsächlichen oder vorgegebenen ökonomischen Nutzen zurückgestellt. Umweltzentren werden solche Bewertungsfragen im Mittelpunkt ihrer Arbeit sehen und schwerpunktmäßig für das Bewertungskriterium „Gemeinwohl" werben.

Handeln
Bereits die Begründung der Bewertung einer bestimmten Umweltsituation erfordert bestimmte Handlungsformen, die etwa mit den Begriffen Forschen und Erkunden umschrieben werden können.
Die Haupttätigkeit aber betrifft Versuche, Beispielhaftes als solches bewußt zu machen und zu bewahren, Negatives positiv zu wenden, Trends sichtbar zu machen und die Bürger zur Stellungnahme zu bewegen.
Wichtige Handlungstypen sind Bewahren, Schützen, Renaturieren, Gestalten sowie der gesamte Bereich der Öffentlichkeitsarbeit, also führen,

interessieren, lehren, beteiligen, reden, schreiben und verhandeln.
In Umweltzentren leben Menschen, die sich für eine Verbesserung der Umweltsituation einsetzen, indem sie z. B.:
einzelne Gruppen (z. B. Schüler, Lehrer, Journalisten) beraten; Veröffentlichungen machen; Führungen, Seminare, Kurse durchführen; zu Natur- und Umweltschutzarbeiten, zum Energiesparen und zu gesunder Lebensführung anleiten; mit Politikern, Verwaltungen und Einzelpersonen verhandeln, um wichtige Erkenntnisse in den Entscheidungsgremien zur Wirkung zu bringen."

(G. Eulefeld/G. Winkel [Hrsg.]: Umweltzentren. Stätten der Umwelterziehung. Hannover 1986, S. 14–16)

Zwei Beschreibungen:

Naturschutzzentrum Hessen e. V., Wetzlar:

Ca. 1,5 ha großes Naturlehrgebiet mit verschiedenen Biotopen, Bauerngarten, Schulgarten, Kräuterbeeten, Bienenbeobachtungsstand, Gewächshaus (25 qm) usw. Zwei ehemalige Wohnhäuser (Verwaltungs- und Tagungsräume), drei ehem. Schulpavillons mit Seminar-, Ausstellungs- und Lagerräumen, Werkstatt, 2 kleine Gartenpavillons (ca. 40 qm), Infomobil

Methoden:
Ein- bis mehrtägige Seminarangebote, Schülerkurse, Jugendeinsätze, Führungen im Naturlehrgebiet, Materialangebot (Schriften), Ausstellungen, Multivision, Tonbildschauen, Verleih von Wanderausstellungen und Ausstellungsmaterialien, Infomobileinsätze außerhalb des Naturschutzzentrums, Fachvorträge

Themenangebot (Beispiele):
Erfahrungsaustausch der Naturschutzbeiräte, Artenschutz (z. B. Reptilienschutz, Fledermausschutz), Biotopschutz, Fließgewässer, Lebensraum Teich, Waldsterben, naturnahe Gartengestaltung, biologisch Gärtnern, Schulgarten usw.

DBV-Naturschutzseminar Sunder, Winsen:

Ehem. Teichgut, weitgehend naturbelassenes Gelände, 20000 m^2 Fläche, naturnaher Garten, Teiche, Bäche, Obstwiese, Wald, 9 Gebäude, darunter Seminargebäude mit Praktikumsraum, Bibliothek, Vortragsraum, Küche, Speiseraum, 13 2-Bett-Zimmer für Gäste. Bürogebäude, Haus für Jugendgruppen, Werkstatt u. a. Wirtschaftsgebäude

Methoden:
Ganzjähriger Seminarbetrieb mit Schwerpunkt im Sommer; offene Seminare zu den Themen Biologie, Ökologie, Natur- und Umweltschutz nach Veranstaltungsprogramm für Jugendliche und Erwachsene (Dauer 1–7 Tage); zusätzliche Veranstaltungen für geschlossene Gruppen nach Anmeldung (meist Schulklassen, Studenten- und Naturschutzgruppen, bis zu 14 Tagen); praktische Arbeit und entdeckendes Lernen sind die bevorzugten Methoden; außerdem Führungen, Exkursionen und Vorträge für Tagesbesucher nach Anmeldung

Themenangebot (Beispiele):
Ökologie, Natur- und Umweltschutz, Naturkunde; Feuchtgebiete, Moore, Fließgewässer, biologische Wassergüteuntersuchung, Biogarten, Erweiterung der Artenkenntnis bei Tieren und Pflanzen

(G. Eulenfeld/G. Winkel [Hrsg.]: Umweltzentren. Stätten der Umwelterziehung. Hannover 1986, S. 232, 233)

Wertpapierbörsen

Wer hat nicht schon einmal den hektischen Betrieb einer Wertpapierbörse im Fernsehen beobachtet! Die deutschen Wertpapierbörsen, die Drehscheiben für Geld und Kapital sind, sollten nicht ohne gründliche Vorbereitung und Nachbereitung besucht werden. Um das bunte Treiben nur staunend zu beobachten – nun, dazu sind wohl die wenigen Zuschauerplätze zu kostbar.

Die Börse gilt als die Drehscheibe für Geld und Kapital. Oft wird sie mit Etiketten wie „Markt der Märkte", „Wirtschaftsbarometer", „Puls" oder gar „Monte Carlo ohne Musik" versehen. Börsenkurse entstehen aus Tatsachen. In Form von Aufträgen treffen an der Börse ständig eine Vielzahl von Urteilen und Meinungen über mutmaßliche wirtschaftliche und politische Entwicklungen im allgemeinen und über Chancen und Risiken einzelner Unternehmungen und Branchen im speziellen ein. Unzählige Faktoren kommen zusammen, die je nach individueller Gewichtung in diese Meinungen und Urteile einfließen. Niedrige Inflationsrate und unsichere Währungslage, vermutete Fusionen, erhoffte oder befürchtete Kapitalerhöhungen, Wirtschaftsankurbelung oder Konjunkturdämpfung, Steuersenkungen oder Zinssatzerhöhungen – die Aufzählung könnte noch lange fortgesetzt werden. Immer spielen die verschiedenen Tendenzen gleich- oder gegenläufig zusammen. Vertrauen oder Mißtrauen in die Wirtschaft drücken sich hier also in den Aktienkursen aus.

In der Bundesrepublik Deutschland gibt es acht Wertpapierbörsen, nämlich in **Berlin, Hamburg, Bremen, Hannover, Düsseldorf, Frankfurt, Stuttgart** und **München.** Frankfurt und Düsseldorf sind die Hauptbörsenplätze und von internationalem Rang. Die Frankfurter Börse strebt einen Jahresumsatz von 200 Milliarden DM an. Die Tagesumsatzmarke von einer Milliarde wurde im Oktober 84 zum ersten Mal überschritten. Die Frankfurter Börse liegt damit auf gleichem Niveau mit den Börsenplätzen Zürich und Paris, jedoch weit hinter den Umsatzleistungen von New York, wo im Jahre 1984 Wertpapiere im Gegenwert von über 2,4 Billionen DM umgesetzt wurden. Auf Platz zwei liegt Tokio, gefolgt von London.

Die Zulassung zu einer Börse ist auf einen engen Personenkreis beschränkt: 1. die selbständig am Börsenhandel teilnehmenden Bankiers und Bankenvertreter, 2. die im Auftrag handelnden Bankangestellten, 3. die nur für eigene Rechnung tätigen freien Makler und schließlich 4. die amtlich bestellten Kursmakler, deren Aufgabe darin besteht, die Börsengeschäfte zu vermitteln und den Börsenpreis der Wertpapiere oder sonstigen Güter festzustellen.

Wetterdienstliche Einrichtungen

Jedermann empfindet es als selbstverständlich, allabendlich im Anschluß an die Fernsehnachrichten das Wetter des kommenden Tages präsentiert zu bekommen, genauso, wie es selbstverständlich geworden ist, daß jede halbe Stunde über die Servicewellen der Rundfunkanstalten eine Wettervorhersage verbreitet wird, daß täglich in den Zeitungen ein Wetterbericht mit Meßdaten, eventuell mit Wetterkarte und Satellitenbild erscheint. Die für die Öffentlichkeit bestimmten Berichte stellen dabei nur einen kleinen Teil der Aufgabe des Deutschen Wetterdienstes dar. Zur Gewährleistung der vielfältigen Aufgaben ist eine gut funktionierende Organisation notwendig.
Alle wetterdienstlichen Einrichtungen, insbesondere aber die Wetterwarten und Wetterstationen, sind lohnenswerte Exkursionsziele.

1000 Berlin
Wetteramt, Radioaktivitätsmeßstelle, Aerologische Station, Flugwarten

2000 Hamburg
Seewetteramt, Meteorologisches Observatorium, Instrumentenamt, Flugwetterwarte, Agrarmeteorologische Beratungs- und Forschungsstelle

2190 Cuxhaven
Wetterstation

2224 Quickborn-Ahrensburg
Fernmeldebetriebsgruppe

2282 List
Wetterstation

2300 Kiel
Wetterstation

2380 Schleswig
Wetteramt, Radioaktivitätsmeßstelle, Aerologische Station

2400 Lübeck
Wetterstation

2800 Bremen
Wetteramt, Flugwetterwarte

2850 Bremerhaven
Wetterwarte

2970 Emden
Wetterstation, Radioaktivitätsmeßstelle

2982 Norderney
Wetterstation

3000 Hannover
Wetteramt, Flugwetterwarte, Aerologische Station, Radioaktivitätsmeßstelle

3040 Soltau
Wetterstation

3389 Braunlage
Wetterstation

3400 Göttingen
Wetterstation

3500 Kassel
Wetterstation

4000 Düsseldorf
Flugwetterwarte

4290 Bocholt
Wetterstation

4300 Essen
Wetteramt, Aerologische Station, Radioaktivitätsmeßstelle

4400 Münster
Wetterstation

4450 Lingen
Wetterstation

4500 Osnabrück
Wetterstation

4792 Bad Lippspringe
Wetterstation

4902 Bad Salzuflen
Wetterstation

5000 Köln
Flugwetterwarte

5100 Aachen
Wetterstation, Radioaktivitätsmeßstelle

5300 Bonn
Agrarmeteorologische Beratungs- und Forschungsstation

5400 Koblenz
Wetterstation

5439 Bad Marienberg
Wetterstation

5500 Trier
Agrarmeteorologische Beratungsstelle, Wetteramt

5509 Deuselbach
Wetterstation

6000 Frankfurt/Main
Flugwetterwarte, Wetterstation

6050 Offenbach
Zentralamt, Wetteramt, Radioaktivitätsmeßstelle

6222 Geisenheim
Agrarmeteorologische Beratungsstelle und Forschungsstelle

6300 Gießen
Wetterstation

6430 Bad Hersfeld
Wetterstation

6600 Saarbrücken
Flugwetterwarte, Radioaktivitätsmeßstelle

6636 Überherrn-Berus
Wetterstation

6695 Tholey
Wetterstation

6730 Neustadt a. d. Weinstraße
Wetterdienstschule, Wetterstation

6800 Mannheim
Wetterwarte

7000 Stuttgart
Wetteramt, Radioaktivitätsmeßstelle, Aerologische Station, Flugwetterwarte

7110 Öhringen
Wetterstation

7208 Spaichingen-Klippeneck
Wetterstation

7290 Freudenstadt
Wetterstation

7340 Stötten b. Geislingen
Wetterstation

7500 Karlsruhe
Wetterstation

7750 Konstanz
Wetterwarte

7800 Freiburg
Wetteramt, Zentrale Medizinmeteorologische Forschungsstelle, Radioaktivitätsmeßstelle, Agrarmeteorologische Beratungsstelle

7821 Feldberg
Wetterstation

7900 Ulm
Wetterstation

8000 München
Wetteramt, Flugwetterwarte, Aerologische Forschungs- und Erprobungsstelle, Instrumentenamt, Radioaktivitätsmeßstelle

8100 Garmisch-Partenkirchen (Zugspitze)
Wetterstation

8126 Hohenpeißenberg
Meteorologisches Observatorium

8260 Mühldorf
Wetterstation

8301 Hohenthann-Weihenstephan
Agrarmeteorologische Beratungs- und Forschungsstelle

8390 Passau
Wetterstation

8400 Regensburg
Radioaktivitätsmeßstelle, Wetterstation

8480 Weiden
Wetterstation

8500 Nürnberg
Wetteramt, Flugwetterwarte

8501 Wendelstein
Wetterstation

8600 Bamberg
Wetterstation

8630 Coburg
Wetterstation

8670 Hof
Wetterstation

8700 Würzburg
Wetterwarte, Agrarmeteorologische Beratungsstelle

8730 Bad Kissingen
Wetterstation

8832 Weißenburg (Großer Arber)
Wetterstation

8900 Augsburg
Wetterstation

8960 Kempten/Allgäu
Wetterstation

8980 Oberstdorf
Wetterstation

Wettermessungen

Ob Freizeit, Arbeit, Verkehr, Gesundheit, Ernährungsverhalten oder Schlafverhalten – das Wetter wirkt immer mit.
Beobachtungen und Messungen bezüglich des Wetters werden von vielen wetterdienstlichen Einrichtungen vorgenommen. Dazu gehören vor allem die etwa 6000 Wetterstationen, die es auf der Erde gibt. Hinzu kommen rund 1000 Radiosondenstationen. Solche befinden sich u.a. in den sechs deutschen Wetterämtern. Die Radiosonde, die mittels eines Kautschukballons hier täglich um 12 Uhr hochsteigt, mißt Temperatur, Druck, Feuchtigkeit und Windrichtung. In einer Höhe von mehr als 30000 m zerplatzt der Ballon, der wegen der zunehmenden Luftverdünnung inzwischen die Größe eines Einfamilienhauses erreicht hat. Weiter melden rund 1000 Handelsschiffe während ihrer Fahrt auf den Ozeanen zwar keine regelmäßigen, so doch gelegentliche wichtige Wetterbeobachtungen.

Wetterämter messen im allgemeinen
— Temperatur, Luftfeuchtigkeit, Niederschlagsmenge, Tau und Verdunstung, Bodentemperatur (bis in 3 m Tiefe), Luftdruck

und beobachten
— Sichtweite, Wolkenart, Wolkenmenge, Windrichtung und das augenblickliche Wetter.

Die gewonnenen Meßwerte und Beobachtungen werden täglich zu einer festgesetzten Zeit an den Deutschen Wetterdienst in Offenbach gemeldet.
Die Wetterprognosen der Wetterämter stützen sich auf folgende Quellen:
— Eigene Beobachtungen und Messungen
— Wettercomputer des Deutschen Wetterdienstes Offenbach (kann jederzeit abgerufen werden)

- Satellitenempfangsstation (z. B. Wettermessungen des europ. Wettersatelliten „Meteosat")
- Wetterinformationen aus aller Welt mittels Fernschreiber und Bildfunkgerät.

Rechner gestatten es dem Meteorologen, die Daten schnell zu erfassen, zu sortieren und auszudrucken. Solche Karten werden von den Wetterzentralen der einzelnen Länder (bei uns also vom Deutschen Wetterdienst Offenbach) auch über Bildfunk verbreitet, so daß an den untergeordneten Stellen nicht alle Daten aufgenommen und verarbeitet werden müssen. Wetterinformationen werden weitergegeben bzw. können abgerufen werden. Sie werden also einer breiten Öffentlichkeit zugänglich gemacht. Dazu gehören der Rundfunk, das Fernsehen, die Presse, aber auch die Bauwirtschaft und Freilichttheater. Eine besondere Rolle spielt hier der Telefondienst-Wetterbericht. Dieser wurde in der Bundesrepublik Deutschland 1983 rund 27000000mal abgerufen. Einzelauskünfte bei Wetterämtern sind gebührenpflichtig. Die Auskünfte für Schulen und Behörden sind kostenfrei.

Wetterrekorde in der Bundesrepublik Deutschland

1 **Lufttemperatur (°C)**

1.1 Höchste Temperatur im Schatten 40,3°C am 27. 7. 1983 in Gärmersdorf bei Amberg/Obf.

1.2 Niedrigste Temperatur −37,8°C am 12. 2. 1929 in Hüll (Kreis Mainburg), Bayern

2 **Niederschlag (mm*)**

2.1 Größte Niederschlagshöhe (24 Stunden) 222 mm am 13. 9. 1899 in Bad Reichenhall, Bayern

2.2 Größte Niederschlagsintensität innerhalb von 8 Minuten = 126,0 mm, 25. 5. 1920 in Füssen

2.3 Gewitterunwetter im Raum Stuttgart am 15. 8. 1972
In Tübingen fielen in 45 Minuten fast 80 Liter Wasser pro m^2. Aber allein in den ersten 3 Minuten des Unwetters waren es 40 l/m^2.

2.4 Größte Niederschlagshöhe (Kalendermonat) 647 mm im Juli 1954 in Marktschellenberg, Bayern

2.5 Größte mittlere Niederschlagshöhe (Jahr) in der Periode 1931–1960: 2813 mm, Schneefernerhaus (Kreis Garmisch-Partenkirchen), Bayern

3 **Schneedecke (cm)**
Höchste gemessene Schneedecke 730 cm am 18. 2. 1948 auf der Zugspitze, Bayern

4 **Sonnenschein (Stunden)**
Größte mittlere Jahressumme in der Periode 1961–1970: 1834 Stunden Hohenpeißenberg, Bayern

5 **Luftdruck (hPa)**

5.1 Luftdruck (höchster)
1056,7 hPa am 23. 1. 1907 in Hamburg

5.2 Luftdruck (niedrigster)
955,4 hPa am 27. 11. 1983 in Bremen-Flughafen

6 **Wind (km/h)**
Absolutes Maximum der Windgeschwindigkeit in Böen, 237,6 km/h am 29. 12. 1981 auf der Zugspitze.

---

*) Die Niederschlagshöhe wird in mm gemessen, wobei 1 mm einer Wassermenge von 1 Liter pro m^2 der Erdoberfäche entspricht.

Anhang

Literatur

a) Allgemein

Achilles, F.-W.: Dortmund und das östliche Ruhrgebiet. Landeskundliche Einführung und Exkursionsführer. Paderborn 1983

ADAC (Hrsg.): Festspiele in Deutschland. ADAC-Freizeitservice, München o. J.

ADAC (Hrsg.): Technische Sehenswürdigkeiten in Deutschland, Band 1–3. ADAC-Reiseführer, München 1978

Ant, H./Engelke, H.: Die Naturschutzgebiete der Bundesrepublik Deutschland. Bonn-Bad Godesberg 1973

Beck, H./Clausen, C.: Umwelterziehung im Freiland. Modelle und Ansätze. Köln 1984

Becker, P./Kunst, M.: Originelle Museen in Norddeutschland. Hamburg 1986

Bedat, K.: Mühlen und Müller in Franken. Bad Windsheim o. J. (Verlagsdruckerei Delp)

Biebelriether, H.: Nationalpark Bayerischer Wald. Greven 1979

Biebelriether, H./Burger, H.: Lebensraum Fluß. Die gefährdete Ilz im Bayerischen Wald. München 1985

Binder, H.: Geheimnisvolle Schwäbische Alb. Höhlen, Hungerbrunnen, Wasserfälle. Ein Wegweiser für Wanderungen, Entdeckungen und Ausflüge über und unter der Erde. Stuttgart 1970

Binder, H.: Höhlenführer Schwäbische Alb. Stuttgart u. Aalen 1977

Binder, H.: Schauhöhlen in Deutschland. Stuttgart o. J.

Börsch, D. (Hrsg.): Besichtigungen. Geographie und Schule, H. 10. Köln 1981

Boockmann, H.: Denkmäler. Eine Utopie des 19. Jahrhunderts. In: Geschichte in Wissenschaft und Unterricht 28 (1977), H. 3, S. 160—173

Bradstüber, E.: Klosterkirchen im Mittelalter. Die Baukunst der Reformorden. München 1985

Brunnöhler, E.: Landwirtschaft. S II, Arbeitsmaterialien Geographie. Stuttgart 1978

Bülow, K. von: Geologie für Jedermann. Stuttgart ⁹1968

Burk, K./Claussen, C.: Lernorte außerhalb des Klassenzimmers. Beiträge zur Reform der Grundschule, Bde. 45 und 49. Frankfurt 1980 und 1981

Burk, K./Kruse, K. (Hrsg.): Wandertag – Klassenfahrt – Schullandheim. Beiträge zur Reform der Grundschule, Bd. 55. Frankfurt 1983

Carle, W.: Die Mineral- und Thermalwasser von Mitteleuropa. Stuttgart 1971

Cloß, H. M./Gaffga, P./München, W.: Erlebnis Museum. Spielerisch entdeckendes Lernen im Freilichtmuseum Sobernheim. Sobernheim/Trier ²1984

Daum, E.: Exkursion. In: Jander, L./Schramke, W./Wenzel, H.-J. (Hrsg.): Handbuch für den Geographieunterricht, S. 71–75. Stuttgart 1982

Deutscher Naturschutzring (Hrsg.): Moore. Bedeutung – Schutz – Regeneration. Bonn 1980 (Broschüre)

Diecke, A.: Die europäischen Moorleichenfunde, Band 1. Neumünster 1965

Eigner, J./Schmatzler, E.: Bedeutung, Schutz und Regeneration von Hoch-

mooren. Naturschutz aktuell. Texte zum Naturschutz und zur Landschaftspflege. Greven 1980
Ernst, E./Füldner, E./Meffert, B./Sperling, W.: Lehrwanderungen im Erdkundeunterricht (= Der Erdkundeunterricht, H. 13). Stuttgart ³1971
Ernst, E.: Lernen im Hessenpark. Pädagogische Grundlagen und Bemühungen im Hessischen Freilichtmuseum (= Schriftenreihe des Hessischen Freilichtmuseums 6). Neu Anspach 1985
Eulefeld, G./Winkel, G. (Hrsg.): Umweltzentren. Stätten der Umwelterziehung. Schulbiologiezentrum. Hannover 1986

Fahrenberger, G. (Hrsg.): Biologieunterricht im Freiland. Lernorte: Freilandlabor – Zoologischer Garten – Botanischer Garten. Themenheft 10: Naturwissenschaft im Unterricht 30 (1982), H. 8
FAZ-Leitfaden: Betriebsbesichtigungen. Frankfurt ²1981
Fiedler, J.: Ein Brunnen erzählt. In: Geographie heute, 16, Köln 1983
Fiedler, J.: Spuren. In: geographie heute 7, H. 41, S. 2–7, Köln 1986
Filtzinger, Ph./Blank, D./Cämmerer, B. (Hrsg.): Die Römer in Baden-Württemberg. Stuttgart ³1986
Fraedrich, W. (Hrsg.): Lebensraum Stadt. Geographie im Unterricht, Themenheft 10. Köln 1982
Fraedrich, W. (Hrsg.): Exkursionsführer Geographie. Köln 1985
Franke, H.: Geheimnisvolle Höhlenwelt. Stuttgart 1974
Führer zu vor- und frühgeschichtlichen Denkmälern. Hrsg. v. Verlag Philipp von Zabern, Mainz o. J.

Geiger, M.: Anschauung und Arbeit vor Ort. In: Praxis Geographie 14 (1984), H. 8, S. 4–6
Geipel, R. (Hrsg.): Lehrwanderung im Erdkundeunterricht. In: Der Erdkundeunterricht, H. 13, 1971, S. 2–34. Stuttgart 1971
Gerhardt, A./Dircksen, R. (Hrsg.): Biologieunterricht im Freiland – Das Wattenmeer. Themenheft 9: Naturwissenschaften im Unterricht 30 (1982), H. 5
Gerstenberger, M.: Astronomie des Alltags. Fragen und Antworten aus der Praxis an eine Volkssternwarte. Stuttgart ³1981
Geyer, O.-F./Gwinner, P. G.: Die Schwäbische Alb und ihr Vorland. Berlin/Stuttgart 1979
Grau, B.: Beiträge zur Exkursionsdidaktik. In: Kreuzer, Didaktik der Geographie in der Universität. München 1974, S. 227 ff.
Grote, A.: Museen als Bildungsstätten. In: Museumspädagogik. Frankfurt 1975
Grünewald, D.: Erkunden und ästhetische Praxis. Einsatzmöglichkeiten im Unterricht (Primarstufe). In: Kunst und Unterricht, 1971, H. 13, S. 3–34
Grüninger, W.: Biologieunterricht im Zoologischen Garten. Päd. Institut der Landeshauptstadt Düsseldorf. Schriftenreihe (1973), H. 9
Grupe, H.: Biologiedidaktik. Köln 1971
Gudjons, H.: Handlungsorientiertes Lehren und Lernen. Projektunterricht und Schüleraktivität. Bad Heilbrunn 1986
Günter, W.: Handbuch für Studienreiseleiter. Pädagogischer, psychologischer und organisatorischer Leitfaden für Exkursionen und Studienreisen. Starnberg 1975 (Studienkreis für Tourismus e.V.)

Hahn, R.: Stadt – Vorzugsraum oder Krisengebiet? S II, Arbeitsmaterialien Geographie. Stuttgart 1976
Halstaed, L. B.: Spuren in Stein – Das Kosmosbuch der Paläontologie. Stuttgart 1983
Hamann, U.: Norddeutscher Kuriositätenführer, Freiburg 1984
Harwart, Ch.: Freilichtmuseum Friedhof. In: Kunst und Unterricht 101/1986, S. 40–42

Hasch, R. (Hrsg.): Landesgeschichte und Exkursion im Geschichtsunterricht. Donauwörth 1977
Hasselberg, D.: Planung und Organisation von Exkursionen, Studienfahrten und Schullandheimaufenthalten. In: Geographie im Unterricht 4 (1979) H. 5, S. 275–282
Haubrich, A. u. a.: Konkrete Didaktik der Geographie. Braunschweig 1977
Hedewig, R.: Biologieunterricht außerhalb des Schulgebäudes. In: Unterricht Biologie 10 (April 1986), S. 47f.
Heineberg, H./Mayr, A. (Hrsg.): Exkursionen in Westfalen und angrenzenden Regionen. Festschrift zum 44. Deutschen Geographentag in Münster, Teil II. Paderborn 1983
Henning, J.: Zur Kategorie Denkmal. In: Geschichte in Wissenschaft und Unterricht 26 (1975) H. 8
Hey, B.: Die historische Exkursion. Stuttgart 1978
Hey, B.: Exkursion zu historischen Stätten. In: Schule und Museum 1978, H. 7
Hey, B.: Das Museum draußen: Historische Lehrpfade, Geschichtsstraßen und Lernlandschaften. In: Geschichtsdidaktik 11 (1986) H. 4, S. 336–348
Hey, B.: Museen, Archive und historische Stätten als außerschulische Lernorte – zum Begriff der historischen Exkursion. In: Geschichte in Wissenschaft und Unterricht 31 (1980) H. 1, S. 30–40
Heyer, E.: Arbeitsmethoden in der physischen Geographie. Berlin-Ost 1968
Hinkel, H.: Exkursion und Erkundung in der ästhetischen Erziehung. In: Kunst und Unterricht 1981, H. 65, S. 10–15
Hinkel, H./Meseure, S.-A.: Lernen im Museum. In: Kunst und Unterricht 101/1986, S. 15 u. 16 (Themenheft)
Hinkelmann, H.: Das Planetarium – Perfektion und neuer Aufbruch. In: Spektrum der Wissenschaft, April 1987
Hoffmann, D.: Besuche mit Schulklassen in Freizeitparks. In: Kunst und Unterricht, 1981, H. 65, S. 21ff.
Hoffmann, G.: Ökologisches Arbeiten im Schullandheim. Erkundungsgänge zu einem Hochmoor als Beispiel für Umwelterziehung. In: Das Schullandheim 1987/1, hrsg. v. Verband Deutscher Schullandheime e.V.
Hohl, G. u. D.: Aquarien und Kinder. Leipzig 1983
Honig, K.: Selbstbau-Planetarium „Sternhimmel". Würzburg o. J. (Astro-Media-Vertrieb)
Hotz, W.: Kleine Kunstgeschichte der deutschen Burg. Darmstadt 1975
Hug, W. (Hrsg.): Das historische Museum im Geschichtsunterricht. Eine didaktische Anleitung mit Unterrichtsbeispielen. Freiburg/Würzburg 1978

Jantzen, H. u. F.: Naturdenkmale Hessens. Hannover 1985
Janus, H.: Das Watt. Stuttgart 1974

Karasch, F.: Mondkrater Ries. Ein geologischer Führer. Donauwörth 1976
Karcher, W./Scholz, G.: Aufsichtspflicht – Angst ohne Grund? In: betrifft: erziehung, H. 5/75, S. 52–58
Keller, M.: Auf unterirdischen Pfaden. Eine kleine Höhlenkunde. Stuttgart 1957
Keller, W.: Schülerexkursion und ihre Auswertung im Unterricht. In: Geschichte in Wissenschaft und Unterricht 20 (1969), S. 554–565
Kempe, St. (Hrsg.): Höhlen in Deutschland. HB-Bildatlas Spezial, Hamburg 1982
Kernforschungsanlage Jülich GmbH (Hrsg.): Schüler besuchen die KFA (kostenlose Broschüre) Jülich 1984
Kirchhoff, H.-G.: Weiterführender Geschichtsunterricht. Ratingen 1971
Kleeberg, W.: Niedersächsische Mühlengeschichte. Hannover 1980

Klein, E.: Geschichte der deutschen Landwirtschaft im Industriezeitalter. Wiesbaden 1973
Klein, K.: Geheimnisvoller Schwarzwald. Kehl 1980
Kleßmann, E.: Unter unseren Füßen (Neue archäologische Funde in Deutschland). Düsseldorf/Wien 1978
Kloster, G. B.: Handbuch der Museen, 2 Bde. Pullach/München ^{3}1981
Knirsch, R. R.: Die Erkundungswanderung. Paderborn 1978
Knoll, J.: Paläontologie. In: Unterricht Biologie 9 (1985) H. 105, S. 4–14
Kohler, H. W.: Die Planeten. Braunschweig 1983
Konrad, B.: Mühlen und Müller in Franken. Bad Windsheim o. J.
Kraft, H.: Kindermuseen. Entwicklung und Konzeption. In: Das Museum: Lernort contra Musentempel. Gießen 1976
Kremp, K. (Hrsg.): Lernort Museum. Themenheft Praxis Geographie 11 (1981), H. 9
Krumbiegel, G./Walther, H.: Fossilien. Stuttgart 1977
Kuhn, K./Probst, W./Schilke, K.: Biologie im Freien. Stuttgart 1986
Kuhn, A./Schneider, G. (Hrsg.): Geschichte lernen im Museum. Düsseldorf 1978
Kursbuch der deutschen Museumseisenbahnen. Verlag Uhle u. Kleinmann, Lübbecke (erscheint jährlich)
Kutscha, G.: Vom Steinzeitwall zur Ritterburg. Wien 1980

Lahl, U./Zeschmar, B.: Wie krank ist unser Wasser? Freiburg ^{3}1981
Lecke, D. (Hrsg.): Lebensorte als Lernorte: Handbuch Spurensicherung. Skizzen zum Leben, Arbeiten und Lernen in der Provinz. Frankfurt 1983
Leser, H.: Landschaftsökologie. Stuttgart 1976
Lienenbecker, H.: Bestimmung der Gewässergüte von Fließgewässern mit Hilfe der Vegetation. In: Naturwissenschaft im Unterricht 32 (1984), H. 3, S. 82–91
Lux, H.: Wanderungen im Naturschutzgebiet Lüneburger Heide. Stuttgart 1982

Macauley, D.: Es stand einst eine Burg. München 1980
Machatschek, M.: Geomorphologie. Stuttgart ^{10}1973
Meffert, B. u. E.: Die Lehrwanderung in der Grundschule (3./4. Schj.). In: Der Erdkundeunterricht, H. 13, 1971, S. 21–34
Metz, R.: Mineralogisch-landeskundliche Wanderungen im Nordschwarzwald. Lahr 1977
Meyer, G./Lammert, F.-D.: Moor. In: Unterricht Biologie 9 (1985), H. 109, S. 4–14 (Themenheft)
Meyer, W.: Geologischer Wanderführer: Eifel. Stuttgart 1984
Meyer, W.: Den Freunden ein Schutz. Den Feinden ein Trutz. Die deutsche Burg. Frankfurt/M. 1963
Militz, E.: Anregungen zu Unterrichtsgängen für Schulen im ländlichen Bereich. In: geographie heute 6 (1985), H. 36, S. 41 u. 42
Mörmann, K. (Hrsg.): Der Deutsche Museumsführer. Frankfurt/M. 1973
Moser, A. (Hrsg.): Exkursion Frosch. Das Forscherbuch für die Tierbeobachtung an Weiher, Bach und See. Solothurn (Aare) 1980
Mühlenberg, M.: Freilandökologie. Heidelberg 1976
Müller-Beck, H. (Hrsg.): Urgeschichte in Baden-Württemberg. Stuttgart 1983
Muth, F./Zierhoff, U. F.: Schule außerhalb der Schule. Donauwörth ^{2}1985

Niemz, G.: Arbeit vor Ort – unverzichtbarer Bestandteil geographischen Unterrichts. In: Geographie und Schule 2 (1980), H. 6, S. 3–10
Noll, E.: Exkursionen – mehr als nur Abwechslung im Schulalltag. In: geographie heute 1 (1981), H. 3, S. 2ff.

Ober, G.: Die Kiesgrube – Lebensraum aus zweiter Hand. In: Unterricht Biologie 10 (April 1986), S. 41–44
Ökohelp, J./Billen-Girmscheid, G./ Roscheisen, H. (Hrsg.): Öko-Adressen. Knaur TB Nr. 3899
Olschoug, G. (Hrsg.): Unsere Naturparke. Stuttgart 1976
Overbeck, F.: Botanisch-geologische Moorkunde. Neumünster 1975

Palle, P.: Tobias erlebt die Steinzeit (Reihe: Kinder erleben frühe Geschichte). Finken-Verlag
Patzwall, K./Ehrlich, W. (Hrsg.): Wir besuchen ein Museum. Berlin-Ost 1976
Perdrizet, M.-P.: Die Urmenschen. Hamburg 1984 (Festschrift)
Petersen, H.-P.: Schleswig-Holsteinisches Mühlenbuch. Wesselburen 1969
Petri, R./Raech, A.: Schulwanderungen im Oberharz. Hannover 1965
Petter, G. (Hrsg.): Wie reguliert sich die Natur? Würzburg 1979

Rebske, W.: Geologische Wanderung durch die Hillesheimer Kalkmulde. (9 Seiten; Bezug: Verkehrsamt Hillesheim)
Rexer, E./Birkel, P.: Größerer Lernerfolg durch Unterricht im Freiland? Eine empirische Untersuchung. In: Unterricht Biologie 10 (1986), H. 117, S. 43–46
Richter, D.: Ruhrgebiet und Bergisches Land (= Sammlung geologischer Führer, Bd. 55). Stuttgart 1977
Richter, W./Lillich, W.: Abriß der Hydrologie. Stuttgart 1975
Ritter, G./Schreiber, Th. (Hrsg.): Geographische Exkursionen an Hochschule und Schule. Ein Beitrag zur Exkursionsdidaktik. München 1976
Rogge, K.-H. (Hrsg.): Rekultivierung. Themenheft geographie heute 3 (1982), H. 10
Röhrig, W.: Alternatives Beispiel für eine Schloßbesichtigung. In: Hessische Blätter für Volks-. und Kulturforschung, 1976, H. 1, S. 65–72
Rohr, R. J.: Die Sonnenuhr. München 1982
Roth, H.: Die originale Begegnung als methodisches Prinzip. In: Pädagogische Psychologie des Lehrens und Lernens. Hannover 1966
Ruppert, H.: Das Dorf im Wandel. In: geographie heute 6 (1985), H. 36, S. 4–10

Sage, W.: Deutsche Fachwerkbauten. Königstein/Taunus 1976
Saller, M./Debler, W. (Hrsg.): Erkunden des Nahraums. Begegnungen mit der heimischen Landschaft und Geschichte (= Lehren und Lernen, H. 28). Villingen 1983
Sanders, H. (Hrsg.): Naturparks in Deutschland. Stuttgart 1978
Schäfer, W. (Hrsg.): Lerne im Museum (Kleine Senckenberg-Reihe 5). Frankfurt 1972
Scheffler, W.: Mühlenkultur in Schleswig-Holstein. Neumünster o. J.
Schilling, H. D. (Hrsg.): „Raus aus der Stadt“ (Stadtführer für Kinder durch Berlin und 750 Jahre Geschichte). Berlin 1987
Schmid, W.: Schullandheim. Planung, Aktivitäten, Spiele. Stuttgart 1984
Schmid, W.: Naturlehrpfade in Südwestdeutschland. Ravensburg 1984
Schmidt, A.: Der Erdkundeunterricht. Heilbronn 1972
Schneider, M.: Unser Dorf soll häßlich werden. „Erneuerung eines Dorfes“. In: Praxis Geographie 13 (1983), H. 7, S. 22–26
Schreiner, A.: Hegau und westlicher Bodensee (= Sammlung geologischer Führer, Bd. 62). Berlin/Stuttgart 1976
Schroer, H. G.: Exkursionsführer Biologie. Köln 1980
Schuhmacher, H.: Bau einer Sonnenuhr. München o. J.
Schultze, A. (Hrsg.): Dreißig Texte zur Didaktik der Geographie. Braunschweig 1972

Schurig, M.: „Schlösser" für die Schule. In: Hessische Blätter für Volks- und Kulturforschung 1976, H. 1, S. 53–64
Schwantes, G.: Deutschlands Urgeschichte. Stuttgart [7]1952
Schwarz, T.: Archäologische Feldmethode (Anleitung für Heimatforscher, Sammler und angehende Archäologen). Wiesbaden o. J.
Simpson, G. G.: Leben der Vorzeit. Stuttgart 1972
Soyka, J.: Zooführer. Bundesrepublik – Österreich – Schweiz. München/Zürich 1988
Späth, H. J.: Geoökologisches Praktikum. Paderborn 1976
Stephan-Kühn, F.: Viel Spaß mit den Römern! Würzburg o. J.
Stichmann, W.: Ziele für Wanderungen zum Studium von Moor und Torf im Westmünsterland. In: Naturkunde Westfalen 1 (2), S. 47–52

Tillmann, A. (Hrsg.): Seen in Deutschland. HB-Bildatlas Spezial, Hamburg 1983
Trillmann, C.: Lexikon der deutschen Burgen und Schlösser, Band 1–4. Stuttgart 1958–61

Uhde-Stahl, B.: Ich seh etwas, was du auch siehst – Einführung in die Architektur für Kinder, Eltern, Großeltern. Stuttgart 1983
Uhlig, H. (Hrsg.): Gießener Exkursionsführer, Bd. I–III. Gießen 1982

Verband Deutscher Schullandheime (Hrsg.): Projektarbeit im Schullandheim, Bd. 1–4. Regensburg 1979–1982
Voigt, H.: Geoökologische Schüleruntersuchungen. Paderborn 1980
Voit, F.: Astronomie. Grundlagen und Praxis für die Schule. Köln 1969

Wagner, G.: Einführung in die Erd- und Landschaftsgeschichte mit besonderer Berücksichtigung Süddeutschlands. Öhringen 1964 (Nachdruck unverändert)
Watson, J. W.: Dinosaurier. Ravensburg 1975
Weber, E.: Das Schulleben und seine erzieherische Bedeutung. Donauwörth 1979
Wenner, U.: Lernort Museum und Geographieunterricht. Deutsches Bergbaumuseum und Steinkohlenbergbau im Ruhrgebiet. Freilichtmuseum Sobernheim (Didaktische Materialien Nr. 3). Trier/Sobernheim 1985
Winkel, G.: Naturkundemuseum und Schule. In: Unterricht Biologie 1978, H. 24/25, S. 4–15

Zimmer, F.: Praktisch-geographische Schülertätigkeiten. Berlin 1971
Zimmerli, E.: Freilandlabor Natur – Schulreservat, Schulweiher, Naturlehrpfad. Zürich [2]1980
Zippelius, A. (Hrsg.): Freilichtmuseen in Deutschland, HB-Bildatlas Spezial. Hamburg 1982

b) Vorschläge

Baur, E. W.: Ein Besuch im Museum Hauff (5./6. Kl.). In: Unterricht Biologie 9 (1985), H. 105, S. 21–23
Balz, W.: Auf den Spuren Widukinds, Projektunterricht im Museum (9. Kl.). In: Kunst und Unterricht 101 (1986)
Biederstaedt, W.: Erkundung eines Milchviehbetriebs (Kl. 10). In: Praxis Geographie 14 (1984), H. 1, S. 7–10
Blank, E.: Besuch einer Dorfkirche. In: Lehren und Lernen 1983, H. 28, S. 83–89
Börsch, D.: Bims. In: geographie heute 3 (1982), H. 10, S. 33–43
Brameier, U.: Abfallbeseitigung durch die Müllverbrennungsanlage (Kl. 10). In: Praxis Geographie 14 (1984), H. 1, S. 31–34

Ernst, E.: Hessisches Freilichtmuseum, Unterrichtseinheiten „Haus und Hof". In: Praxis Geographie 11 (1981), H. 9, S. 362–368

Figel, R.: Lokale in der Nürnberger Altstadt (Projekt S I). In: Praxis Geographie 15 (1985), H. 7, S. 17–23
Fipper, E.: Ist Ameland eine Reise wert? Erdkundeunterricht zum Thema Fremdenverkehr im Schullandheim. In: geographie heute 1 (1981), H. 3, S. 15–19
Foerster, M./Seibert, K./Schulze, Chr.: Erkundungsprojekt „Vergleichende Betriebsuntersuchungen im chemisch industriellen und alternativen Landbau". In: Geographie und Schule 2 (1980), H. 6, S. 35–56
Fuchs, F./Schöpke, H.: Die Rhön – eine vom Vulkanismus beeinflußte Landschaft (S I). In: Praxis Geographie 15 (1985), H. 7, S. 17–23

Gaffka, P.: Im Freilichtmuseum Sobernheim. In: geographie heute 7 (1986), H. 41, S. 12–17
Geers, D./Theißen, U.: Spuren alten Bergbaus an der Ruhr. Der Bergbaurundweg Muttental. In: Praxis Geographie 7 (1986), H. 41, S. 8–11

Hinkel, H.: Wir suchen Hector! Mit Grundschülern im Museum. In: Kunst und Unterricht 101/1986, S. 17–19
Hoch, B.: Zielkonflikte am Bodensee (Kl. 1.8 HS). In: Praxis Geographie 15 (1985), H. 6, S. 18–21
Hoffmann, D.: Überaus unterhaltsam und abwechslungsreich. Besuche in Freizeitparks (Primarstufe). In: Kunst und Unterricht 1981, H. 65, S. 21–24
Hüsgen, M.: Altstadtsanierung in Hameln. Hilfen für eine Schülerexkursion. In: Praxis Geographie 15 (1985), H. 3, S. 25–29
Hummel, B.: Besuch eines historischen Museums (Beispiel: Limesmuseum in Aalen). In: Lehren und Lernen 1983, H. 28, S. 90–99

Kersberg, H.: Meilerplätze und Hohlwege. Spuren alter Wirtschaftsweisen in unseren Wäldern. In: geographie heute 7 (1986), H. 41, S. 18–22
Klahm, G.: Pflanzen und Tiere des Karbons (S I). In: Unterricht Biologie 9 (1985), H. 105, S. 25–36
Kloss, U.: Lernen durch Erleben im Tropenhaus (6./7. Kl.). In: Praxis Geographie 14 (1984), H. 8, S. 42–45
Kremb, K.: Berlin – Materialien für eine Großstadtbesichtigung. In: Geographie und Schule 3 (1981), H. 10, S. 27–39
Kremb, K.: Lernort Bergbaumuseum (Beispiel „Weiße Grube" Imsbach, Rheinland-Pfalz). In: Praxis Geographie 11 (1981), H. 9, S. 356–361
Kremb, K.: Erkundungsprojekt Flughafen (Beispiel Frankfurt/M.). In: Praxis Geographie 14 (1984), H. 1, S. 39–42

Lenz, M.: Der Herkules – Symbol und Wahrzeichen der Stadt Kassel (S I). In: Kunst und Unterricht 1981, H. 65, S. 37–40
Lindauer, R.: Betriebserkundung eines Verbrauchermarktes (Kl. 5/6). In: Praxis Geographie 14 (1984), H. 1, S. 28–30
Lindloff, R.: Glasproduktion und Altglasverwertung. Erkundung einer Glashütte und einer Altglasaufbereitungsanlage (Kl. 9/10). In: Praxis Geographie 14 (1984), H. 1, S. 15–19

Manke-Kramer, K.: Grundschüler entdecken die Welt der Saurier. In: Unterricht Biologie 9 (1985), H. 105, S. 15–23
Matthäus, W.: Eine Gedenkstätte als Lernort: Breitenau bei Kassel. In: Geschichtsdidaktik 10 (1985), H. 3, S. 331–33

Piehler, H.: Papierfabrik – Lerngegenstand und Lernort. In: Praxis Geographie 14 (1984), H. 1, S. 11–14

Rehage, H. O./Noll, E.: Landschaft im Umbruch. Ein Ausflug ins Moor (S I und S II). In: geographie heute 1 (1981), H. 3, S. 20–23

Rössler, W.: Eine Straße im Wandel. Schüler der 9. Klasse untersuchen den Strukturwandel der oberen Sandstraße in Bamberg seit 1954. In: Praxis Geographie 15 (1985), H. 7, S. 28–33

Sajak, D.: Hier war mal ein Ort. Wüstungsuntersuchungen mit der Klasse. In: geographie heute 7 (1986), H. 41, S. 23–33

Schad, E.: Warum Lörrach sein Trinkwasser aus dem Grundwasser nimmt (Feldarbeit und Versuche – 7. Klasse). In: Praxis Geographie 15 (1985), H. 6, S. 14–17

Schneidt, R.: Auf den Spuren eines Meteoriten im Nördlinger Ries. In: geographie heute 7 (1986), H. 41, S. 34–41

Schöffel, J.: Die Römer in Deutschland. Alltagsleben in den Provinzen (u. a. Exkursion zur Saalburg). In: Geschichtsdidaktik 9 (1984), H. 4, S. 343–372

Schröder, M.: Die Arbeit des fließenden Wassers. Erosion im Sandkasten – Geländearbeit in Kiesgruben (S I). In: geographie heute 1 (1981), H. 3, S. 24–31

Stang, R.: Centurio Marcus Caelius oder: Wer waren die Römer in Xanten? In: Geschichtsdidaktik 9 (1984), H. 4, S. 373 ff.

Volkmann, H.: Besichtigung eines Müllkompostwerks (S I). In: Praxis Geographie 14 (1984), H. 1, S. 35–38

Wuest, P.: Betriebsbesichtigung in Zementwerken in der Sekundarstufe II. In: Geographie und Schule 3 (1981), H. 10, S. 18–26

Adressen

a) Allgemein

- Alpine Beratungsstelle der Kurverwaltung Oberstdorf, Marktplatz 7, 8980 Oberstdorf
- Arbeitsgemeinschaft Deutsche Märchenstraße, Postfach 102420, 3500 Kassel
- Arbeitsgemeinschaft Deutscher Verkehrsflughäfen, Postfach, 7000 Stuttgart 23
- AID (Auswertungs- und Informationsdienst für Ernährung, Landwirtschaft und Forsten) e.V., Postfach 200708, 5300 Bonn-Bad Godesberg
- Arbeitsgemeinschaft Hydrologie und Umweltschutz, Bachstraße 62–64, 5100 Aachen
- Bundesministerium für Ernährung, Landwirtschaft und Forsten, Rochusstraße 1, 5300 Bonn 1
- Bundesministerium der Verteidigung, Informations- und Pressestab – Öffentlichkeitsarbeit, Postfach 1328, 5300 Bonn 1
- Deutscher Bauernverband e.V., Postfach, 5300 Bonn-Bad Godesberg

- Bundesverband Bürgerinitiativen Umweltschutz e.V., Hellbergstraße 6, 7500 Karlsruhe 21
- Deutscher Fremdenverkehrsverband, Beethovenstraße 61, 6000 Frankfurt/M.
- Deutscher Naturschutzring, Kalkuhlstraße 24, 5300 Bonn-Oberkassel
- Deutsches Filmzentrum e.V., Heinrich von Kleist-Straße 12, 5300 Bonn 1
- Deutsche Gesellschaft für Eisenbahngeschichte e.V., Sebastianusweg 11, 5253 Lindlar-Schmitzhöhe
- Deutsche Gesellschaft für Sonnenenergie e.V., Goethestraße 28, 8000 München 2
- Deutsche Zentrale für Tourismus e.V., Beethovenstraße 69, 6000 Frankfurt/M.
- Eifelverein, Postfach 646, 5160 Düren
- Firma Solaris, Gärtnerstraße 88, 2000 Hamburg 20 *(Solargeräte, u.a. Spielzeug)*
- Gesamtverband des Deutschen Steinkohlenbergbaus, Glückaufhaus, Friedrichstraße 1, 4300 Essen
- Haus der Naturinformation, Niederhaverbeck, 3045 Bispingen
- Informationszentrale der Elektrizitätswirtschaft e.V. (IZE), Stresemannallee 23, 6000 Frankfurt/M. 70
- IMA – Informationsgemeinschaft für Meinungspflege und Aufklärung e.V., Alexanderstraße 3, 3000 Hannover
- Institut für gewerbliche Wasserwirtschaft und Luftreinhaltung e.V., Postfach, 5000 Köln
- Informationszentrum Schloß Paffendorf, Postfach, 5010 Bergheim/Erft (Rheinische Braunkohle)
- Landesamt für Denkmalpflege Hessen, Schloß Biebrich, 6200 Wiesbaden
- Landesdenkmalamt Baden-Württemberg, Eugenstraße 3, 7000 Stuttgart
- Rheinische Braunkohlenwerke AG, Stuttgenweg 2, 5000 Köln 41
- Ruhr-Tour-Information, Erbprinzenstraße 21, 4300 Essen
- Ruhrkohle AG, Rellinghauserstraße 1, 4300 Essen
- Streitkräfteamt/Öffentlichkeitsarbeit, Rosenburg, 5300 Bonn 1
- Schweizer Bund für Naturschutz, Postfach 73, CH-4020 Basel
- Schutzgemeinschaft Deutscher Wald, Meckenheimer-Allee 79, 5300 Bonn
- Verband der Chemischen Industrie, Postfach, 6000 Frankfurt/M.
- Verband der Deutschen Höhlen- und Karstforscher e.V. München, Schriftleitung: Eschenweg 3, 7440 Nürtingen
- Verband Deutscher Freizeitunternehmungen, Mittlerer Steinbachweg 2, 8700 Würzburg
- Verband Rheinischer Bimsstoffwerke, Bruckenstraße 8, 5450 Neuwied
- Verlag Uhle u. Kleimann, Postfach, 4990 Lübbecke *(Kursbuch der deutschen Museumseisenbahnen - erscheint jährlich)*
- Verein Naturschutzpark e.V., Pfitzerstraße 5–7, 7000 Stuttgart 1 und Ballindamm 2–3, 2000 Hamburg 1
- Verband Deutscher Freilichtbühnen, Bankerheide 4, 4700 Hamm 1
- Deutsches Jugendherbergswerk, Bülowstraße 26, 4493 Detmold
- Zentralamt des Deutschen Wetterdienstes, Frankfurter Straße 135, 6050 Offenbach/M.
- Zweckverband Bodenseewasserversorgung, Hauptstraße 163, 7000 Stuttgart 80
- Bundesverband der Deutschen Industrie e.V., Postfach, 5300 Bonn
- Zweckverband Landeswasserversorgung, Schützenstraße 4, 7000 Stuttgart 1

b) Naturparks

Verein Naturpark Altmühltal (Südl. Frankenalb), Friedrich-Ebert-Straße 18, 8832 Weißenburg

Zweckverband Naturpark Arnsberger Wald, Kreisverwaltung, Postfach 286, 4770 Soest

Verein Naturpark Augsburg – Westliche Wälder, Prinzregentenplatz 4, 8900 Augsburg

Naturpark Aukrug, Kreisverwaltung Rendsburg-Eckernförde, Berliner Straße 1, 2370 Rendsburg

Zweckverband Naturpark Bayerische Rhön, Landratsamt, 8740 Bad Neustadt/Saale

Verein Naturpark Bayerischer Spessart e.V., Forstamt, 8751 Heigenbrücken

Verein Naturpark Bayerischer Wald, Daimingerstraße 12, 8372 Zwiesel

Zweckverband Naturpark Bergisches Land, Kreisverwaltung, 5270 Gummersbach 1

Verein Naturpark Bergstraße – Odenwald e.V., Landratsamt, 6148 Heppenheim a.d.B.

Verein Naturpark Diemelsee, Südring 2, 3540 Korbach

Verein Naturpark Dümmer e.V., Niedersachsenstraße 2, 2840 Diepholz 1

Zweckverband Naturpark Ebbegebirge, Danziger Straße 2, 5960 Olpe

Zweckverband Naturpark Eggegebirge und Südl. Teutoburger Wald, Aug.-Weweler-Straße 5, 4930 Detmold

Verein Naturpark Elbufer-Drawehn, Königsberger Straße 10, 3130 Lüchow

Zweckverband Naturpark Elm-Lappwald, Bahnhofstraße 11, 3340 Wolfenbüttel

Verein Naturpark Fichtelgebirge, Bezirksamtstraße 6, 8592 Wunsiedel

Verein Naturpark Fränkische Schweiz – Veldensteiner Forst, Rathaus, 8573 Pottenstein

Verein Naturpark Frankenhöhe e.V., Postfach 1502, 8800 Ansbach

Verein Naturpark Frankenwald, Landratsamt, Postfach 360, 8640 Kronach

Zweckverband Naturpark Habichtswald, Landratsamt, 3549 Wolfhagen/Kassel

Naturpark Harburger Berge, Naturschutzamt der Freien u. Hansestadt Hamburg, Steindamm 14a–22, 2000 Hamburg 1

Naturpark Harz, Bezirksregierung Braunschweig, Bohlweg 38, 3300 Braunschweig

Verein Naturpark Haßberge e.V., Hauptstraße 5, 8728 Haßfurt

Verein Naturpark Hessenreuther und Mantler Wald/Parkstein (Opf.) e.V., Landratsamt, 8482 Neustadt a.d. Waldnaab

Naturpark Hessische Rhön, Landratsamt, Wörthstraße 15, 6400 Fulda

Zweckverband Naturpark Hessischer Spessart, Landratsamt, 6460 Gelnhausen

Zweckverband Naturpark Hochtaunus, Landratsamt, Obergasse 23, 6390 Usingen

Verein Naturpark Hohe Mark e.V., Kurt-Schumacher-Allee 1, 4350 Recklinghausen

Zweckverband Naturpark Hoher Vogelsberg, Hohenwiesenweg 1, 6479 Schotten 1

Zweckverband Naturpark Homert, Eichholzstraße 9, 5760 Arnsberg 2

Naturpark Hüttener Berge – Wittensee, Kreisverwaltung Rendsburg-Eckernförde, Berliner Straße 1, 2370 Rendsburg

Zweckverband Naturpark Kottenforst-Ville, Friedrich-Ebert-Straße 1, 5030 Hürth

Naturpark Lauenburgische Seen, Amt für Kreisforsten, 2418 Ratzeburg

Zweckverband Naturpark Meißner-Kaufunger Wald, Nordbahnhofsweg 1, 3430 Witzenhausen/Werra

Verein Naturpark Münden e.V., Bahnhofstraße 21–23, 3510 Hann. Münden 1

Zweckverband Naturpark Nassau, Ortsstraße 11, 5428 Münchenroth/Ts.

Verein Naturpark Neckartal-Odenwald, Kellereistraße 32–34, 6930 Eberbach

Verein Naturpark Nordeifel e.V., Monschauer Straße 12, 5100 Aachen

Naturpark Nördl. Oberpfälzer Wald e.V., Landratsamt, 8482 Neustadt (Waldnaab)

Verein Naturpark Nördlicher Teutoburger Wald – Wiehengebirge, Vechtaer Hof 58, 4500 Osnabrück

Verein Naturpark Obere Donau, 7792 Beuron 1

Verein Naturpark Oberer Bayerischer Wald, Taubenbühlstraße 22, 8490 Cham

Naturpark Oberpfälzer Wald, Gebiet Nabburg, Postfach 54, 8475 Wernberg-Köblitz

Naturpark Oberpfälzer Wald, Gebiet Neunburg v.W., Postfach 70, Im Berg 15, 8462 Neunburg v.W.

Verein Naturpark Oberpfälzer Wald, Gebiet Oberviechtach-Schönsee, Jahnstraße 10, 8474 Oberviechtach

Naturpark Pfälzerwald e.V., Hermann-Schäfer-Straße 17, 6702 Bad Dürkheim

Zweckverband Naturpark Rhein-Taunus, Escher Straße 19, 6270 Idstein

Verein Naturpark Rhein-Westerwald, Dr. Bunge-Weg 8, 5462 Bad Hönningen

Zweckverband Naturpark Rothaargebirge, Steinstraße 39, 5778 Meschede

Verein Naturpark Saar-Hunsrück Rheinland-Pfalz e.V., Mustorstraße 12, Postfach 2620, 5500 Trier

Naturpark Schönbuch, Forstdirektion Tübingen, Schloß Bebenhausen, 7400 Tübingen

Verein Naturpark Schwäbisch-Fränkischer Wald, Forstamt, Klosterhof 6, 7157 Murrhardt

Zweckverband Naturpark Schwalm-Nette, Rathausmarkt 3, 4060 Viersen 1

Verschönerungsverein für das Siebengebirge, Breite Straße 29, 5300 Bonn 1

Landschaftsstelle Naturpark Solling-Vogler, Bezirksregierung, Postfach 3247, 3300 Braunschweig

Verein Naturpark Steigerwald, Rathaus, Postfach 28, 8602 Ebrach

Naturpark Steinhuder Meer, Landkreis Hannover, Amt für Naturschutz, Hildesheimer Straße 20, 3000 Hannover 1

Naturpark Steinwald e.V., Wunsiedler Straße 15, 8584 Kemnath

Verein Naturpark Stromberg-Heuchelberg, Brettener Straße 42, 7137 Sternenfels

Verein Naturpark Südeifel e.V., Verbandsgemeindeverwaltung, 5521 Irrel

Naturpark Südheide, Landkreis Celle, Speicherstraße 2, 3100 Celle

Zweckverband Naturpark Weserbergland, Schaumburg–Hameln, Kreisverwaltung, Postfach 427, 3250 Hameln 1

Naturpark Westensee, Kreisverwaltung Rendsburg-Eckernförde, Berliner Straße 1, 2370 Rendsburg,

Zweckverband Erholungsgebiet Naturpark Wildeshauser Geest, Gerichtstraße 7, 2900 Oldenburg i. O.

Deutsch-Belgischer Naturpark Nordeifel - Hohes Venn/Eifel, Monschauer Straße 12, 5100 Aachen

Vereinigung Deutsch-Luxemburgischer Naturpark, Verbandsgemeindeverwaltung, 5521 Irrel

Deutsch-Niederländischer Naturpark, Zweckverband Naturpark Schwalm-Nette, Rathausmarkt 3, 4060 Viersen 1

Großräumige Naturschutzgebiete:
- Lüneburger Heide
- Ammergebirge/Bayern
- Königssee Bayern
- Chiemgauer Alpen/Bayern
- Karwendelgebirge

(Quelle: Verein Naturschutzpark e.V. [Hrsg.]: Naturschutz und Naturparke, Heft 14 [1984], S. 53–55)

c) Fremdenverkehrsverbände
(Stand: April 1988)

Deutscher Fremdenverkehrsverband
Niebuhrstr. 16b
5300 Bonn 1

Landesfremdenverkehrsverband
Niedersachsen
Marktstr. 45
3380 Goslar

Fremdenverkehrsverband
Schleswig-Holstein e.V.
Niemannsweg 31
2300 Kiel 1

Fremdenverkehrsverband
Lüneburger Heide e.V.
Am Sande 5
Postfach 2160
2120 Lüneburg

Fremdenverkehrsverband
Weserbergland-Mittelweser e.V.
Falkestr. 2
Postfach 100339
3250 Hameln 1

Landesverkehrsverband
Rheinland e.V.
Rheinallee 69
Postfach 200861
5300 Bonn 2

Landesfremdenverkehrsverband
Baden-Württemberg e.V.
Esslinger Str. 8
7000 Stuttgart 1

Landesfremdenverkehrsverband Bayern
Prinzregentenstr. 16 IV
Postfach 221309
8000 München 22

Fremdenverkehrsverband
Nordsee, Niedersachsen, Bremen e.V.
Bahnhofstr. 19–20
Postfach 1820
2900 Oldenburg

Landesverkehrsverband
Westfalen e.V.
Südwall 6
4600 Dortmund

Harzer Verkehrsverband e.V.
Marktstr. 45
Postfach 1669
3380 Goslar

Hessische Landeszentrale
für Fremdenverkehr
Abraham-Lincoln-Str. 38–42
6200 Wiesbaden

Fremdenverkehrsverband
Rheinland-Pfalz e.V.
Löhrstr. 103–105
Postfach 1420
5400 Koblenz

Fremdenverkehrsverband
Neckarland-Schwaben e.V.
Lohtorstr. 21
7100 Heilbronn

Fremdenverkehrsverband
Franken e.V.
Am Plärrer 14
8500 Nürnberg 81

Fremdenverkehrsverband
Allgäu/Bayerisch-Schwaben e.V.
Fuggerstr. 9
8900 Augsburg 1

Fremdenverkehrsverband
Bodensee-Oberschwaben
Schützenstr. 8
7750 Konstanz

Fremdenverkehrsverband
Saarland e.V.
Am Stiefel 2
6600 Saarbrücken

Fremdenverkehrsverband
Schwarzwald e.V.
Bertoldstr. 45
7800 Freiburg i. Br.

Fremdenverkehrsverband
Ostbayern e.V.
Landshuter Str. 13
8400 Regensburg

Fremdenverkehrsverband
München-Oberbayern e.V.
Sonnenstr. 10/III
8000 München 2

Verkehrsamt Berlin
Europa-Center
1000 Berlin 30

Fremdenverkehrszentrale
Hamburg e.V.
Bieberhaus am Hauptbahnhof
Postfach 102249
2000 Hamburg 1

Verkehrsbüro
Ernst-August-Platz 8
3000 Hannover

Verkehrsverein
Konrad-Adenauer-Platz 12
4000 Düsseldorf 1

Verkehrsamt
Unter Fettenhennen 19
5000 Köln 1

Verkehrsamt
Gutleutstr. 7–9
6000 Frankfurt/Main 1

Verkehrsamt
Lautenschlagerstr. 3
7000 Stuttgart 1

Fremdenverkehrsamt
Sendlinger Str. 1
8000 München 1

Übersicht über die Postleitgebiete

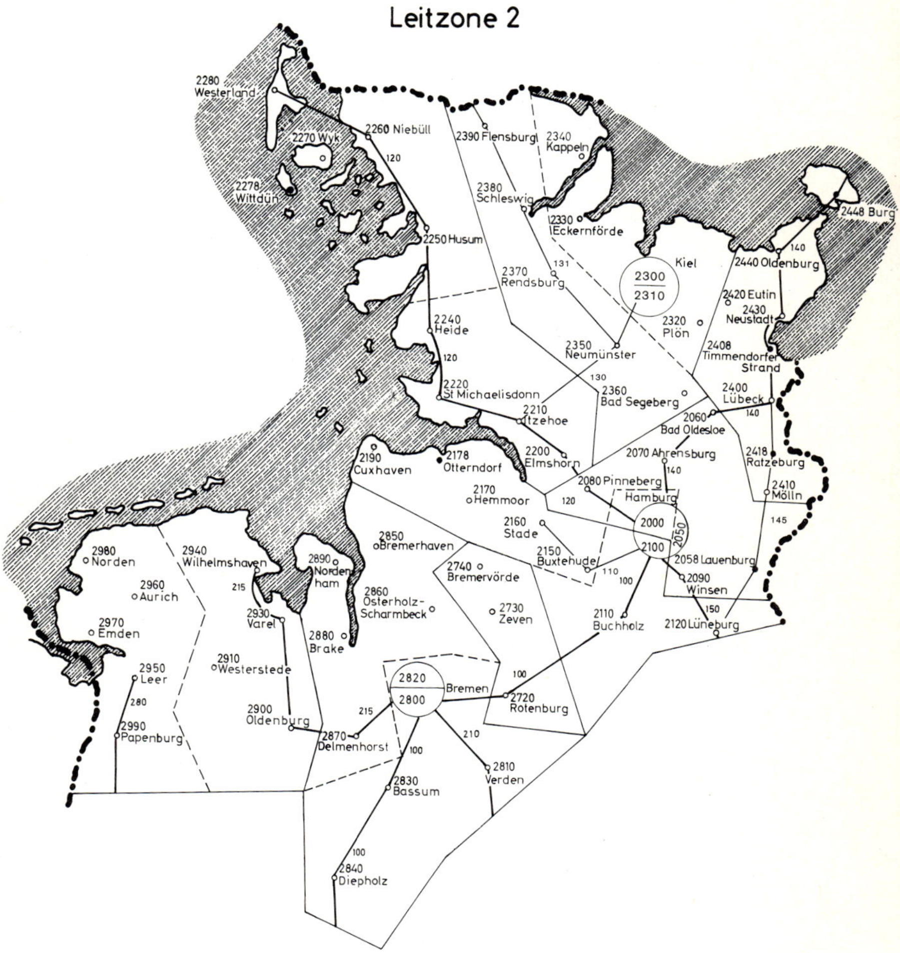

Leitzone 3

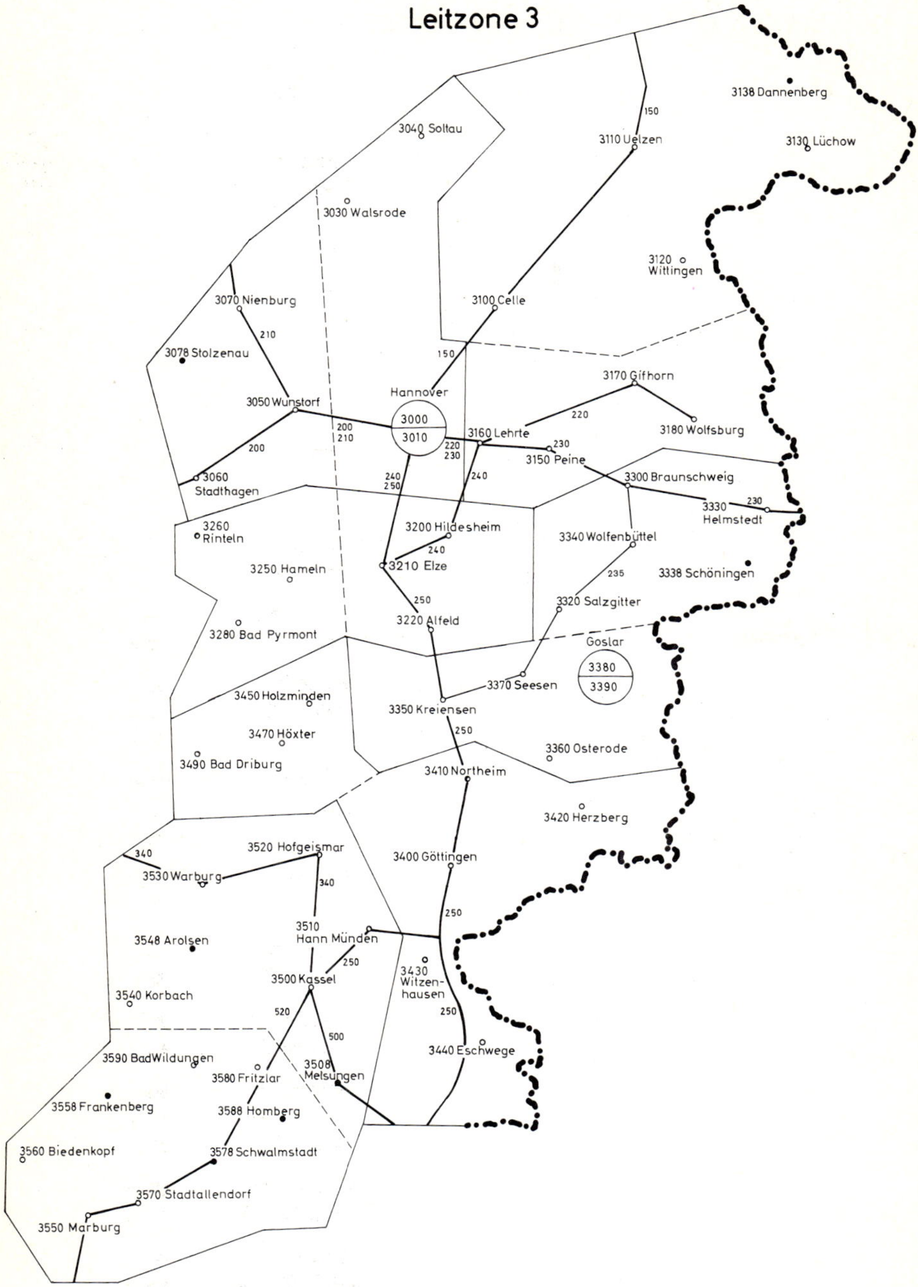
3138 Dannenberg
3130 Lüchow
3110 Uelzen
150
3040 Soltau
3030 Walsrode
3120 Wittingen
3070 Nienburg
3100 Celle
210
3078 Stolzenau
150
3170 Gifhorn
Hannover
3000
3010
3050 Wunstorf
200
210
220
3180 Wolfsburg
3160 Lehrte
230
220
230
3150 Peine
200
240
250
240
3060 Stadthagen
3300 Braunschweig
3330 Helmstedt
230
3260 Rinteln
3200 Hildesheim
3340 Wolfenbüttel
240
3250 Hameln
3210 Elze
235
3338 Schöningen
250
3320 Salzgitter
3280 Bad Pyrmont
3220 Alfeld
Goslar
3380
3390
3370 Seesen
3450 Holzminden
3350 Kreiensen
250
3470 Höxter
3360 Osterode
3490 Bad Driburg
3410 Northeim
3420 Herzberg
340
3520 Hofgeismar
3400 Göttingen
3530 Warburg
340
250
3548 Arolsen
3510 Hann Münden
3430 Witzen-hausen
250
3500 Kassel
3540 Korbach
520
250
500
3440 Eschwege
3590 BadWildungen
3508 Melsungen
3580 Fritzlar
3558 Frankenberg
3588 Homberg
3560 Biedenkopf
3578 Schwalmstadt
3570 Stadtallendorf
3550 Marburg

Leitzone 4

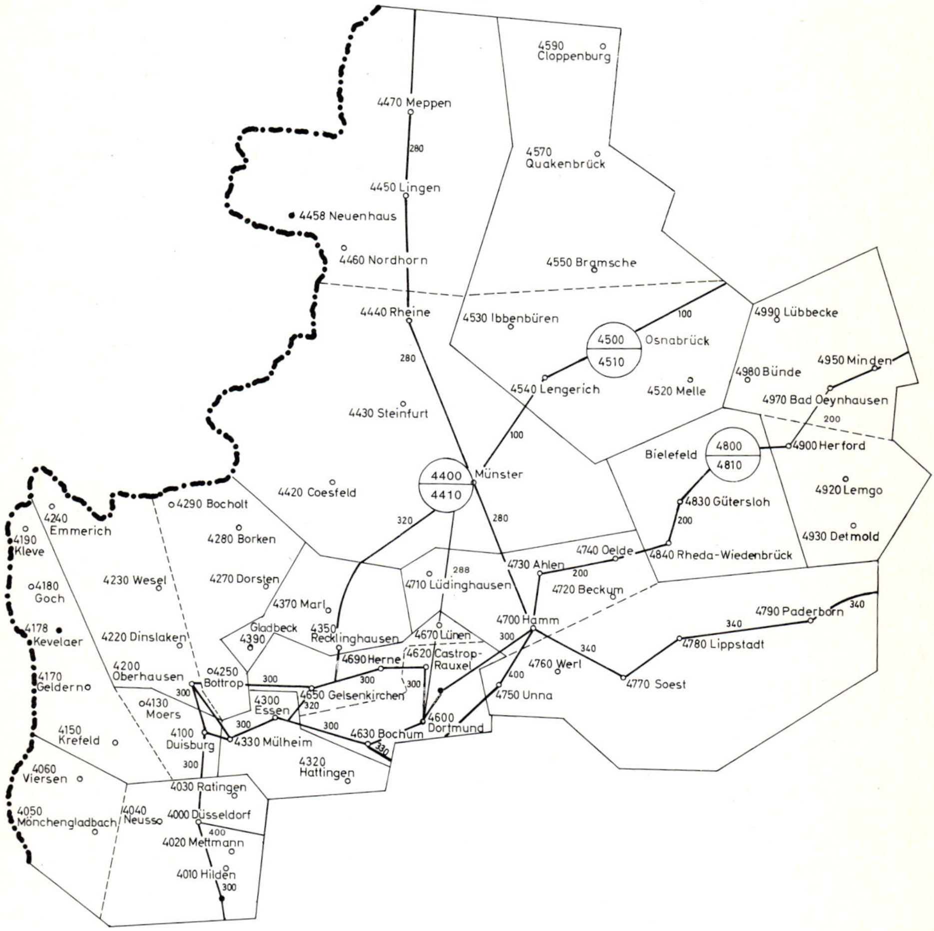
4590 Cloppenburg
4470 Meppen
4570 Quakenbrück
4450 Lingen
4458 Neuenhaus
4460 Nordhorn
4550 Bramsche
4440 Rheine
4530 Ibbenbüren
4500
4510
Osnabrück
4990 Lübbecke
4950 Minden
4980 Bünde
4970 Bad Oeynhausen
4540 Lengerich
4520 Melle
4430 Steinfurt
4800
4810
Bielefeld
4900 Herford
4400
4410
Münster
4420 Coesfeld
4920 Lemgo
4830 Gütersloh
4930 Detmold
4290 Bocholt
4240 Emmerich
4190 Kleve
4280 Borken
4740 Oelde
4840 Rheda-Wiedenbrück
4730 Ahlen
4710 Lüdinghausen
4720 Beckum
4230 Wesel
4270 Dorsten
4180 Goch
4370 Marl
4790 Paderborn
4700 Hamm
4178 Kevelaer
4220 Dinslaken
Gladbeck
4390
4350 Recklinghausen
4670 Lünen
4780 Lippstadt
4620 Castrop-Rauxel
4690 Herne
4760 Werl
4770 Soest
4200 Oberhausen
4250 Bottrop
4170 Geldern
4650 Gelsenkirchen
4750 Unna
4130 Moers
4300 Essen
4600 Dortmund
4150 Krefeld
4100 Duisburg
4330 Mülheim
4630 Bochum
4320 Hattingen
4060 Viersen
4030 Ratingen
4050 Mönchengladbach
4040 Neuss
4000 Düsseldorf
4020 Mettmann
4010 Hilden

Leitzone 5

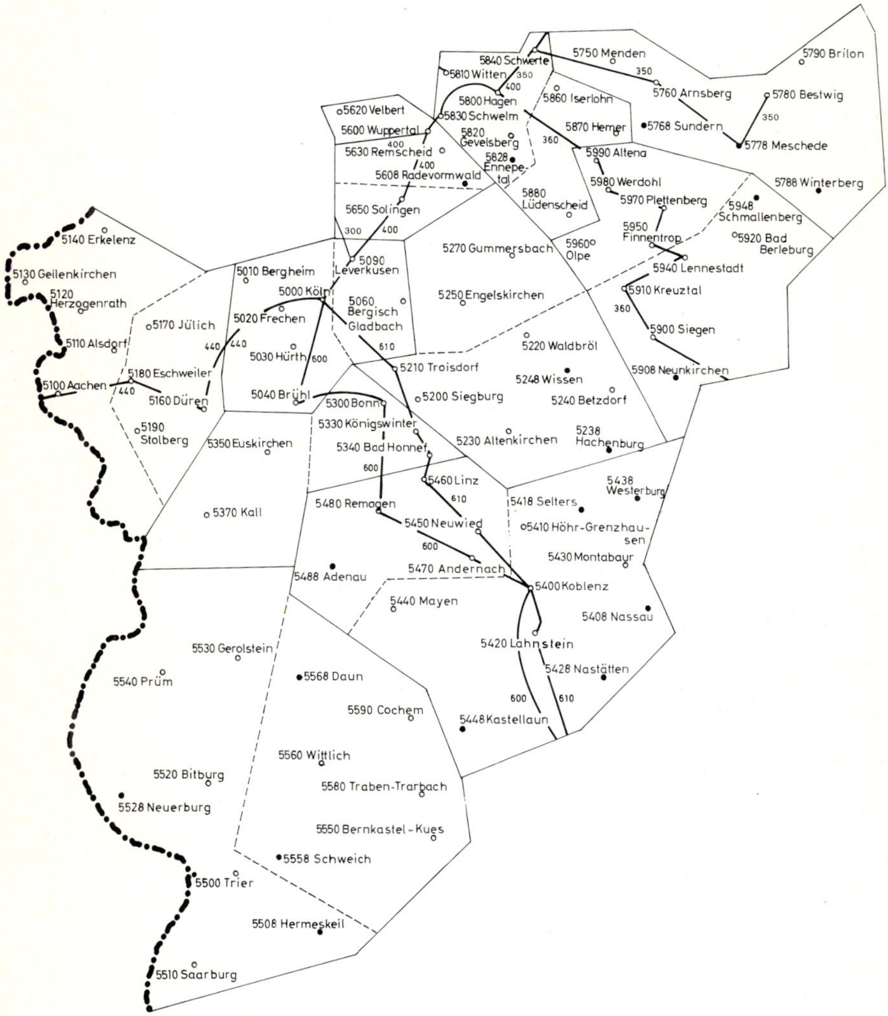

5790 Brilon
5840 Schwerte
5750 Menden
5810 Witten
350
400
350
5760 Arnsberg
5780 Bestwig
5800 Hagen
5860 Iserlohn
5620 Velbert
5830 Schwelm
350
5600 Wuppertal
5820 Gevelsberg
5870 Hemer
5768 Sundern
400
360
5778 Meschede
5630 Remscheid
5828 Ennepetal
5990 Altena
400
5608 Radevormwald
5788 Winterberg
5980 Werdohl
5880 Lüdenscheid
5970 Plettenberg
5948 Schmallenberg
5650 Solingen
5950 Finnentrop
5920 Bad Berleburg
5140 Erkelenz
300
400
5960 Olpe
5270 Gummersbach
5090 Leverkusen
5940 Lennestadt
5130 Geilenkirchen
5010 Bergheim
5120 Herzogenrath
5000 Köln
5910 Kreuztal
5250 Engelskirchen
5060 Bergisch Gladbach
5020 Frechen
360
5170 Jülich
5900 Siegen
440
440
5110 Alsdorf
5030 Hürth
600
610
5220 Waldbröl
5210 Troisdorf
5908 Neunkirchen
5180 Eschweiler
5248 Wissen
5100 Aachen
440
5040 Brühl
5200 Siegburg
5160 Düren
5300 Bonn
5240 Betzdorf
5330 Königswinter
5190 Stolberg
5238 Hachenburg
5350 Euskirchen
5230 Altenkirchen
5340 Bad Honnef
600
5438 Westerburg
5460 Linz
610
5480 Remagen
5418 Selters
5370 Kall
5410 Höhr-Grenzhausen
5450 Neuwied
600
5430 Montabaur
5470 Andernach
5488 Adenau
5400 Koblenz
5440 Mayen
5408 Nassau
5420 Lahnstein
5530 Gerolstein
5428 Nastätten
5568 Daun
5540 Prüm
600
610
5590 Cochem
5448 Kastellaun
5560 Wittlich
5520 Bitburg
5580 Traben-Trarbach
5528 Neuerburg
5550 Bernkastel-Kues
5558 Schweich
5500 Trier
5508 Hermeskeil
5510 Saarburg

Leitzone 6

6440 Bebra
6430 Bad Hersfeld
500
6418 Hünfeld
6420 Lauterbach
6400
6410
Fulda
6320 Alsfeld
6340 Dillenburg
360
6348 Herborn
360
6300 Gießen
6330 Wetzlar
6310 Grünberg
520
6290 Weilburg
6250 Limburg
6308 Butzbach
6390 Usingen
6350
Bad Nauheim
6478 Nidda
500
6490 Schlüchtern
500
520
6370
Oberursel
6360 Friedberg
6380
Bad Homburg
6470 Büdingen
6480 Wächtersbach
6270 Idstein
6208
Bad Schwalbach
6240
Königstein
585
6368 Bad Vilbel
500
6460 Gelnhausen
6200 Wiesbaden
6238 Hofheim
520
6000
6230
Frankfurt
6450 Hanau
800
610
552
6220 Rüdesheim
610
6228 Eltville
600
500
800
6050
Offenbach
6540 Simmern
6090 Rüsselsheim
6070 Langen
6500 Mainz
600
6530 Bingen
600
6080
Groß-Gerau
6110 Dieburg
552
550
6550 Bad Kreuznach
6100 Darmstadt
660
6570 Kirn
6508 Alzey
6580 Idar-Oberstein
551
6140 Bensheim
6758 Lauterecken
6520 Worms
6840
Lampertheim
6120 Erbach
6980 Wertheim
6760 Rockenhausen
6718 Grünstadt
6148 Heppenheim
6798 Kusel
6640 Merzig
6690 St Wendel
6710 Frankenthal
6940 Weinheim
6610 Lebach
660
6750
Kaiserslautern
550
6800
Mannheim
6930 Eberbach
6970
Lauda-Königshofen
6680
Neunkirchen
670
6790 Landstuhl
6700 Ludwigshafen
701
682
683
6900 Heidelberg
780
560
6630 Saarlouis
670
6730 Neustadt
6960 Osterburken
6990
Bad Mergentheim
6620 Völklingen
670
6650 Homburg
Schwetzingen
6950 Mosbach
780
6670 St Ingbert
6720 Speyer
6600 Saarbrücken
561
700
702
770
6660 Zweibrücken
6780 Pirmasens
6740 Landau
701
6728 Germersheim
6920 Sinsheim
6748 Bad Bergzabern

Leitzone 7

7108 Möckmühl
7118 Künzelsau
7110 Öhringen
7100 Heilbronn
7128 Lauffen
7180 Crailsheim
7170 Schwäbisch Hall
7160 Gaildorf
7150 Backnang
7090 Ellwangen
7080 Aalen
7520 Bruchsal
7518 Bretten
7500
7510
Karlsruhe
7530 Pforzheim
7120 Bietigheim-Bissingen
7130 Mühlacker
7140 Ludwigsburg
7050 Waiblingen
7060 Schorndorf
7070 Schwäbisch Gmünd
7550 Rastatt
7540 Neuenbürg
7250 Leonberg
Land
7010
7020
7000 Stuttgart
Land
7300 Esslingen
7310 Plochingen
7320
7330
Göppingen
7340 Geislingen
7920 Heidenheim
7560 Gaggenau
7570 Baden-Baden
7260 Calw
7030 Böblingen
7440 Nürtingen
7580 Bühl
7590 Achern
7270 Nagold
7430 Metzingen
7400 Tübingen
7410 Reutlingen
7640 Kehl
7290 Freudenstadt
7240 Horb
7900 Ulm
7910 Neu-Ulm
7600
7620
7610
Offenburg
7420 Münsingen
7450 Hechingen
7930 Ehingen
7630 Lahr
7238 Oberndorf
7460 Balingen
7958 Laupheim
7230 Schramberg
7210 Rottweil
7470 Albstadt
7940 Riedlingen
7740 Triberg
7830 Emmendingen
7480 Sigmaringen
7950 Biberach
7730 Villingen-Schwenningen
7208 Spaichingen
7968 Saulgau
7800
7810
Freiburg
7200 Tuttlingen
7790 Meßkirch
7960 Aulendorf
7710 Donaueschingen
7820 Titisee-Neustadt
7970 Leutkirch
7840 Müllheim
7700 Singen
7770 Überlingen
7980 Ravensburg
7760 Radolfzell
7750 Konstanz
7758 Meersburg
7988 Wangen
7860 Schopfheim
7890 Waldshut-Tiengen
7990 Friedrichshafen
7858 Weil
7850 Lörrach
7880 Bad Säckingen
7888 Rheinfelden
Basel
560
780
770
787
788
701
702
700
716
720
740
760
760.900
900
750
730

Leitzone 8

Die Leitzonenkarten 2–8 wurden uns vom Bundesministerium für das Post- und Fernmeldewesen, Bonn, zur Verfügung gestellt.